AI 뉴리더십: AGI 시대를 대비할 최강의 미래 코칭 전략서

초판 1쇄 발행   2025년 11월 01일

지 은 이   강요식

출판기획   강요식, 진로엔
펴 낸 곳   나이스에듀
디 자 인   배민아, 나이스에듀
주   소   인천 부평구 부평대로 283 A동 B115-12
전   화   1660-0848
출판등록   제2024-000001호
이 메 일   jinronedu@daum.net
홈페이지   www.jinron.kr

ISBN   979-11-988086-9-1

값 22,000원

copyright ⓒ 2025 강요식

* 이 책의 저작권은 강요식과 나이스에듀에 있습니다.
* 저작권법에 의해 보호를 받는 저작물이므로 무단 복제 및 전재를 금합니다.
* 파본은 본사나 구입하신 서점에서 교환해드립니다.

NICEEDU는 다가올 AGI 시대에 필요한 지식과 교양을 함양합니다.

AI 뉴 리더십

AI 에이전트 시대
AI와 협업하여, 미래를 확장하라

ARTIFICIAL INTELLIGENCE NEW LEADERSHIP

강요식 지음

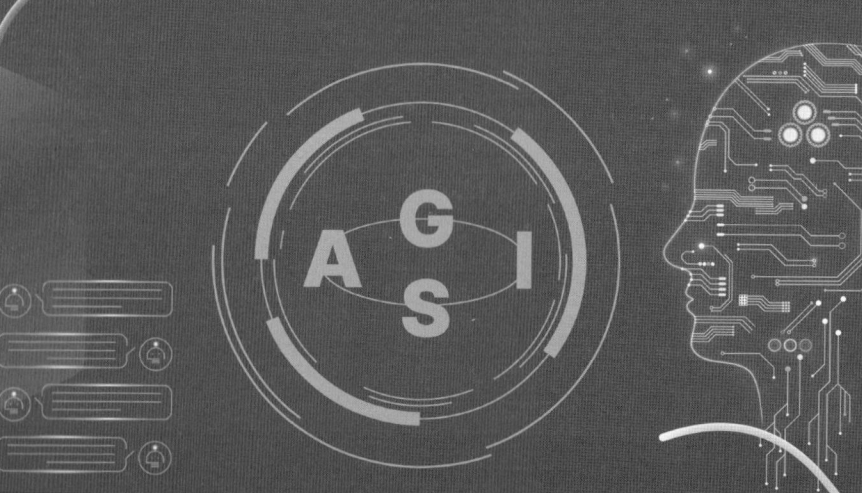

AGI 시대를 대비할 최강의 미래 코칭 전략서
시대를 앞서가는 혁신리더를 위한 가이드

공공기관
기업·학교
AI 리더의
필독서

NICEEDU

AI 뉴리더십

AGI 시대를 대비할 최강의 미래 코칭 전략서

용어 참고

AI 에이전트(agent) 시대는 AI가 단순한 도구에서 벗어나, 사람처럼 스스로 생각하고 행동하며 문제를 해결하는 주체가 되는 시대를 뜻한다. 지금까지의 AI는 정해진 명령을 수행하는 '도구'에 가까웠지만, AI 에이전트는 마치 개인 비서나 동료처럼, 스스로 목표를 설정하고, 계획을 세우며, 필요한 정보를 찾아내고, 다른 도구들과 협업하여 문제를 해결한다.

똑똑한 AI 에이전트를 AI 업무 파트너로 활용하고, 일과 생활에 좋은 파트너로서 협업하여 효율성과 생산성을 향상할 수 있는 **AI 리스트, 듀얼 브레인**이 되어야 한다. 향후 10년, 20년에는 AI가 인간의 지능과 동등하거나 그 이상으로 광범위한 지적 능력을 발휘하는 **AGI(범용인공지능) 시대**가 도래한다. 따라서 미래를 대비한 리더의 주마가편(走馬加鞭)의 혁신이 필요하다.

*__AI 리스트__는 단순한 AI 사용자나 소비자를 넘어, AI 기술과 도구에 대한 깊은 이해를 바탕으로 이를 활용하여 새로운 가치를 창출하는 혁신 리더다. 강요식 박사가 만든 신조어.

*__듀얼 브레인__은 인간의 직관과 창의성에 AI의 데이터 분석 능력을 결합하여 문제를 해결하는 사고방식이나 작업 모델을 뜻한다. 인간의 뇌는 정성적인 영역을, AI의 뇌는 정략적인 영역이다. 이는 하나의 주체가 두 개의 서로 다른 '뇌'를 활용하여 최적의 결과를 얻어낸다.

AI 파트너 & 혁신리더

_____님께 드립니다

"AI와 함께 성공 & 행복한 삶 되세요"

PROLOGUE

AI 에이전트 시대, AI와 협업 파트너가 되라

인공지능 시대가 본격적으로 열리고 있다. ChatGPT의 등장으로 시작된 생성형 AI의 대중화는 단순한 기술적 혁신을 넘어 인간의 사고와 업무 방식, 나아가 삶 자체를 근본적으로 바꾸고 있다. 이제 AI는 더 이상 공상과학 소설 속의 이야기가 아니라, 현실이 되었다.

산업혁명, 인터넷 혁명 보다도 강력한 혁명이 바로 AI 혁명이고, 혁명을 넘어서 하나의 새로운 문명의 패러다임으로 전환하고 있다. 이런 거센 파도의 물결속에서 어떤 준비와 대비를 하느냐에 따라서 개인과 조직의 미래 운명이 놀라울 정도로 확연히 달라질 것이다.

하지만 이러한 변화의 물결 속에서 가장 중요한 질문은 기술 자체가 아니라 그것을 어떻게 활용하느냐이다. 특히 조직과 사회를 이끌어나가야 할 리더들에게는 AI 시대에 걸맞은 새로운 리더십이 요구되고 있다. 즉 전통적인 리더십으로는 AI 환경을 다룰 수 없기 때문이다.

지금은 AI 에이전트(agent) 시대

시대마다 시대를 정의하는 키워드가 있다. 디지털 기술과 서비스의 발전에 따라 인터넷, 소셜미디어, 클라우드, 블록체인, 데이터, 디지털 전환,

메타버스 시대라고 불렸다. 그렇다면 지금 현 시점에서 적합한 시대적 정의는 한마디로 'AI 에이전트 시대'라고 할 수 있다.

1956년 AI라는 용어가 처음 사용되면서 학문 분야로 공식화 되었고, 기계가 테이터로부터 스스로 학습하는 머신러닝, 빅데이터와 GPU와 같은 하드웨어 발전으로 딥러닝 기술이 비약적으로 발전했다. 이후 인간의 창의성을 보완하고 생산성을 높여준 생성형 AI가 등장했다.

최근 초거대언어모델(LLM)은 단순히 정보 요약 및 문장을 만드는 수준을 넘어, 복잡한 문제를 해결하는 추론(Inference) 능력을 고도화하고 있다. 또한 사용자의 지시를 받아 여러 도구를 활용해 작업을 스스로 처리하는 AI 에이전트(Agent) 기능이 강화되는 추세이다.

AI 에이전트(agent) 시대는 사람처럼 생각하고 행동하며 문제를 해결하는 주체가 되는 시대를 뜻한다. 지금까지의 AI는 정해진 명령을 수행하는 '도구'에 가까웠지만, AI 에이전트는 마치 대리인처럼 스스로 다른 도구들과 협업하여 문제를 해결한다. 혁명 이상의 발전이다.

AI 뉴리더십이란 무엇인가?

리더십이란 무엇인가? 구성원에게 목표와 비전을 제시하고, 자발적으로 그 목표에 도달하도록 영감을 주고 동기를 부여하여 함께 성장하는 과정이다. 시대와 상황에 따라 그 형태는 변하지만 사람들의 마음을 움직여 더 나은 결과를 만들어내는 본질은 변하지 않는다.

이 책에서는 본질적인 차원에서 AI 환경과 접목하여 AI 뉴리더십을 전개하고 있다. AI 뉴리더십은 단순히 AI 기술을 잘 아는 리더십이 아니다.

그것은 AI와 인간이 협력하여 시너지를 창출하고, 기술의 혜택을 인류 전체가 공유할 수 있도록 이끌어가는 통합적 리더십이다.

여기서 기술적 이해력뿐만 아니라 인간적 통찰력, 윤리적 판단력, 그리고 불확실한 미래를 향한 비전과 용기가 모두 필요하다. AI 뉴리더십의 핵심은 '균형'에 있다. 효율성과 인간성의 균형, 혁신과 안정성의 균형, 개인의 성공과 사회적 책임의 균형을 찾아나가는 것이다.

변화하는 리더십 환경

AI 시대의 리더는 과거와는 완전히 다른 환경에서 일한다. 정보는 폭발적으로 증가하고, 변화의 속도는 가속화되며, 의사결정은 더욱 복잡해진다. 동시에 조직의 경계는 모호해지고, 구성원들의 기대와 요구는 다양해진다. 이런 환경에서 리더는 모든 것을 혼자 할 수 없다.

독단적인 '영웅적 리더'가 될 수 없다. 대신 전문성을 가진 사람들과 AI 시스템을 효과적으로 연결하고 조율하는 '오케스트라 지휘자'가 되어야 한다. 정답을 제시하기보다는 올바른 질문을 던지고, 실행의 자율성을 보장하며, 지속적으로 학습하고 개선하는 것이 필요하다.

필자의 저서인 2011년 『소셜 리더십』에서 시작해서 2023년 『디지털 혁신 리더십』을 거쳐 이제 『AI 뉴리더십』으로 이어지는 여정은 우연이 아니라 시대 변화가 요구한 필연이었다. 사회 트렌드가 변하면 리더십도 함께 진화해야 한다는 것이 나의 일관된 소신이다.

2010년 대 소셜미디어 시대에는 참여와 공유, 개방과 집단지성이 키워드였다. 2023년 디지털 전환 시대에는 비파괴적 혁신과 포지티브섬 전략이 중요했다. 그렇다면 2025년 AI 대전환 시대에는 무엇이 필요한가. 바로 인간과 AI가 균형되게 공존하는 조화로운 협업이다.

시대마다 리더십의 키워드는 바뀐다. 소셜 미디어 시대에는 소통이, 디지털 혁신시대에는 혁신이 핵심이었다면, AI 에이전트 시대의 핵심은 협업이다. 인간과 인간끼리의 협업을 넘어 인간과 기계의 협업, 나아가 인간과 AI가 공존하는 창조적 파트너십이 요구된다.

인간 중심성의 재발견과 윤리

역설적이게도, AI가 발전할수록 인간의 고유한 가치와 역할이 더욱 부각된다. AI가 데이터 처리와 패턴 인식에서 인간을 능가한다면, 인간은 창의성, 공감능력, 윤리적 판단력에서 고유한 영역을 지켜야 한다. AI 리더는 인간의 고유성과 AI의 장점을 동시에 잘 살려야 한다.

이는 단순히 기술과 인간을 분리하는 것이 아니라, 양자가 상호 보완하며 더 나은 결과를 만들어내는 협력 모델을 구축하는 것을 의미한다. 인간의 직감과 AI의 분석이 만나고, 인간의 감성과 AI의 논리가 조화를 이루며, 인간의 가치와 AI의 효율성이 균형을 찾아간다.

AI 기술의 힘이 강해질수록, 그것을 다루는 리더의 윤리적 책임도 무거워진다. AI 시스템은 중립적 도구가 아니라 개발자와 운영자의 가치관과 편견이 반영되는 사회적 구성물이다. 따라서 AI 리더의 윤리적 기준과 판단은 기술 시스템에 내재되어 사회 전체에 영향을 미친다.

공정성, 투명성과 같은 AI윤리의 원칙들은 추상적 이념이 아니라 구체적인 실천 과제다. 편향을 방지하고, 프라이버시를 보호하며, 의사결정 과정을 투명하게 공개하고, 예상치 못한 부작용에 대해 책임을 지는 것은 모두 AI 리더가 일상적으로 직면하는 실무적 과제들이다.

글로벌 협력의 필요성과 미래 세대 책임

AI 기술의 영향은 국경을 초월한다. 한 국가나 조직에서 개발된 AI 시스템이 전 세계에 빠르게 영향을 미칠 수 있고, AI로 인한 혜택과 위험도 인류가 함께 공유한다. 이는 AI 뉴리더십이 지역적 관점을 넘어 진정한 글로벌 차원에서 사고하고 행동해야 함을 의미한다.

문화적 다양성을 존중하면서도 보편적 가치를 추구하고, 경쟁적 우위를 확보하면서도 협력적 발전을 모색하며, 혁신을 주도하면서도 포용적 성장을 실현하는 것은 글로벌 AI 리더의 가장 중요한 과제다. 이는 모순적으로 보이는 요구들의 창조적 종합을 통해서만 가능하다.

현재의 AI 리더들이 내리는 중요한 결정은 미래 세대의 삶을 좌우한다. 오늘의 AI 시스템 설계가 내일의 사회 구조를 결정하고, 현재의 데이터 활용 방식이 미래의 프라이버시 환경을 만든다. 이런 막중한 책임감을 인식하는 것이 AI 뉴리더십의 진정한 출발점이다.

지속가능한 발전을 추구하고, 환경과 사회에 미치는 영향을 깊이 고려하며, 포용적이고 공정한 AI 생태계를 구축하는 것은 현재 세대가 미래 세대에게 지는 가장 큰 의무다. AI 리더는 단기적 성과에 매몰되지 않고 장기적 가치를 창출하는 관점을 유지해야 한다.

이 책의 구성과 목적

이 책은 AI 대전환 시대의 뉴리더십에 대한 종합적 안내서다. 최근 AI 에이전트 시대라고 까지 명명하고 있는 상황에서 기술적 이해부터 윤리적 실천까지, 개인적 성장부터 조직적 변화까지, 지역적 영향부터 글로벌 협력까지, AI 뉴리더십의 모든 차원을 다루고자 한다.

5개 Part로 구성된 이 책은 AI 뉴리더십의 기초부터 시작하여 인간 중심적 접근, 윤리적 활용, 혁신적 창조, 그리고 협업과 확장에 이르는 발전 단계를 따라간다. 각 장은 이론적 배경과 실무적 적용을 균형 있게 제시하여, 독자들이 상황에 맞게 활용할 수 있도록 했다.

특히 이 책은 AI 전문가를 포함하여 일반 리더들을 주 독자층으로 상정한다. 복잡한 기술적 세부사항보다는 리더십 관점에서 AI를 어떻게 이해하고 활용할 것인가에 초점을 맞췄다. 동시에 AI 시대에 걸맞은 새로운 사고방식과 행동 양식을 제시하여 독자들의 변화를 돕는다.

독자에게 드리는 말씀

이 책을 읽는 여러분은 AI 대전환 시대의 개척자들이다. 명확한 답이 없는 상황에서 길을 찾아야 하고, 예측 불가능한 변화 속에서 방향을 제시해야 하며, 복잡한 윤리적 딜레마 앞에서 올바른 판단을 내려야 하는 도전적 과제에 직면해 있다. 우리에게 분명히 길은 있다.

하지만 바로 그런 이유로 여러분의 리더십이 더욱 소중하고 의미가 있다. AI는 강력한 도구이지만, 그것을 인류의 행복과 번영을 위해 올바르게 활용하는 것은 결국 인간의 몫이다. 여러분이 바로 그 역할을 담당할 주역들이다. 즉 AI 혁신 리더가 되는 길이다.

이 책이 AI 뉴리더십 여정에서 나침반 역할을 할 수 있기를 바란다. 완벽한 답을 제시할 수는 없겠지만, 올바른 질문을 던지고 생각할 거리를 제공하며, 실천 가능한 방향을 제시하는 데 도움이 되었으면 한다. 향후 도래할 AGI, ASI 시대를 대비해 AI 리스트가 되어야 한다.

AI와 함께하는 미래는 우리 모두가 함께 만들어가야 할 새로운 이야기다. 그 이야기의 저자는 바로 여러분이다. 나 혼자가 아닌, 기존의 방식이 아닌 AI를 파트너로 함께 협업하여 개인과 조직의 효율성과 생산성을 향상시켜 성공하고 늘 행복한 여정이 되길 바란다.

AI랜드에서
AI리스트 강요식 드림

21세기 지도자는 AI혁신 리스트이다

AI 혁신 리스트는 AI 심화 환경에서 AI 혁신을 촉진하는 리더십을 효과적으로 발휘하는 리더이다. 글로벌 AI 신기술에 대한 이해와 적극적인 응용과 미래 변화의 전략적 접근을 통하여 조직을 이끌어가는 리더야말로 이 시대가 진정 요구하는 뉴리더(듀얼 브레인)이다.

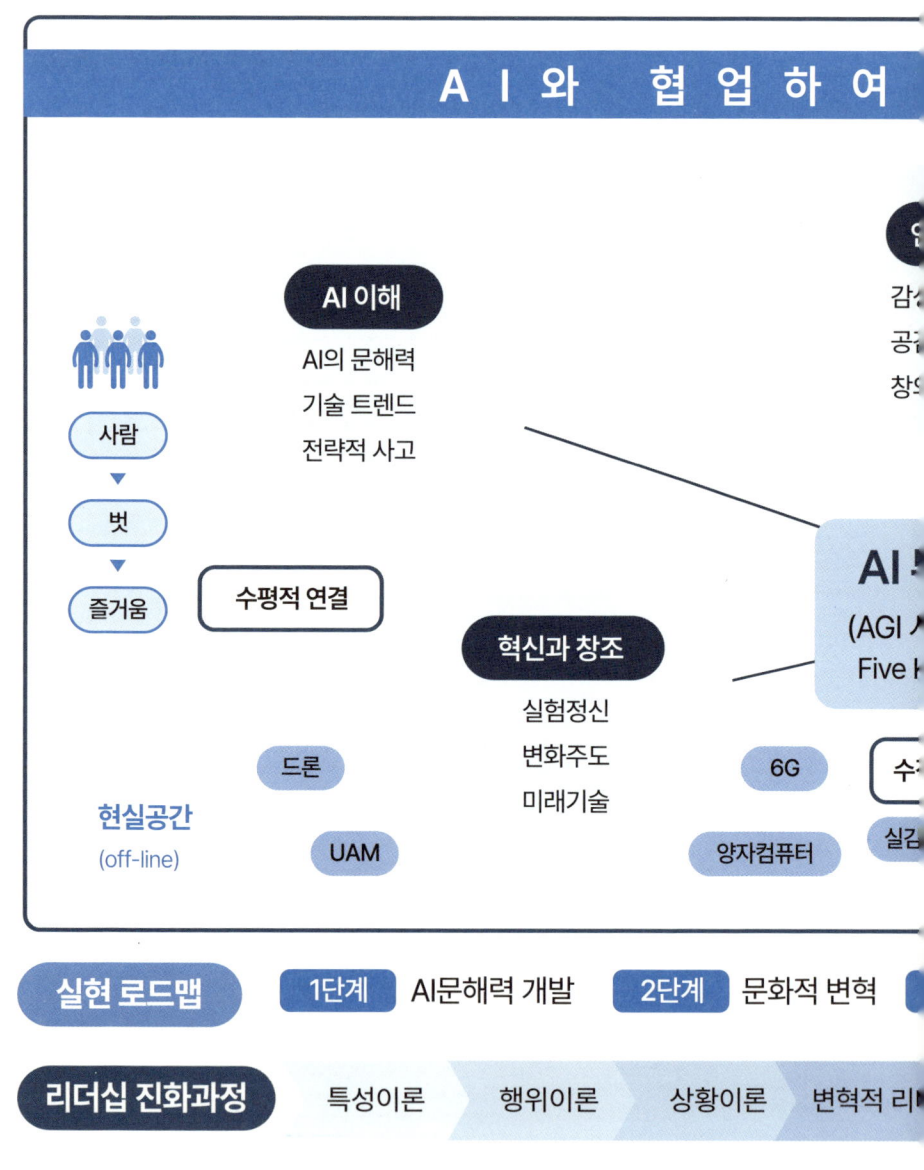

마인드맵
리스트(듀얼 브레인)

21세기 경영은 AI 뉴리더십이다

AI 뉴리더십은 AI 신기술이 국가·경제·사회를 근본적 변화를 초래하는 AI 에이전트, AGI 시대에 인류의 보편적 가치를 지향하며, 생성형 AI, XR 등 글로벌 AI신기술의 변화와 선제적 응용과 AI를 파트너로 협업하는 AI 신질서에 능동적으로 대응하는 혁신의 지도력으로 변혁적 리더십의 유형이다.

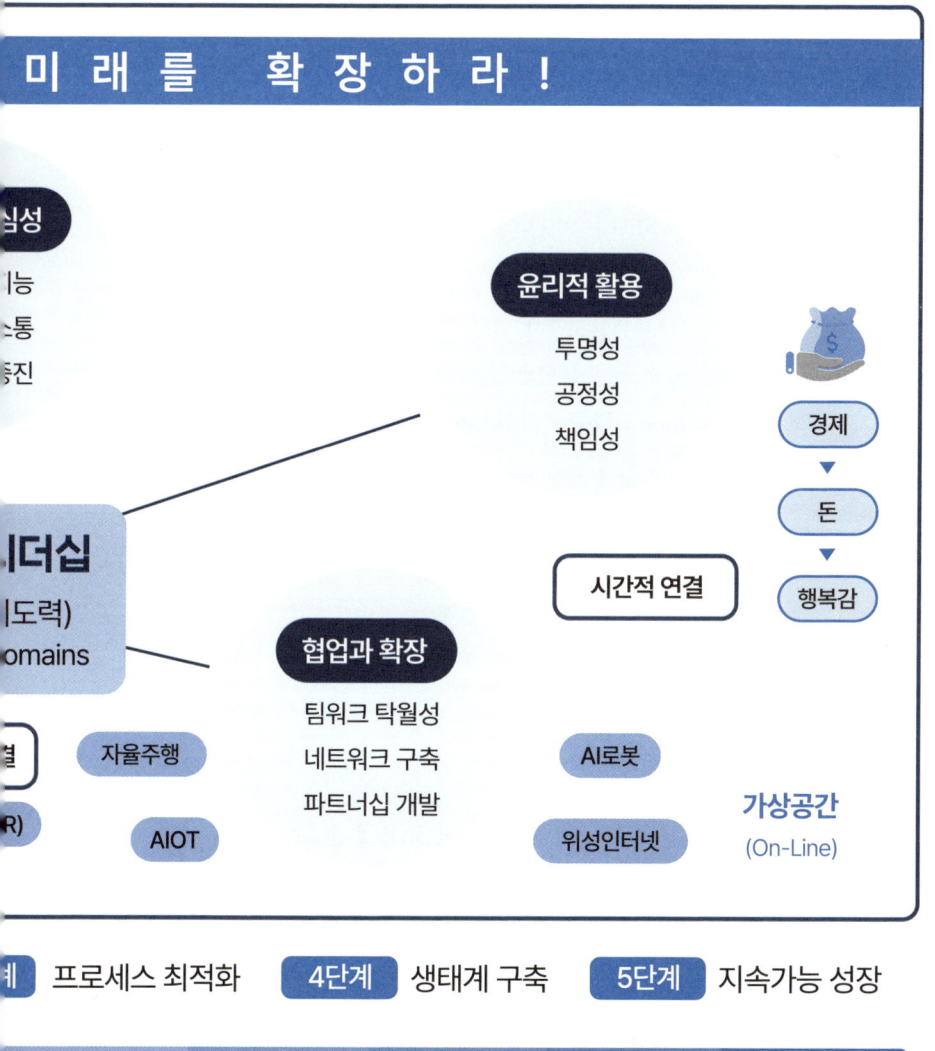

미래를 확장하라!

- 윤리적 활용: 투명성, 공정성, 책임성
- 협업과 확장: 팀워크 탁월성, 네트워크 구축, 파트너십 개발
- 시간적 연결: 경제 ▼ 돈 ▼ 행복감
- 가상공간 (On-Line): AI로봇, 위성인터넷
- 자율주행, AIOT

조직경영 조직전략 (비즈니스)

프로세스 최적화 | 4단계 생태계 구축 | 5단계 지속가능 성장

슈퍼리더십 → 서번트리더십 → 소셜리더십 → 디지털 혁신리더십 → **AI 뉴 리더십**

목차

프롤로그 | AI 에이전트 시대, AI와 협업 파트너가 되라   6
마인드맵: AI 뉴리더십   14

PART 1. AI 뉴리더십의 기초를 이해한다   20

제1장: AI 에이전트 시대의 뉴리더십   23
전통적 리더십과의 차별점   24
리더십 패러다임의 전환   26
AI 리더의 핵심역량 강화   28
디지털 네이티브와의 소통   31

제2장: AI 기술의 효율적인 이해와 활용   35
핵심 AI 기술 동향 이해   36
AI의 비즈니스 적용 사례   40
AI의 기술 선택의 기준   43
AI의 투자 대비 효과 분석   45

제3장: 데이터 중심의 효과적인 의사결정   49
데이터 리터러시   50
분석적 사고 프레임워크   52
직관과 데이터의 균형   54
의사결정의 품질 관리   56

제4장: AI 시대의 혁신적인 조직 설계   61
AI 시대, 하이브리드 조직 구조   62
구성원의 역할과 책임의 재정의   64
다양한 커뮤니케이션 체계 정립   65
균형있는 성과 측정과 평가   67

PART 2. AI 뉴리더십은 인간중심이어야 한다   72

제5장: 상호작용의 휴먼 팩터의 중요성   75
인간의 고유가치 재인식   76
개인 감성지능의 활용   78
창의성과 혁신의 극대화   82
강력한 윤리적 판단력   85

제6장:	혁신적인 조직의 팀 빌딩과 협업	89
	다양성 존중과 포용성 확장	90
	일관된 신뢰 구축 전략	92
	갈등 해결과 윈윈 솔루션	95
	다양성의 집단 지성 활용	98
제7장:	AI 기반의 인재 개발과 교육	104
	AI 리터러시 교육 강화	105
	스킬 기반 학습과 업데이트	108
	효과적인 멘토링과 코칭	110
	평생학습의 조직문화 구축	113
제8장:	혁신 조직의 변화 관리와 적응	117
	변화 저항의 효과적 극복	118
	기술보다 조직문화의 혁신	120
	혁신의 DNA, 민첩성과 유연성	122
	빠른 회복탄력성 구축	125

PART 3. AI의 윤리적 활용을 지켜야 한다   130

제9장:	인간중심의 AI 윤리 기본 원칙	133
	인간중심 AI로 증강	134
	AI 시스템의 투명성과 설명가능성	136
	AI 시스템의 공정성과 편향 방지	139
	프라이버시 보호와 사이버 보안	142
제10장:	책임감 있는 투명한 AI 개발	147
	체계적 윤리검토 프로세스	148
	다양한 이해관계자 참여	150
	체계적 위험 평가와 관리	153
	지속적 모니터링과 재학습	155

제11장: AI 전환에 따른 사회적 영향과 책임	161
일자리 변화에 대한 효율적 대응	162
디지털 기술 확산과 격차 해소	165
사회적 가치 창출의 기여	168
지역사회와의 적극적 협력	170
제12장: 글로벌 AI 윤리 표준과 협력체계	175
글로벌 윤리 가이드라인 이해	176
선제적인 규제준수 전략	178
문화적 다양성 이해와 존중	181
다자간 협력 플랫폼 적극 활용	183

PART 4. AI 기반의 혁신과 창조를 이끈다   188

제13장: AI 기반 혁신 전략 및 생태계 구축	191
숨겨진 혁신기회 발굴 및 실행	192
체계적인 실험과 프로토타이핑	194
실패와 학습의 성공적 관리	198
자생하는 혁신 생태계 구축	201
제14장: AI 기반 창의적 문제 해결과 변화관리	208
AI와 인간의 창의성 융합	209
올바른 문제정의와 해결 프로세스	211
혁신적 아이디어의 체계적 발굴	214
현실의 실행 전략과 변화 관리	217
제15장: 조직 디지털 트랜스포메이션(DX)과 개선	221
조직의 디지털 전환 전략	222
프로세스 혁신과 자동화	225
기술의 전략적 선택과 적용	228
성과 측정과 지속적 개선	230
제16장: AI 미래 기술의 게임 체인저 탐색	234
기술 트렌드의 모니터링 체계화	235
조직 전체 역량과 준비도 평가	237
변화에 민첩한 조직 전략 수립	240
지속적 진화와 혁신의 메카니즘	243

PART 5. AI로 협업과 확장을 강화한다   248

제17장: 글로벌 협력과 네트워킹 체계 구축   251
    글로벌 협력 체계 구축   252
    상호문화 이해와 소통 존중   255
    기술 표준화와 상호 운용성   257
    글로벌 AI 거버넌스 참여   261

제18장: AI 시대의 위기관리 대응과 회복력   265
    AI의 위기 유형과 대응 방안   266
    AI 기반 위기 예측과 조기 경보   270
    사고지휘체계와 의사결정 우선순위   272
    위기 이후 복원 설계와 정책 반영   278

제19장: 지속가능한 미래를 위한 AI 뉴리더십   282
    환경 친화적 개발과 AI 도구 활용   283
    AI for ALL (모두를 위한 인공지능)   286
    경제적 지속가능성과 가치 창출   290
    AGI 시대를 대비한 미래세대 교육   293

제20장: 혁신 리더와 AI 뉴리더십 미래 전망   299
    새로운 직업과 리더십 패러다임 전환   300
    인간-AI 협업 모델과 역량강화   302
    지속가능한 혁신 생태계 조성   306
    AI 혁신 리더의 사회적 책임   308

에필로그 | 향후 도래할 AGI 시대를 대비하라!   314

부록
  1. AI 뉴리더십 자가진단 체크리스트   322
  2. AI 뉴리더십 발전 로드맵   324
  3. AI 사례 연구 템플릿   327
  4. AI 뉴리더십 실천 도구   328
  5. AI 미래 시나리오 분석   330
  6. AI 핵심 용어집   333
  7. AI 추천 도서 및 참고자료   336

추천사   339

Understand the fundamentals of AI New Leadership

PART 01

AI 뉴리더십의 기초를 이해한다

AI 에이전트시대의 뉴리더십은 전통적인 리더십의 연장선상에 있으면서도 근본적으로 다른 차원의 역량과 관점을 요구한다. 기술의 급속한 발전과 불확실한 미래 속에서, 리더는 AI를 단순한 도구로 인식하는 수준을 넘어 전략적 파트너로 활용하는 능력을 갖춰야 한다.

Part 1에서는 AI 뉴리더십의 기본기를 다룬다. AI 에이전트 시대에 요구되는 새로운 리더십의 특성부터 핵심 AI 기술의 이해와 활용, 데이터 중심의 의사결정, 그리고 AI 시대에 걸맞은 조직 설계까지, AI 혁신 리더가 갖춰야 할 기초 소양들을 체계적으로 살펴본다.

Artifical Intelligence
New
Leadership

| 제1장

AI 에이전트 시대의 뉴리더십

> **AItelling**
>
> AI 시대 혁신 리더는 권위로 지시하기보다 영향력과 코칭으로 이끈다. 불확실성 속에서도 방향을 제시하고, 구성원이 스스로 판단하도록 돕는다. 기술·데이터 이해와 전략·윤리·소통을 갖추고, 데이터와 직관을 균형 있게 써 책임 있게 결정한다. 학습 민첩성과 시스템 사고를 키우고, 정보에 의미를 붙여 맥락을 설명한다. 데이터를 매우 신중하게 다루어야 한다.

전통적 리더십과의 차별점

리더십의 골간은 조직의 목적 달성을 위해 구성원들에게 영향력을 행사하는 지도력이다. "리더십은 더 나은 미래를 창조하는 데서 시작된다"고 브라이언 트레이시[1]는 말했다. 혁신리더는 AI 신기술이 나날이 등장하는 현실에서 미래를 창조하는 노력을 해야한다.

리더가 해야할 가장 중요한 것은 미래를 예측하고 대책을 마련하는 것이다. 과거에는 점(占)을 쳐서 예측하고, 부정(不淨)한 것을 부적(符籍)으로 막았다. 이제는 점과 부적이 아닌 데이터로 정밀하게 예측하고 AI를 활용하여 치밀한 대책을 마련해야 하는 시대이다.

AI 에이전트(agent) 시대는 AI가 사람처럼 생각하고 행동하며 문제를 해결하는 주체가 되는 시대를 뜻한다. 지금까지의 AI는 정해진 명령을 수행하는 '도구'에 가까웠지만, AI 에이전트는 마치 대리인처럼 스스로 다른 도구들과 협업하여 문제를 해결한다. 혁명 이상의 발전이다.

AI 에이전트 시대의 뉴리더십은 과거의 성공 공식을 뒤엎는다. 정보의 독점을 바탕으로 한 비민주적인 권위적 리더십은 정보가 민주화된 AI 환경에서 더 이상 통하지 않는다. 그 대신 필요한 정보를 유용하게 해석하고 의미를 부여하는 능력이 리더의 핵심 역량이 된다.

사람을 구분하는 기준을 AI를 활용하느냐, 아니면 미활용하느냐로 나눌 수도 있다. 어떤 목표를 수행하는 과정에서 AI와 협업을 하느냐의 차이다.

---

1) 브라이언 트레이시(Brian Tracy)는 캐나다-미국 국적의 유명한 동기 부여 연설가이자 자기계발 작가이다. 그는 리더십, 영업, 목표 설정, 시간 관리, 성공 심리학 등 다양한 주제로 전 세계 수많은 사람들에게 영감을 주었다. 그는 80권이 넘는 책을 저술했으며, 실용적인 지식을 많은 사람들과 나누며 자기계발 분야의 거장으로 자리매김을 했다.

AI 도구(챗GPTT, 제미나이, 젠스파크 등)를 사용하는 여부, 그 활용의 빈도, 심화된 작업의 여부로 세분화 할 수 있다.

하루가 다르게 등장하는 새로운 AI 도구(텍스트, 이미지, 음성, 비디오 등)를 협업의 파트너로 활용하는 사람과 전혀 이용하지 않는 사람의 업무의 효율성과 생산성은 크게 차이가 난다. AI로 증강된 개인과 조직은 강화된 역량으로 성공적인 임무를 수행할 수 있다.

전통적 리더는 확실성을 바탕으로 명령하고 통제했다. 하지만 AI 시대의 리더는 불확실성 속에서도 방향을 제시하고 구성원들이 스스로 판단할 수 있도록 돕는다. 이는 권위에서 영향력으로, 통제에서 코치로, 일방적 소통에서 상호작용으로의 패러다임 전환을 의미한다.

위계적 구조에서는 상명하달식 의사결정이 효율적이었다. 그러나 네트워크화된 조직에서는 집단지성을 활용한 협력적 의사결정이 더 나은 결과를 만들어낸다. AI 혁신리더는 다양한 관점을 수렴하고 최적의 해답을 도출하는 조율자 역할을 수행해야한다.

과거의 리더십은 일관성과 예측 가능성을 중시했다. 하지만 급변하는 AI 환경에서는 적응력(adaptability)과 민첩성(agility)이 더 중요하다. AI 리더는 변화에 열린 마음을 갖고, 민첩하게 지속적으로 학습하며 진화하는 '학습하는 리더'가 되어야 한다.

전통적 리더십의 성과 지표는 명확하고 정량적이었다. AI 시대에는 데이터를 통해 더 정교한 성과 측정이 가능하지만, 동시에 창의성, 혁신성, 학습능력 같은 정성적 요소들의 중요성도 증가한다. 균형잡힌 성과 관리가 AI 혁신 리더의 핵심 과제다.

기존의 리더십은 동질적 집단을 대상으로 폐쇄적이고 제한된 범위였지만, AI 환경에서는 다양한 배경의 인간과 AI 시스템이 함께 작업한다. 문화적, 세대적, 기술적 다양성을 이해하고 통합하는 능력(융복합, 하이브리드형)이 AI 혁신 리더에게 필수적이다.

전통적 리더는 자신의 경험과 직관에 의존했다. AI 리더는 데이터와 분석을 중시하면서도 인간의 직관과 창의성을 포기하지 않는다. 데이터 기반 의사결정과 인간적 판단력의 조화가 AI 리더십의 핵심이다. 즉 AI와 공존, 협업, 협력을 어떻게 리딩하느냐가 중요하다.

과거의 리더십은 조직 내부에 집중했지만, AI 에이전트 시대의 리더는 보다 광범위하게 생태계 전체를 고려해야 한다. 파트너, 고객, 지역사회, 그리고 글로벌 사회와의 관계를 종합적으로 관리하는 시스템적 사고가 요구된다. 보다 열린 글로벌 마인드가 요구된다.

리더십 패러다임(paradigm)의 전환

AI 혁신 리더는 리더십 패러다임의 변화를 가장 먼저 신속히 감지하고, 기존의 리더십의 구습을 과감히 탈피하여 전환해야 한다. 통제에서 위임으로, 결과에서 과정으로, 단기 성과에서 장기 성과로, 경쟁에서 협력으로, 지식에서 학습으로의 중심의 축을 이동해야 한다.

AI 시대의 뉴리더십은 '영웅적 리더십'에서 '분산적 리더십'으로 전환되고 있다. 한 사람이 모든 것을 결정하고 책임지는 방식에서, 구성원 모두가 상황에 따라 리더십을 발휘하는 방식으로 변화한다. AI 리더는 이러한 분산적 리더십을 조율하고 지원하는 역할을 담당한다.

AI 시대에는 기술의 발전 속도가 매우 빠르고, 다루어야 할 정보의 양이 방대해졌다. 한 명의 리더가 모든 정보를 파악하고, 올바른 결정을 내리는 것은 불가능에 가깝다. 분산적 리더십에서는 상황과 역할에 따라 누구나 리더가 될 수 있고, 집단 지성을 활용할 수 있다.

통제중심에서 임파워먼트 (Empowerment)중심으로의 전환이 일어나고 있다. AI가 반복적이고 정형화된 업무를 처리하게 되면서, 인간은 더 창의적이고 전략적인 업무에 집중할 수 있게 된다. 리더는 구성원들에게 더 많은 자율권을 부여하고 창의적 사고를 촉진해야 한다.

임파워먼트는 권한 위임의 뜻을 포함하고 있지만, 단순히 같은 말은 아니다. 권한 위임은 '일'을 맡기는 행위에 가깝다면, 임파워먼트는 '사람'에게 힘을 실어주는 총제적인 개념이다. 즉 구성원들이 스스로 문제를 해결하고 결정할 수 있도록 힘을 실어주는 것이다.

결과 중심에서 과정 중심으로의 관점 변화도 중요하다. AI 환경에서는 실패도 중요한 학습 데이터가 되므로, 결과만을 평가하기보다는 학습과 개선 과정을 중시하는 문화를 만들어야 한다. 실패를 두려워하지 않고 도전하는 문화가 혁신의 원동력이 된다.

단기 성과에서 장기 가치 창출로의 전환이 필요하다. AI 투자는 장기적 관점에서 접근해야 하며, 즉각적인 ROI(투자대비 수익: Return On Investment)보다는 조직의 학습 능력과 적응력 향상에 초점을 맞춰야 한다. 지속가능한 성장을 위한 기반 구축이 우선되어야 한다.

경쟁에서 협력으로의 패러다임 변화도 관찰된다. AI 생태계에서는 다양한 파트너와의 협력이 성공의 핵심 요소가 된다. 제로섬 게임이 아닌 포지티브섬(positive sum)전략인 윈-윈 관계를 구축하고, 생태계 전체의 발전을 통해 자신의 성장도 도모하는 접근이 필요하다.

정적인 조직에서 동적인 조직으로의 전환이 가속화되고 있다. 고정된 직책과 역할보다는 프로젝트와 상황에 따라 유동적으로 팀을 구성하고 해체하는 방식이 증가한다. AI 혁신 리더는 이러한 유동성을 관리하고 조직의 응집력을 유지하는 능력이 필요하다.

지식 중심에서 학습 중심으로의 전환도 중요하다. 축적된 지식보다는 새로운 것을 빠르게 학습하는 능력이 더 가치있게 된다. 조직을 학습하는 조직으로 만들고, 지속적인 역량 개발을 지원하는 것이 AI 혁신 리더의 핵심 역할이다.

개인적 성공에서 집단적 성공으로의 관점 확대가 필요하다. AI의 영향이 사회 전반에 미치는 상황에서, 리더는 자신의 조직뿐만 아니라 사회 전체의 발전을 고려하는 책임감 있는 리더십을 발휘해야 한다. 이는 리더십의 사회적 차원을 강화하는 것이다.

AI 에이전트 시대의 뉴리더십은 더 이상의 이윤 창출에만 국한되지 않는다. 디지털 기술의 발전에 따른 ESG(환경, 사회, 지배구조)와 RE100(재생에너지 100%), AI 대전환 같은 새로운 패러다임에 맞춰, 기후변화와 환경 문제 등 사회적 책임 부분을 강화해야 한다.

AI 혁신리더의 핵심역량 강화

AI 혁신리더의 첫 번째 핵심 역량은 기술적 이해력이다. AI 전문가 수준의 깊은 지식은 불필요하지만, AI의 가능성과 한계를 정확히 파악할 수 있는 수준의 기술적 소양은 필수다. 머신러닝 등 AI 기술의 기본 원리, 주요 AI 응용 분야, 데이터의 중요성을 이해해야 한다.

머신러닝(Machine Learning)[2]의 기본 원리는 데이터를 통해 컴퓨터가 스스로 학습하여 새로운 데이터를 예측하거나 문제를 해결하는 것이다. 사람이 일일이 규칙을 프로그래밍하는 대신, 컴퓨터가 방대한 데이터에서 패턴과 규칙을 스스로 찾아내도록 하는 것이 핵심이다.

머신러닝의 하위 개념인 딥러닝[3](Deep Learning)이 있다. 인간의 뇌 구조를 모방한 인공신경망을 활용하는 머신러닝의 한 종류이다. AI 혁신을 이끄는 핵심 기술인 딥러닝은 데이터의 특징을 AI가 스스로 학습하고, 데이터 양이 많을 수록 성능이 비약적으로 향상된다.

주요 AI 응용분야는 AI가 현재 비즈니스와 사회에 가장 큰 영향을 미치고 있는 영역이다. 자연어 처리(챗봇, 번역기 등), 컴퓨터 비전(자율주행차, 얼굴인식 등), 추천 시스템(유튜브 영상 추천 등), 예측 분석(금융시장, 수요예측 등), 로보틱스 및 자동화(로봇 팔) 등이다.

데이터는 AI의 연료이다. AI는 데이터 없이는 아무것도 할 수 없다. AI는 데이터로부터 학습하고 패턴을 발견하며 규칙을 익힌다. 데이터는 많을수

---

2) 머신러닝(Machine Learning)은 컴퓨터가 명시적인 프로그래밍 없이 데이터로부터 스스로 학습하여 성능을 향상시키는 인공지능의 한 분야이다. 기존의 프로그래밍이 '명령을 내리면 컴퓨터가 그대로 수행하는 방식'이었다면, 머신러닝은 데이터를 주고 컴퓨터가 스스로 규칙을 발견하게 하는 방식'이다. 마치 어린아이에게 수많은 강아지 사진을 보여주며 "이것은 강아지야"라고 알려주면, 나중에 새로운 강아지 사진을 보고도 강아지임을 알아내는 것과 같다.

3) '딥(Deep)'이라는 이름은 여러 겹의 층(layer)으로 이루어진 깊은 신경망을 사용하기 때문에 붙여졌다. 이 깊은 구조 덕분에 딥러닝은 데이터에서 복잡하고 추상적인 특징을 스스로 찾아낼 수 있다. AI가 인간처럼 스스로 생각하고 학습할 수 있게 만든 핵심 기술이다.

록 패턴을 학습해 정확도를 높이고, 편향되거나, 부정확하거나, 불필요한 데이터는 AI를 오판하게 만들어 나쁜 결과를 초래한다.

데이터는 단순히 AI를 훈련시키는 재료를 넘어, 뉴비즈니스 가치를 창출하는 원천이다. AI 혁신리더는 AI 기술 자체보다 그 기술을 움직이는 데이터의 중요성을 깊이 인식해야 한다. 데이터를 확보하고, 관리하며, 윤리적으로 활용하는 능력이 AI시대의 진정한 경쟁력이다.

데이터 리터러시(data literacy)[4]는 AI 리더의 기본 소양이다. 단순히 숫자를 읽는 능력을 넘어서, 데이터의 품질을 평가하고 분석 결과를 올바르게 해석하며 의사결정에 활용하는 종합적 능력이 필요하다. 데이터의 편향과 한계도 인식할 수 있어야 한다.

전략적 사고력은 AI 리더를 구별하는 핵심 역량이다. 기술적 가능성을 비즈니스 기회로 연결하고, 장기적 관점에서 AI 투자의 우선순위를 결정하며, 경쟁 우위 창출 방안을 모색하는 능력이다. 이는 기술과 비즈니스를 연결하는 번역자 역할이다.

변화 관리 능력은 AI 도입 과정에서 필수적이다. 조직 구성원들의 불안감을 해소하고 동기를 부여하며, 새로운 업무 방식에 적응할 수 있도록 지원하는 것이다. 저항을 극복하고 변화의 동력으로 전환시키는 것은 AI 리더의 중요한 역할이다.

윤리적 판단력은 AI 시대에 더욱 중요해진다. AI 시스템의 공정성을 확보하고 개인정보를 보호하며, 사회적 영향을 고려한 의사결정을 내리는

---

[4] 데이터 리터러시는 데이터를 읽고, 이해하고, 분석하고, 활용하는 능력이다. 이는 단순히 숫자를 보는 것을 넘어, 데이터에 숨겨진 의미와 맥락을 파악하고, 이를 바탕으로 합리적인 의사결정을 내리는 역량까지 포함하는 넓은 개념이다.

능력이다. 기술적 가능함과 윤리적 적절함 사이의 균형을 찾는 것이 핵심이다. 학습 편향, 개인정보 침해 요소를 없애야 한다.

기술과 사람을 연결하는 다리 역할의 커뮤니케이션 능력은 복잡한 AI 개념을 이해하기 쉽게 설명하는 것에서 시작한다. 기술 전문가와 일반 직원들 사이의 소통을 원활하게 하고, 다양한 이해관계자들에게 AI의 가치를 설득력 있게 전달하는 능력이 필요하다.

학습 민첩성은 단순한 스킬이 아닌 핵심적인 마인드셋으로 빠르게 변화하는 AI 기술환경에 필수적이다. 새로운 기술동향을 빠르게 학습하고 적용하며, 실패에서 배우고 지속적으로 개선해나가는 자세이다. 완벽함보다는 지속적 학습과 개선을 추구하는 마인드셋이 중요하다.

시스템적 사고는 복잡한 AI 생태계를 이해하는 데 필요하다. 개별 요소들 간의 상호작용과 전체적인 영향을 파악하고, 부분 최적화가 아닌 전체 최적화를 추구하는 관점이다. AI 도입이 조직과 사회에 미치는 다면적 영향을 고려할 수 있어야 한다.

디지털 네이티브(native)와 소통

세대의 가치관과 행동 양식은 주로 경제 상황, 기술 발전, 사회적 사건 등으로 형성된다. 주요 세대별로 베이비붐 세대(1946~1964), X세대(1965~1980), M세대(1981~1996), Z세대(1997~2010), MZ세대(1981~2010), 알파세대(2010년 이후) 등으로 불리워진다.

알파세대는 2010년 아이패드가 처음 출시된 해 이후 태어난 세대이다. 이들은 태어날 때부터 인공지능, 스마트 기기 등 첨단기술에 노출된 '디지털 네이티브'라고 불린다. 틱톡, 유튜브, 로블록스와 같은 플랫폼을 통해 자연스럽게 세상과 소통하며 빠른 정보를 습득한다.

디지털 네이티브(native) 세대[5]는 AI와 함께 성장한 첫 번째 세대다. 이들은 직관적으로 AI 도구를 활용하고 기술에 대한 거부감이 적지만, 동시에 기술의 한계와 위험성에 대한 인식은 부족할 수 있다. AI 리더는 이러한 특성을 이해하고 효과적으로 소통해야 한다.

디지털 네이티브들은 즉석성과 상호작용성을 중시한다. 일방적 소통보다는 실시간 피드백과 쌍방향 대화를 선호한다. AI 리더는 소통할 때 참여형 방식을 활용하고 즉각적인 응답을 제공하는 것이 효과적이다. 이것은 세대 차이를 극복하는 것을 넘어 새로운 협업방식이다.

이들은 정보의 접근성이 높기 때문에 권위보다는 신뢰성을 중시한다. "이렇게 해야 한다"는 명령보다는 "왜 이렇게 해야 하는지"에 대한 논리적 설명을 요구한다. AI 리더는 투명하고 합리적인 근거를 제시하는 소통 방식을 채택해야 한다.

디지털 네이티브들은 개인화된 경험을 선호한다. 획일적인 메시지보다는 개별적 상황과 관심사를 고려한 맞춤형 소통이 효과적이다. AI 도구를 활용하여 개인의 학습 스타일이나 업무 패턴을 분석하고 이에 맞는 가이드를 제공할 수 있다.

---

5) 디지털 네이티브(Digital Native)는 태어날 때부터 디지털 기술에 둘러싸여 자라, 이를 모국어처럼 자유자재로 사용하는 세대를 뜻한다. 이들은 멀티태스킹에 능숙, 시각적 소통 선호, 새로운 기술에 대한 빠른 적응과 소셜미디어를 통해서 정보를 얻는 것을 선호한다.

그들은 시각적이고 직관적인 정보 전달 방식을 선호한다. 복잡한 텍스트보다는 인포그래픽, 동영상, 인터랙티브 콘텐츠가 더 효과적이다. AI 기술의 원리나 활용 방안을 설명할 때도 시각적 도구를 적극 활용해야 한다. 시각적 정보전달은 이해와 학습을 촉진한다.

디지털 네이티브들은 실험과 체험을 통한 학습을 선호한다. 이론적 설명보다는 직접 해보고 경험할 수 있는 기회를 제공하는 것이 중요하다. AI 도구를 실제로 사용해보고 결과를 확인할 수 있는 실제 경험을 바탕으로 한 실용적 학습 환경을 만들어야 한다.

이들은 글로벌 관점과 사회적 책임에 대한 관심이 높다. AI 기술이 사회에 미치는 영향이나 윤리적 이슈에 대해서도 깊이 있는 대화를 나누고 싶어한다. AI 리더는 기술적 측면뿐만 아니라 기술이 만들어낼 더 나은 사회에 대한 비전과 책임감을 보여주는 것이 중요하다.

피드백 문화에 익숙하다. 정기적이고 구체적인 피드백을 기대하며, 자신의 의견도 적극적으로 표현한다. AI 리더는 열린 마음으로 이들의 의견을 듣고 상호 학습하는 자세를 보여야 한다. 변화와 혁신에 대한 수용도가 높지만, 동시에 안정성과 지속가능성도 중시한다.

대부분의 조직은 다양한 세대가 혼합되어 조직 문화가 형성된다. 리더는 각 세대별 행동 양식을 잘 이해하고 통합 리더십을 발휘해야 한다. 사회 전반적으로 디지털 네이티브 세대의 비중이 점점 높아지고 있다. 이들과 원활한 소통은 곧 AI 뉴리더십의 중요한 요소이다.

[출처_wikipedia.org]

젠슨 황
Jensen Huang (NVIDIA CEO)

앞으로 산업엔 두 공장이 선다.
제품의 공장, 그리고 수학의 공장, 즉 AI의 공장이다.

"Every industry will have two factories:
the one that makes products, and the one for the math
— the factory for AI."

| 제2장

AI 기술의
효율적인 이해와 활용

> **AItelling**
>
> AI 혁신 리더로 인공지능의 기본 원리와 핵심 기술을 이해해야 한다. 이러한 기술들을 실제 비즈니스에 적용해 생산성을 높이고 혁신을 이루는 전략으로 삼는다. 기술의 화려함이나 최신성보다는 조직의 전략적 목표 달성에 얼마나 기여할 수 있는지가 기술 선택의 핵심이다. AI 시대를 리딩하기 위해서는 기술과 인간이 공존하고 협업하는 통찰력을 강화해야 한다.

핵심 AI 기술 동향 이해

AI 혁신리더로서 기술 동향을 이해하는 것은 이제 선택이 아닌 필수다. 단순히 기술의 이름을 아는 것을 넘어, 그 기술이 비즈니스와 사회에 어떤 영향을 미칠지 파악하는 것이 중요하다. 현재 AI 시장은 생성과 행동이라는 두 가지 큰 축을 중심으로 빠르게 진화하고 있다.

텍스트를 넘어 이미지, 음성, 영상 등 다양한 형태의 콘텐츠를 생성하는 AI가 보편화되었다. 특히, 멀티모달(Multimodal)[1] 기능은 AI가 텍스트와 이미지를 동시에 이해하고 추론하는 능력을 부여하며, 단순 콘텐츠 생성에서 복잡한 문제 해결로 나아가게 만들고 있다.

리더는 생성형 AI를 단순한 도구가 아니라, 창의성과 생산성을 극대화하는 협업 파트너로 활용하는 전략을 세워야 한다. AI는 더 이상 질문에 답하는 수동적인 존재가 아니다. 사용자의 목표를 이해하고, 스스로 계획을 수립하며, 여러 프로그램을 연동해 작업을 한다.

이것이 바로 AI 에이전트(AI Agent)이다. 이는 AI를 '도구'에서 '자율적인 행위자'로 바꾸는 패러다임 전환이다. 이런 변화는 AI의 놀라운 진화이자 혁명이다. 리더는 AI 에이전트를 비즈니스 프로세스 자동화에 어떻게 적용할지 고민해야 한다.

거대 기업들의 독점적인 모델 외에도 메타의 라마(Llama), 중국의 딥시크(Deepseek)와 같은 오픈소스 모델들이 강력한 성능을 보여주며 경쟁을

---

1) 멀티모달(Multimodal)은 두 가지 이상의 다양한 정보 유형을 함께 이해하고 처리하는 기술을 뜻한다. 인간이 사물을 볼 때(시각), 소리를 들을 때(청각), 냄새를 맡을 때(후각) 등 여러 감각을 동시에 사용하여 상황을 종합적으로 이해하듯, AI도 텍스트, 이미지, 음성, 비디오 등 여러 형태의 데이터를 한꺼번에 학습하고 처리하는 것이다.

가속화하고 있다. 이는 AI 기술 접근성을 낮추고, 기업들이 비용 효율적인 맞춤형 AI를 구축할 수 있는 기회를 제공한다.

인공지능 기술의 발전은 가속화되고 있으며, 특히 생성형 AI의 등장으로 새로운 전환점을 맞고 있다. 대화형 AI, 이미지 생성, 코드 작성 등 다양한 영역에서 인간 수준 또는 그 이상의 성능을 보이는 챗GPT, 제미나이, 코파일럿, 클로드 등 AI 모델들이 등장하고 있다.

AI 모델과 이를 활용하는 서비스 AI 도구가 진화되고 새로운 서비스가 하루가 멀다하고 우리 앞에 나타나고 있다. AI 혁신 리더는 이러한 기술 동향을 정확히 파악하고 전략적으로 활용해야 한다. 개인과 조직에 매우 유용한 도구를 절대로 간과해서는 안된다.

필자는 생성형 AI인 챗GPT, 코파일럿, 딥시크, 제미나이 등을 연속적으로 사용하면서 각각의 성능을 비교하며 활용하고 있다. 최근에 젠스파크(Genspark)는 그야말로 슈퍼 AI 에이전트로 챗팅, 엑셀, 슬라이드, 이미지, 영상, 팟캐스트 등을 생성하여 놀라움을 주고 있다.

구글 생태계 중심의 제미나이, 소셜미디어(X)와 빠른 대화를 하는 그록, 개발/마이크로소프트 작업 중심의 코파일럿으로 모델별 특징을 구분할 수 있다. 이에 비해 젠스파크는 여러 거대언어모델(LLM)을 동시에 활용하여 최적의 결과를 제공하는 AI서비스 플랫폼이다.

AI 서비스는 진화 및 고도화가 꾸준히 진행되고 있다. 구글의 제미나이는 최근 웹툰식의 스토리북 기능과 이미지 기능인 나노바나나를 추가하여 서비스의 질을 향상 시키고 있다. 나노바나나 기능으로 이미지를 수정하면 디테일이 매우 정교하여 진위 구분이 어려울 정도다.

머신러닝의 발전은 지도학습에서 자율학습으로, 단일 모델에서 멀티모달 모델로 진화하고 있다. 텍스트, 이미지, 음성을 통합적으로 처리하는 모델들이 등장하면서 더욱 자연스럽고 포괄적인 AI 서비스가 가능해지고 있다. 이는 사용자 경험의 혁신적 개선으로 이어진다.

자연어처리 기술(Natural Language Processing)은 ChatGPT로 대표되는 대화형 AI의 발전으로 새로운 차원에 도달했다. 단순한 정보 검색을 넘어 창작, 분석, 추론이 가능한 수준으로 발전하면서 업무 자동화와 의사결정 지원에서 혁신적 변화를 만들어내고 있다.

이미지나 비디오를 보고 그 것을 이해하는 컴퓨터 비전 기술은 이미지 인식에서 이미지 생성으로 영역을 확장하고 있다. 실시간 객체 인식, 자율주행, 의료 진단 등의 영역에서 인간을 능가하는 정확도를 보이며, 새로운 비즈니스 모델과 서비스의 기반이 되고 있다.

강화학습(Reinforcement Learning)은 특정 환경에서 보상을 최대화하는 방향으로 스스로 행동 방식을 학습하는 머신러닝의 한 분야이다. 로봇 제어, 자원 최적화, 금융 트레이딩 등에서 우수한 성과를 보이며, 복잡한 의사결정 문제 해결의 새로운 도구로 주목받고 있다.

데이터의 '근원지'에서 바로 AI 모델을 실행하고 필요한 의사결정을 내리는 엣지 AI[2]의 발전으로 클라우드 중심의 AI 서비스가 디바이스 레벨로 확산되고 있다. 실시간 처리, 프라이버시 보호 등의 장점으로 IoT, 모바일, 자동차 등 다양한 영역에서 활용이 증가하고 있다.

---

2) 엣지 AI는 클라우드 서버에 의존하지 않고, 스마트폰, 드론, IoT 기기 등 기기 자체에서 AI 연산을 수행하는 기술이다. 최근 칩셋의 성능 향상과 전력 효율 개선 덕분에 엣지 AI는 빠르게 발전하고 있고, 더 작고 강력한 AI 칩셋이 등장하면서 실시간성이 더욱 강화되고 있다.

AI 칩과 하드웨어의 발전은 AI 서비스의 대중화를 이끌고 있다. GPU, TPU, 뉴로모픽 칩 등 전용 하드웨어의 발전으로 AI 처리 성능이 향상되고 비용은 감소하면서, 더 많은 조직이 AI를 활용할 수 있게 되었다. 특히 AI 칩 제조사인 엔비디아가 뜨거운 주목을 받고 있다.

AutoML[3](Automated Machine Learning)과 로우코드/노코드의 AI 플랫폼 발전으로 AI 개발의 진입장벽이 낮아지고 있다. 전문적인 프로그래밍 지식 없이도 AI 모델을 개발하고 배포할 수 있는 도구들이 등장하면서, AI 민주화가 놀라울 정도로 가속화되고 있다.

향후 10년은 현재의 기술이 더욱 고도화되며, AI가 우리 삶의 근본적인 구조를 바꿀 것이다. 핵심 키워드는 '일반화'와 '통합'이다. 현재의 AI는 특정 영역에 특화된 약인공지능(Na rrow AI)이다. 그러나 향후 10년, 20년 내에는 AGI가 출현할 가능성이 매우 높다.

AGI(Artificial General Intelligence:범용 인공지능)는 인간처럼 다양한 지적 작업을 수행하고, 새로운 지식을 스스로 습득한다. AGI는 단순 반복 업무뿐 아니라, 복잡한 문제 해결, 과학적 발견, 창의적 활동까지 인간의 모든 지적 영역에 영향을 미칠 것이다.

리더는 AGI가 가져올 사회적, 경제적 시스템의 근본적인 변화에 대비해야 한다. 이것은 단순한 혁명을 넘어 새로운 문명의 전환이다. AI 에이전트가 발전하면서 AI는 단순한 도구가 아닌, 인간의 지능을 보완하고 확장하는 '하이브리드 지능'의 형태로 진화할 것이다.

---

3) AutoML(Automated Machine Learning)은 머신러닝 모델 개발 과정을 자동화하는 기술이다. 이는 데이터를 준비하고, 모델을 선택하며, 최적의 성능을 낼 수 있도록 튜닝하는 복잡한 단계를 자동으로 처리해 준다.

AI는 방대한 데이터를 분석하고, 인간은 그 통찰을 바탕으로 더 나은 윤리적 판단과 창의적 결정을 내리는 협력 모델이 보편화될 것이다. 리더는 이러한 새로운 협업 모델을 조직 문화에 어떻게 정착시킬지 고민해야 한다. 기존의 리더십으로는 돌파할 수 없는 상황이다.

AI의 보편적 통합AI는 특정 애플리케이션에 머무르지 않고, 모든 사물과 시스템에 통합될 것이다. 스마트폰, 자동차, 가전제품을 넘어, 도시 전체가 AI로 연결되고 제어되는 '초연결 지능 사회'가 될 것이다. 이러한 변화에 맞춰 리더는 장기적인 비전을 세워야 한다.

결론적으로, 미래의 AI 혁신 리더는 핵심 AI 기술동향을 주지하고, 기술을 단순히 소비하는 것을 넘어, 기술의 파도를 타고 새로운 가치를 창조하며, 윤리적 책임을 다하는 길을 개척해한다. AI가 가져올 혁명적, 문명적인 변화는 결국 혁신 리더의 통찰력과 결단에 달려 있다.

AI의 비즈니스 적용 사례

AI의 비즈니스 적용 사례는 무궁무진하다. 그 확장성(Scalability)은 AI 기술의 가장 중요한 강점이다. AGI(인공 일반 지능) 시대로 가면서 이 확장성은 더욱 폭발적으로 증가할 것이다. 확장성은 소수의 적용 사례를 넘어, 모든 영역과 규모에 적용할 수 있는 것을 의미한다.

현재의 AI는 특정한 문제를 해결하는 데 최적화되어 있어, 새로운 문제를 해결하려면 새로운 AI를 만들어야 한다. 하지만 AGI가 등장하면 이 확장성은 완전히 다른 차원으로 도약한다. 이제 곧 AI 자체가 주체가 되어 새로운 비즈니스와 가치를 창조할 것이다.

AI의 비즈니스 적용 사례로 고객 서비스, 마케팅과 세일즈, 인사관리, 제조업, 금융서비스, 헬스케어, 교육분야, 물류와 운송업, 농업(스마트 팜), 법률 및 공공서비스, 미디어 및 엔터테인먼트 등으로 구분할 수 있다. 이외에도 창의와 혁신으로 첫 사례를 개척해야 한다.

고객 서비스 영역에서 AI 챗봇과 가상 어시스턴트의 활용이 확산되고 있다. 24시간 고객 응대, 다국어 지원, 개인화된 서비스 제공 등을 통해 고객 만족도를 향상시키면서 운영 비용을 절감하고 있다. 단순 문의 응답을 넘어 복잡한 상담과 문제 해결까지 가능해지고 있다.

마케팅과 세일즈에서는 AI 기반 개인화 서비스가 게임 체인저 역할을 하고 있다. 고객의 행동 패턴, 선호도, 구매 이력을 분석하여 최적의 상품을 추천하고 맞춤형 마케팅 메시지를 전달함으로써 전환율과 고객생애가치[4](Customer Lifetime Value)를 크게 향상시키고 있다.

인사관리 영역에서는 AI가 채용, 성과 관리, 교육훈련 등 전 과정을 혁신하고 있다. 이력서 스크리닝, 면접 분석, 직무 적합성 평가 등에서 AI를 활용하여 더 객관적이고 효율적인 인사관리가 가능해지고 있다. 특히 사람의 편향 방지와 공정성 확보에도 기여하고 있다.

제조업에서는 예측 유지보수, 품질 관리, 공급망 최적화 등에서 AI가 핵심 역할을 하고 있다. 센서 데이터 분석을 통한 장비 고장 예측, 컴퓨터 비전을 활용한 불량품 검출, 수요 예측 기반 생산 계획 수립 등으로 생산성과 품질을 동시에 향상시키고 있다.

---

[4] 고객 생애 가치(Customer Lifetime Value), 줄여서 CLV는 한 명의 고객이 기업에 기여하는 총 이익을 돈으로 계산한 값을 뜻한다. 이는 단순히 한 번의 구매로 얻는 이익이 아니라, 그 고객이 서비스를 이용하는 전체 기간에 걸쳐 창출하는 가치를 모두 합한 것으로 고객을 장기적인 투자대상으로 인식하는 개념이다.

금융 서비스에서는 리스크 관리, 사기 탐지, 신용 평가, 알고리즘 트레이딩 등에서 AI 활용이 필수가 되었다. 실시간 거래 모니터링, 대안 데이터를 활용한 신용 평가, 로봇 어드바이저를 통한 자산 관리 등으로 서비스 품질과 효율성을 크게 개선하고 있다.

헬스케어 영역에서는 AI가 진단, 치료, 신약 개발 등에서 혁신을 만들어 내고 있다. 의료 영상 분석을 통한 질병 조기 진단, 개인 맞춤형 치료 계획 수립, AI 기반 신약 후보 물질 발굴, 임상 시험 디자인, 약물 재창출 등으로 의료의 정확성과 효율성을 향상시키고 있다.

교육 분야에서는 맞춤형 개인화 학습, 자동 채점 및 평가시스템, 학습 분석, 행정관리 효율화 등에서 AI 활용이 확산되고 있다. 학습자의 수준과 속도에 맞춘 맞춤형 콘텐츠 제공, 학습 과정 분석을 통한 개선점 도출, 교사의 업무 부담 경감 등의 효과를 거두고 있다.

물류와 운송 업계에서는 재고관리, 경로 최적화, 자율주행, 창고 자동화, 고객 서비스 등에서 AI가 핵심 기술로 자리잡고 있다. 실시간 교통 상황을 고려한 최적 경로 제안, 무인 배송 시스템, 로봇을 활용한 창고 관리 등으로 효율성과 정확성을 대폭 향상시키고 있다.

농업에서는 드론이나 위성 이미지를 AI가 분석해 작물의 성장 상태, 토양의 영양분, 병충해 발생 위치 등을 정확히 파악한다. 이를 통해 필요한 곳에만 물과 비료를 주어 생산성을 높이고 자원을 절약한다. AI 카메라와 센서가 가축의 건강과 작물의 성장을 모니터링한다.

법률 및 공공 서비스에서는 AI가 방대한 법률 문서를 빠르게 검토하고, 핵심 정보를 추출하며, 유사 판례를 분석하여 변호사의 업무 효율을 극대화 한다. AI가 교통 흐름을 분석해 신호 체계를 최적화하거나, 도시 범죄 데이터를 분석해 치안을 강화할 수 있다.

미디어 및 엔터테인먼트에서 생성형 AI는 소설, 시나리오, 음악, 그림 등 새로운 예술 콘텐츠를 창작한다. 영화 제작에서 특수효과나 배경 이미지를 자동으로 생성하는 데도 활용된다. 사용자의 시청 이력과 선호도를 분석하여 맞춤형 광고나 콘텐츠를 추천할 수 있다.

AI 기술 선택의 기준

AI 기술의 선택은 단순히 최신 기술을 도입하는 것이 아니라, 명확한 비즈니스 목표에 맞고 장기적으로 가치를 창출할 수 있는 기술을 선택하는 것이 중요하다. "해결하고자 하는 비즈니스의 문제는 무엇인가? 어떤 가치를 창출할 것인가?"라는 질문에 정답이 있다.

AI기술 선택의 첫 번째 기준은 비즈니스 목표와 얼마나 일치하고 기여할 수 있는가를 의미하는 정렬성이다. 기술의 화려함이나 최신성보다는 조직목표 달성에 얼마나 기여할 수 있는지가 핵심이다. 명확한 비즈니스 케이스와 기대 효과를 정의한 후 기술을 선택해야 한다.

기술의 성숙도와 안정성은 중요한 고려사항이다. 최첨단 기술일수록 불안정할 가능성이 높으므로, 조직의 리스크 허용 수준과 기술의 성숙도를 균형있게 고려해야 한다. 특히 조직의 보안과 안정성에 민감한 업무에서는 검증된 기술을 우선적으로 고려해야 한다.

조직의 기술적 역량과 인프라 현황도 중요한 기준이다. 아무리 우수한 기술이라도 조직이 이를 구현하고 운영할 역량이 없다면 실패할 가능성이 높다. 현재 역량을 정확히 평가하고 부족한 부분은 교육이나 외부 협력을 통해 보완하는 계획을 수립해야 한다.

데이터 가용성과 품질은 AI 기술 성공의 핵심 요소다. AI 모델의 성능은 데이터의 질과 양에 크게 의존하므로, 필요한 데이터를 확보할 수 있는지, 데이터 품질은 적절한지를 사전에 검토해야 한다. 데이터가 양과 질적으로 부족하다면 수집 방안도 함께 고려해야 한다.

비용 효율성과 ROI는 현실적인 고려사항이다. 초기 투자비용뿐만 아니라 운영비용, 유지보수비용, 교육비용 등을 종합적으로 계산하고, 예상되는 효과와 비교하여 투자 타당성을 평가해야 한다. 단기적 비용과 장기적 가치를 균형있게 고려하는 것이 중요하다.

확장성과 유연성도 중요한 기준이다. 기술 트렌드의 변화 속도가 매우 빠르기 때문에 초기에는 작은 규모로 시작하더라도 향후 확장 가능성을 고려해야 한다. 또한 비즈니스 요구사항이 변화할 때 기술이 유연하게 대응할 수 있는지도 평가해야 한다.

보안과 법률, 규제, 내부정책을 준수하는 컴플라이언스 요구사항을 충족하는지 확인해야 한다. 특히 개인정보를 다루는 영역에서는 관련 법규와 규제를 준수할 수 있는 기술을 선택해야 하고, 데이터 보호, 접근제어, 감사기능 등이 적절히 구현되어 있는지 검토해야 한다.

고객에게 제공하는 다양한 형태의 기술적, 비기술적 지원 서비스를 의미하는 벤더의 지원과 생태계도 고려사항이다. 기술 공급업체의 안정성,

지원 서비스의 품질, 개발자 커뮤니티의 활성화 정도 등을 평가해야 한다. 장기적으로 안정적인 지원도 기술도입의 성공을 좌우한다.

AI 혁신 리더는 조직의 비즈니스 목표와의 정렬과 기술적 효용성 및 지속가능성을 고려하고 그 적용 시점도 혁신과 도전적인 측면을 고려한다. 결론적으로 AI 기술 선택은 '가장 좋은 기술'을 찾는 것이 아니라, '우리 조직에 가장 적합한 기술'을 찾는 과정이다.

AI의 투자 대비 효과 분석

AI의 투자 대비 효과(ROI)를 분석할 때 가장 핵심적으로 강조해야 할 사항은 바로 '단기적인 비용 절감'을 넘어 '장기적인 가치 창출'과 '혁신 역량 강화'를 증명하는 것이다. "비용을 얼마나 줄였는가?"가 아닌 AI가 우리 조직의 DNA를 어떻게 바꾸느냐에 집중해야 한다.

AI 투자의 효과 측정은 단순한 계산, 재무적 성과측정, 단기적 관점의 전통적인 투자수익율 계산과는 다른 접근이 필요하다. AI 프로젝트는 학습과 개선 과정을 거치면서 점진적으로 가치를 창출하므로, 단기적 수익보다는 장기적 가치 창출 관점에서 평가해야 한다.

정량적 지표로는 비용 절감, 매출 증대, 생산성 향상, 오류 감소 등을 측정할 수 있다. 예를 들어 고객 서비스 자동화로 인한 인건비 절감, AI 기반 추천 시스템으로 인한 매출 증대, 예측 분석을 통한 재고 최적화 효과 등을 구체적 숫자로 산출할 수 있다.

정성적 효과도 중요하게 고려해야 한다. 고객 만족도 향상, 직원 업무 만족도 개선, 의사결정 품질 향상, 혁신 역량 강화 등은 직접적인 수치로 표현하기 어렵지만 장기적으로는 더 큰 가치를 만들어낼 수 있다. 가치 창출은 상상 이외의 효과를 끌어낼 수 있다.

학습 효과와 역량 축적도 중요한 가치다. AI 프로젝트를 통해 조직이 축적하는 데이터, 노하우, 인재 등은 향후 AI 활용 능력을 크게 향상시킨다. 이러한 무형의 자산 가치도 평가에 포함해야 한다. 이것은 단순한 재무적 이익을 넘어, 조직의 장기적인 경쟁력을 강화한다.

위험 감소 효과도 고려해야 한다. AI를 통한 예측과 예방으로 사고나 손실을 줄이는 효과, 컴플라이언스 리스크 감소, 의사결정 오류 방지 등의 가치를 정량화하여 포함시켜야 한다. AI 도입 전후의 손실 비용 비교, 잠재적 위험을 회피했을 때의 비용을 추정하는 것이다.

단기적이고 직접적인 성과 뿐만 아니라 간접 효과와 파급 효과도 분석해야 한다. 한 영역에서의 AI 도입이 다른 영역의 효율성 향상으로 이어지는 경우, 전체 조직의 디지털 역량 향상에 기여하는 경우 등의 간접적 가치도 계산에 포함해야 한다.

투자비용은 초기투자비용((Initial Investment)뿐만 아니라 전체 생명주기 비용(Lifecycle Costs):을 고려해야 한다. 하드웨어, 소프트웨어, 라이선스 비용과 함께 인력, 교육, 유지보수, 업그레이드 비용 등을 포함한 총소유비용(TCO)을 산정해야 한다.

프로젝트나 비즈니스 활동의 성공을 측정하기 위해 구체적인 지표를 미리 설정하는 KPI를 사전에 정의하고 지속적으로 모니터링해야 한다. 프로젝트 진행 단계별로 중간 점검을 실시하고, 필요시 방향을 조정하거나 투자 규모를 재검토하는 유연한 접근이 필요하다.

 벤치마킹과 비교 분석도 유용하다. 유사한 규모나 업종의 다른 조직이 달성한 성과와 비교하여 자사의 AI 투자 효과를 객관적으로 평가하고 개선점을 도출할 수 있다. 외부 컨설팅이나 업계 리포트를 활용하는 것도 방법이다. 이를 통해 AI투자에 대한 확신을 높일 수 있다.

[출처_wikipedia.org]

샘 알트먼
Sam Altman (OpenAI CEO)

인정해야 한다. 일자리는 분명히 줄어든다.
그래서 더 나은 일로의 전환이 과제가 된다.

"Jobs are definitely going to go away, full stop.
That's why the transition to better jobs
becomes the challenge."

| 제 3 장

데이터 중심의
효과적인 의사결정

AItelling

　AI 시대에도 인간의 직관은 여전히 중요한 의사결정 요소다. 데이터 분석이 모든 상황에서 완벽한 답을 제공할 수 없으며, 창의적이고 혁신적인 아이디어는 종종 직관(intuition)에서 나온다. 충분한 검토 없는 성급한 의사결정은 품질을 떨어뜨리지만, 과도한 분석으로 인한 지연도 기회 비용을 발생시킨다. 상황에 따른 적절한 의사결정 속도를 찾아야 한다.

데이터 리터러시

데이터 리터러시(Literacy)[1]는 AI 시대 리더의 기본 소양이다. 단순히 숫자를 읽고 그래프를 해석하는 수준을 넘어, 데이터의 생성 과정을 이해하고 품질을 평가하며 의사결정에 활용할 수 있는 종합적 능력을 의미한다. 이는 AI 리더가 갖춰야 할 핵심 역량 중 하나다.

데이터 리터러시의 4가지 핵심 요소는 첫째, 읽기 (Read): 그래프, 차트, 표 등을 보고 데이터가 무엇을 보여주는지 정확하게 해석하는 능력이다. 둘째, 이해하기 (Understand): 데이터의 맥락을 파악하고, 그 이면에 있는 의미와 한계를 비판적으로 사고하는 능력이다.

셋째, 활용하기(Utilize) : 데이터를 수집하고 정제하며, 통계 분석 도구를 활용해 필요한 정보를 찾아내는 능력이다. 넷째, 소통하기 (Communicate) : 복잡한 데이터를 시각화하고, 명확하고 설득력 있는 이야기로 만들어 다른 사람에게 전달하는 능력이다.

왜 데이터 리터러시는 중요한가? AI는 데이터로 학습하고 작동하기 때문에, 데이터 리터러시가 부족하면 AI의 결과를 맹목적으로 받아들이거나 잘못 해석할 수 있다. 데이터 리터러시를 갖춘 AI 리더는 데이터 결과를 어떻게 비즈니스 전략에 적용할지를 판단할 수 있다.

데이터의 생명주기를 이해하는 것은 테이터 리터러시의 핵심이다. 데이터가 어떻게 수집되고, 저장되고, 처리되고, 분석되는지의 전 과정을 파악

---

[1] 데이터 리터러시(Data Literacy)는 데이터를 읽고, 이해하며, 활용하고, 다른 사람과 소통하는 능력을 의미한다. 이는 마치 글을 읽고 쓰는 능력인 '문해력'처럼, 데이터를 하나의 언어처럼 다루는 능력이라고 볼 수 있다. 데이터 리터러시는 단순히 통계나 그래프를 보는 기술을 넘어, 데이터에 숨겨진 의미를 파악하고 이를 비즈니스 의사결정에 활용하는 총체적인 역량을 뜻한다.

해야 한다. 각 단계에서 발생할 수 있는 오류나 편향을 인식하고 이를 고려한 해석이 가능해야 한다.

데이터 품질 평가 능력은 핵심적이다. 정확성, 완전성, 일관성, 시의성, 유효성 등의 품질 차원을 이해하고, 데이터 품질이 분석 결과에 미치는 영향을 파악할 수 있어야 한다. 품질이 낮은 데이터로 만든 분석 결과는 잘못된 의사결정으로 이어질 수 있기 때문이다.

기술통계와 기본적인 분석 방법을 이해해야 한다. 평균, 분산, 상관관계 등의 기본 개념과 함께 회귀분석, 분류, 클러스터링 등의 기본적인 분석 방법의 원리와 활용법을 알아야 한다. 전문가 수준은 아니어도 결과를 해석하고 한계를 인식할 수 있어야 한다.

시각화의 중요성과 활용법을 알아야 한다. 적절한 차트 타입 선택, 효과적인 시각화 디자인, 오해를 불러일으킬 수 있는 시각화의 함정 등을 이해하고, 데이터를 명확하고 설득력 있게 전달할 수 있어야 한다. 그 안에 숨겨진 패턴이나 통찰력을 발견할 수 있어야 한다.

샘플링과 일반화는 전체 데이터(모집단)를 모두 분석할 수 없을 때, 일부 데이터(표본)를 통해 전체의 특성을 추론하는 과정이다. 표본이 모집단을 얼마나 잘 대표하는지, 분석 결과를 어느 범위까지 일반화할 수 있는지, 샘플링 편향은 없는지 등을 판단할 수 있어야 한다.

인과관계와 상관관계의 차이를 명확히 구분해야 한다. 둘의 가장 큰 차이점은 한 변수가 다른 변수의 직접적인 '원인'이 되는지 여부이다. 두 변수 간의 상관관계가 반드시 인과관계를 의미하지 않는다는 점을 이해하고, 인과관계 추론의 어려움과 한계를 인식해야 한다.

불확실성과 신뢰구간의 개념을 이해해야 한다. 모든 분석 결과에는 불확실성이 존재한다는 점을 인식하고, 신뢰구간, 유의수준, 검정력 등의 통계적 개념을 기본적으로 이해할 수 있어야 한다. 데이터를 다룬다는 것은 결과를 신뢰할 만한지를 비판적으로 평가하는 능력이다.

데이터 윤리와 개인정보보호에 대한 인식을 갖춰야 한다. 데이터 활용 과정에서 고려해야 할 윤리적 이슈들, 개인정보보호 관련 법규, 데이터 거버넌스의 중요성 등을 이해해야 한다. 즉 데이터를 수집, 활용하는 과정에서 사람의 권리와 사회적 책임을 고려해야 한다.

분석적 사고 프레임워크

분석적 사고는 복잡한 문제를 체계적으로 분해하고 논리적으로 해결하는 사고 방식이다. AI 시대의 리더는 직관에만 의존하지 않고 데이터와 분석을 통해 객관적이고 합리적인 판단을 내릴 수 있어야 한다. 이를 위한 구조화된 사고 프레임워크 (Framework)가 필요하다.

분석적 사고 (Analytical Thinking:문제 분해, 논리적 추론, 데이터 기반)라는 역량을 발휘하기 위해 프레임워크라는 도구를 활용해야 한다. 대표적인 분석적 사고 프레임워크는 MECE (Mutually Exclusive, Collectively Exhaustive)[2]와 로직 트리(Logic Tree)[3] 도구가 있다.

---

2) 문제를 구성하는 요소들이 '서로 중복되지 않으면서도(ME)' '전체 내용을 빠짐없이 포함하도록(CE)' 정리하는 방법론이다.
3) 주어진 문제나 목표를 나무 가지처럼 하위 요소들로 계속해서 펼쳐 나가는 시각화 도구이다. 복잡한 문제를 단계별로 분해하고, 그 원인과 해결책을 논리적으로 연결하는 데 사용된다.

문제 정의와 구조화가 첫 번째 단계다. 해결하고자 하는 문제가 무엇인지 명확히 정의하고, 복잡한 문제를 관리 가능한 하위 문제들로 분해해야 한다. 문제의 근본 원인을 파악하고 해결 가능한 범위를 설정하는 것이 중요하다. 문제를 파악하지 못하면 답을 찾을 수 없다.

가설 수립과 검증은 데이터를 기반으로 문제의 해결책을 찾는 과학적인 과정이다. 문제에 대한 잠정적 해답이나 설명을 가설로 설정하고, 이를 데이터를 통해 검증하는 과정을 거쳐야 한다. 여러 가설을 동시에 고려하고 가장 설득력 있는 것을 선택하는 능력이 필요하다.

데이터 수집과 분석 계획을 수립해야 한다. 어떤 데이터가 필요한지, 어디서 구할 수 있는지, 어떤 분석 방법이 적절한지를 사전에 계획하고 실행해야 한다. 이는 프로젝트의 신뢰성을 높이는 필수 요소다. 목적에 따라 탐색적, 확증적 분석을 구분하여 접근해야 한다.

패턴 인식과 인사이트 도출 능력을 기워야 한다. 데이터에서 의미 있는 패턴을 찾아내고, 이를 비즈니스 맥락에서 해석하여 실행 가능한 인사이트로 변환하는 능력이 필요하다. 단순한 기술통계를 넘어 숨겨진 의미를 발견하는 것이 중요하다.

대안 평가와 선택 과정을 체계화해야 한다. 여러 대안들을 객관적 기준으로 비교 평가하고, 각각의 장단점과 리스크를 고려하여 최선의 선택을 하는 프로세스를 구축해야 한다. 다기준 의사결정 방법론(Multi-Criteria Decision Analysis, MCDA)[4]의 활용도 유용하다.

---

[4] 다기준 의사결정 방법론(Multi-Criteria Decision Analysis, MCDA)은 여러 기준을 동시에 고려하여 최적의 대안을 선택하는 의사결정 방식이다. 복잡한 문제를 해결할 때 하나의 기준(예: 비용)만으로 판단하기 어려운 경우에 유용하게 사용된다.

결과 예측과 시나리오 분석 능력이 필요하다. 이는 불확실성을 관리하고, 더 견고한 의사결정을 내리기 위해 필수적이다. 의사결정의 예상 결과를 여러 시나리오로 분석하고, 불확실성을 고려한 리스크 평가를 실시해야 한다. 민감도 분석과 스트레스 테스트도 활용할 수 있다.

의사결정의 결과를 지속적으로 모니터링하고 분석하여, 다음 의사결정을 개선하는 순환적인 학습 체계를 만드는 피드백 루프를 구축하여 지속적 개선을 추진한다. 의사결정의 결과를 모니터링하고 예상과 실제의 차이를 분석하여 다음 의사결정에 반영한다.

논리적 오류와 인지적 편향을 인식하고 방지해야 한다. 확증 편향, 가용성 편향, 처음 접한 정보에 강하게 영향을 받고 판단을 내리는 앵커링 효과(Anchoring Effect)[5] 등의 인지적 편향이 분석 과정에 미치는 영향을 이해하고 이를 최소화하기 위한 장치를 마련해야 한다.

직관(直觀)과 데이터의 균형

AI 시대에도 인간의 직관은 여전히 중요한 의사결정 요소다. 데이터 분석이 모든 상황에서 완벽한 답을 제공할 수 없으며, 창의적이고 혁신적인 아이디어는 종종 직관에서 나온다. 핵심은 직관과 데이터를 대립적으로 보지 않고 상호 보완적으로 활용하는 것이다.

---

[5] 앵커링 효과(Anchoring Effect)는 처음 제시된 정보(닻, anchor)가 이후의 판단에 지속적으로 영향을 미치는 인지 편향 현상을 말한다. 즉, 사람들은 어떤 가치나 숫자를 평가할 때, 맨 처음 접한 기준점(앵커)에 사고가 고정되어 합리적인 판단을 내리지 못하고 그 기준에 맞춰 생각하게 된다.

직관의 가치와 한계를 정확히 이해해야 한다. 직관은 오랜 경험과 학습을 통해 축적된 암묵적 지식의 발현으로, 복잡한 상황에서 빠른 판단을 가능하게 한다. 하지만 편향과 오류의 가능성도 있으므로 맹신해서는 안 된다. 결국 데이터와 논리로 검증을 해야한다.

데이터 분석의 강점과 약점도 명확히 파악해야 한다. 데이터는 객관성과 정확성을 제공하지만, 과거 데이터에 기반하므로 급변하는 상황이나 새로운 현상에 대해서는 한계가 있다. 또한 측정 불가능한 요소들은 반영하기 어렵다. 따라서 직관, 경험, 정성적 정보를 결합한다.

상황에 따른 적절한 활용 방법을 익혀야 한다. 반복적이고 정형화된 의사결정에서는 데이터 분석이 우월하지만, 창의적이고 전략적인 의사결정에서는 직관의 역할이 더 클 수 있다. 상황의 성격을 파악하고 적절한 방법을 선택하는 메타 인지 능력이 필요하다.

직관을 데이터로 검증하는 습관을 길러야 한다. 직관적 판단을 내린 후에는 가능한 범위에서 데이터를 통해 검증해보는 과정을 거쳐야 한다. 이를 통해 직관의 정확성을 높이고 편향을 줄일 수 있다. 직관을 무조건적인 믿음이 아닌 검증 가능한 가설로 격상시킬 수 있다.

데이터 분석 결과를 직관으로 해석하는 능력도 중요하다. 분석 결과가 의미하는 바를 직관적으로 이해하고, 비즈니스 맥락에서 해석하며, 실행 가능한 통찰로 변환하는 과정에서 직관이 중요한 역할을 한다. 객관적인 사실과 의미있는 통찰의 균형이 중요하다.

팀 내에서 다양한 관점을 수렴하는 프로세스를 만들어야 한다. 분석적 사고에 강한 구성원과 직관적 사고에 강한 구성원이 함께 논의할 수 있는

장을 마련하고, 서로의 강점을 활용할 수 있도록 해야 한다. 직관을 가설로, 데이터를 검증의 도구로 사용하는 문화를 만든다.

불확실성이 높은 상황에서의 의사결정 방법을 익혀야 한다. 데이터가 불충분하거나 신뢰성이 낮은 상황에서는 직관의 역할이 커진다. 이런 상황에서도 가용한 정보를 최대한 활용하면서 직관적 판단을 보완하는 방법을 찾아야 한다.

학습과 개선의 사이클을 구축해야 한다. 직관과 데이터를 결합한 의사결정의 결과를 지속적으로 평가하고, 무엇이 효과적이었는지 무엇이 개선이 필요한지를 학습하여 다음 의사결정에 반영해야 한다. 데이터 분석과 AI를 비즈니스 경쟁력 강화의 전략적 자산으로 활용한다.

의사결정의 품질 관리

의사결정의 품질 관리는 AI 시대에 특히 중요한데, 그 이유는 의사결정의 속도와 복잡성이 폭발적으로 증가했기 때문이다. 과거에는 소수의 리더가 신중하게 결정했지만, 이제는 AI를 통해 실시간으로 쏟아지는 방대한 데이터 속에서 더 빠르고 더 많은 결정을 내려야 한다.

이러한 환경에서 의사결정의 품질 관리가 중요한 핵심 이유는 첫 째, 인지적 편향(Cognitive Bias) 및 오류 최소화 둘째, 의사결정의 일관성 및 투명성 확보 셋째, 리스크 관리 및 예측 가능성 증대이다. AI의 예측은 완벽하지 않으며, 잘못된 결론을 내릴 수도 있다.

의사결정의 품질 관리는 일관성 있고 효과적인 의사결정을 위한 체계적 접근이다. AI 시대에는 의사결정 속도가 빨라지고 복잡성이 증가하므로, 품질을 보장하는 체계적 프로세스가 더욱 중요해진다. 특히, 인간의 인지적 편향과 오류를 최소화하는 것이 핵심이다.

의사결정 프로세스의 표준화는 첫 번째 단계다. 의사결정의 단계와 절차를 명확히 정의하고, 각 단계에서 고려해야 할 요소들과 산출물을 표준화해야 한다. 이를 통해 일관성을 확보하고 누락을 방지할 수 있으며, 동일한 품질의 의사결정을 내릴 수 있는 기반을 마련한다.

정보 수집과 분석의 체계화가 필요하다. 의사결정에 필요한 정보의 종류와 출처를 미리 정의하고, 정보의 신뢰성과 적시성을 평가하는 기준을 마련해야 한다. 정보 과부하를 방지하면서 핵심 정보를 놓치지 않는 균형이 중요하다.

다양한 관점과 이해관계자의 의견을 수렴하는 메커니즘을 구축해야 한다. 한정된 관점으로 인한 맹점을 방지하고, 다양한 전문성과 경험을 활용하여 의사결정의 품질을 높여야 한다. 구조화된 토론과 의견 수렴 방법을 활용할 수 있다.

리스크 평가와 관리를 체계화해야 한다. 각 대안의 잠재적 리스크를 식별하고 평가하며, 리스크 완화 방안을 미리 준비해야 한다. 리스크 매트릭스나 시나리오 분석 등의 도구를 활용할 수 있다. 불확실성을 줄이고 예상치 못한 손실을 방지하는 것이 목표다.

의사결정 기준과 가중치를 명확히 설정해야 한다. 무엇을 기준으로 의사결정을 할 것인지, 각 기준의 상대적 중요도는 어떻게 설정할 것인지를 사전에 정의해야 한다. 이를 통해 일관성 있고 투명한 의사결정이 가능하다. 이해관계자의 합의가 중요하다.

타이밍과 속도의 균형을 맞춰야 한다. 충분한 검토 없는 성급한 의사결정은 품질을 떨어뜨리지만, 과도한 분석으로 인한 지연도 기회 비용을 발생시킨다. 상황에 따른 적절한 의사결정 속도를 찾아야 한다. 신속성과 정확성 사이의 균형점을 찾는 것이 성공의 열쇠다.

의사결정 기준과 가중치를 명확히 설정해야 한다. 무엇을 기준으로 의사결정을 할 것인지, 각 기준의 상대적 중요도는 어떻게 설정할 것인지를 사전에 정의해야 한다. 이를 통해 일관성 있고 투명한 의사결정이 가능하다. 이는 이해관계자의 합의가 중요하다.

학습과 지식 축적의 메커니즘을 만들어야 한다. 의사결정 경험과 결과를 조직적 지식으로 축적하고, 유사한 상황에서 활용할 수 있도록 체계화해야 한다. 베스트 프랙티스와 교훈학습을 통해 조직의 경쟁력을 장기적으로 강화하는 의사결정 역량을 발전시켜야 한다.

[출처_wikipedia.org]

마크 저커버그
Mark Zuckerberg (Meta CEO)

우리의 AI 작업은
앱과 비즈니스 전반 성과를 끌어올리고 있다.

"Our AI work is
driving good results across our apps and business."

데이터 리터러시
AI 시대 리더의 필수 역량

▌필수역량 4가지

읽기(Read)
그래프, 차트, 표 등을 정확하게 해석하는 능력

이해하기(Understand)
데이터의 맥락과 이면의 의미를 비판적으로 사고하는 능력

활용하기(Utilize)
데이터를 수집, 정제하고 통계 분석 도구를 활용하는 능력

소통하기(Communicate)
복잡한 데이터를 시각화하고 설득력 있게 전달하는 능력

▌핵심 구성 요소

- 데이터 생명주기 이해
- 데이터 품질 평가
- 기술통계 및 기본 분석
- 시각화 및 패턴 발견
- 샘플링 및 일반화
- 인과관계 vs 상관관계
- 불확실성 및 신뢰구간
- 데이터 윤리 및 개인정보보호

| 제4장

AI 시대의
혁신적인 조직 설계

> **AItelling**
>
> AI 시대의 조직은 인간과 AI가 협력하는 하이브리드(hybrid) 구조로 진화하고 있다. 인간의 지혜와 AI 기술이 갖는 효율성의 강점을 각각 최대화할 수 있는 새로운 조직 설계가 필요하다. 효과적인 커뮤니케이션 체계 구축은 하이브리드 조직의 성공을 위한 핵심 요소다. AI는 단순 반복 업무를 대신하면서 인간은 협업과 창의적 문제 해결에 집중한다.

AI 시대, 하이브리드(hybrid) 조직 구조

AI 시대의 조직은 인간과 AI가 협력하는 하이브리드 조직[1] 구조로 진화하고 있다. 전통적인 위계적 조직 구조만으로는 AI의 잠재력을 충분히 활용할 수 없으며, 인간의 지혜와 AI 기술이 갖는 효율성의 강점을 각각 최대화할 수 있는 새로운 조직 설계가 필요하다.

하이브리드 조직은 AI가 제공하는 실시간 데이터와 분석을 바탕으로 의사결정의 속도를 높인다. 리더는 직관이나 경험에만 의존하지 않고, AI가 제공하는 객관적인 근거를 활용하여 빠르고 합리적인 판단을 내린다. 인간은 더 중요한 의사결정 과정에 참여할 수 있게 된다.

인간과 AI의 역할 분담을 명확히 해야 한다. AI는 데이터 처리, 패턴 인식, 반복적 업무에서 강점을 보이고, 인간은 창의성, 공감, 전략적 사고에서 우위를 갖는다. 각각의 강점을 살릴 수 있는 업무 배분과 효율적인 협업 모델을 설계해야 한다.

AI 기술의 유연성과 빠른 속도를 반영하는 네트워크형 조직 구조의 도입이 필요하다. 경직된 수직적 구조보다는 프로젝트나 목적에 따라 유연하게 팀을 구성하고 해체할 수 있는 네트워크형 구조가 AI 환경에 더 적합하다. 이는 정보 공유와 의사결정 속도를 향상시킨다.

데이터와 AI 전담 조직의 신설이 중요하다. 데이터 사이언티스트, AI 엔지니어, 데이터 거버넌스 전문가 등으로 구성된 전담 조직을 만들어야 한다. 이 조직은 전사의 AI 활용을 지원하고 데이터 품질을 관리하며 AI 역량을 축적하는 역할을 한다.

---
1) 하이브리드 조직은 AI 기술과 인간의 협업이 결합된 새로운 형태의 조직 구조를 의미한다. 이는 전통적인 조직의 장점과 AI의 효율성을 융합하여 시너지를 창출하는 모델이다.

크로스펑셔널(Cross-functional Team) 팀의 확대가 필요하다. AI 프로젝트는 기술, 비즈니스, 법무, 윤리 등 다양한 분야의 전문성이 필요하므로, 부서 경계를 넘나드는 크로스펑셔널 팀이 효과적이다. 이 팀이 원활히 작동할 수 있는 조직 문화와 프로세스를 구축해야 한다.

리더의 역할 변화로 의사결정 권한의 분산과 위임이 중요하다. AI 환경에서는 현장에서 빠른 의사결정이 필요한 상황이 많아진다. 따라서 일선 직원들에게 더 많은 권한을 위임하고, 이들이 AI 도구를 활용하여 자율적으로 판단할 수 있도록 해야 한다.

디지털 협업 도구의 적극 활용이 필요하다. 지리적으로 분산된 팀원들이 효과적으로 협업할 수 있도록 지리적 제약 없이 소통하고 협력하는 화상회의, 협업 플랫폼, 프로젝트 관리 도구 등을 적극 활용해야 한다. AI가 이런 도구들을 더욱 지능화시키고 있다.

학습하는 조직의 구축이 핵심이다. AI 기술이 빠르게 발전하므로 조직 전체가 지속적으로 학습하고 적응할 수 있는 구조를 만들어야 한다. 실험과 실패를 허용하는 문화, 지식 공유 시스템, 교육 훈련 체계 등의 열린 조직문화를 구축해야 한다.

성과 측정과 보상 체계의 개편이 필요하다. 개별 성과보다는 팀 성과를, 단기 성과보다는 학습과 개선을 중시하는 평가 체계로 전환해야 한다. AI 시대에 맞는 새로운 성과 지표와 보상 방식을 개발해야 한다. 이는 AI 기술이 가져오는 변화에 필수적인 요소이다.

구성원의 역할과 책임의 재정의

AI 도입으로 인해 기존 역할들이 변화하고 새로운 역할들이 등장하고 있다. 조직의 모든 구성원이 자신의 역할을 재정의하고 새로운 책임을 받아들여야 한다. 이는 단순한 업무 변경을 넘어서는 근본적인 직무 재설계다. 직무 재설계는 AI 시대에 반드시 실행해야 한다.

기존 역할의 진화와 업그레이드가 필요하다. 많은 업무가 자동화되더라도 해당 역할이 완전히 사라지기보다는 더 고차원적이고 전략적인 업무로 진화하는 경우가 많다. 예를 들어 회계 담당자는 단순 입력에서 재무 분석과 전략 수립으로 역할이 확장된다.

AI 관련 새로운 역할들의 신설이 필요하다. 데이터 사이언티스트, AI 트레이너, 알고리즘 감사관, 챗봇 디자이너 등 AI 시대에 특화된 새로운 직무들이 등장하고 있다. 이들 역할의 필요성을 인식하고 적극적으로 충원하고 교육하고 배치해야 한다.

기술의 효율성과 인간의 능력을 조화시키는 인간-AI 협업 전문가의 역할이 중요해진다. 인간과 AI 시스템 사이의 인터페이스를 설계하고 최적화하는 역할이다. 사용자 경험 디자이너, 프로세스 개선 전문가, 변화관리 전문가 등이 이 역할을 수행할 수 있다.

데이터 거버넌스와 윤리 담당자의 중요성이 증가한다. 데이터의 무결성, 보안 그리고 윤리적 활용을 보장하기 위해서다. 데이터 품질 관리, 개인정보 보호, AI 윤리 준수를 담당하는 전문가들이 필요하다. 이들은 기술적 전문성과 함께 법적, 윤리적 지식을 갖춰야 한다.

관리자의 역할 변화가 가장 크다. 전통적인 통제와 관리에서 코칭과 지원으로 역할이 변화한다. 팀원들이 AI 도구를 효과적으로 활용할 수 있도록 돕고, 창의적 사고를 촉진하며, 학습 기회를 제공하는 것이 주된 역할이 된다. 즉 인재 육성 전문가로 거듭나야 한다.

모든 직원의 AI 리터러시 향상이 필요하다. 전문가가 아니더라도 기본적인 AI 지식과 활용 능력을 갖춰야 한다. 이는 새로운 기본 소양이 되었으며, 지속적인 교육과 훈련이 필요하다. AI 기술이 특정 부서의 전유물이 아니라, 모든 업무에 스며드는 새로운 기본 소양이다.

크로스펑셔널 역할의 확대가 나타난다. 부서 간 경계가 모호해지면서 여러 분야를 아우르는 역할들이 증가한다. 비즈니스와 기술을 연결하는 브릿지 역할(Bridge Role), 내부와 외부를 연결하는 파트너십 관리자(Partnership Manager) 등이 예시다.

지속적 학습과 적응이 모든 역할의 공통 요소가 된다. 고정된 업무보다는 변화하는 환경에 적응하고 새로운 기술을 학습하는 능력이 모든 직무에서 요구된다. 이는 역할 정의에 반드시 포함되어야 하는 요소다. 변화하는 환경에 맞게 끊임없이 배우고 활용해야 한다.

다양한 커뮤니케이션 체계 정립

AI 시대의 조직에서는 인간과 인간, 인간과 AI, 그리고 AI와 AI 간의 다양한 커뮤니케이션이 발생한다. 효과적인 커뮤니케이션 체계 구축은 하이브리드 조직의 성공을 위한 핵심 요소다. AI는 단순 반복 업무를 대신하면서 인간은 협업과 창의적 문제 해결에 집중한다.

다채널 커뮤니케이션 플랫폼의 통합이 필요하다. 이메일, 메신저, 화상회의, 협업 도구 등 다양한 채널이 산재해 있으면 정보가 분산되고 혼란이 발생한다. 정보접근, 협업, 투명한 소통을 위해 통합된 플랫폼을 통해 일관성 있는 커뮤니케이션 환경을 만들어야 한다.

AI 기반 커뮤니케이션 도구의 활용이 확산되고 있다. 실시간 번역, 요약 생성, 감정 분석, 개인화된 메시지 추천 등 AI 기능을 활용한 커뮤니케이션 도구들이 효율성을 크게 향상시킨다. 이러한 도구들은 단순히 메시지를 주고 받는 것을 넘어서 소통의 질을 높인다.

비동기 커뮤니케이션(Asynchronous Communication)[2]의 중요성이 증가한다. 글로벌 팀이나 유연근무 환경에서는 실시간 커뮤니케이션이 어려운 경우가 많다. 시간과 장소에 얽매이지 않고 비동기적으로도 효과적인 의사소통이 가능한 체계와 문화를 구축해야 한다.

투명성과 접근성의 강화가 중요하다. 의사결정 과정과 결과, 프로젝트 진행 상황, 조직 변화 등에 대한 정보를 투명하게 공유하고, 모든 구성원이 쉽게 접근할 수 있도록 해야 한다. 투명성과 접근성 강화는 AI 시대의 유연하고 민첩한 조직이 되기 위한 핵심적인 문화입니다.

피드백 문화의 정착이 필요하다. 상하향, 동료 간 피드백이 자유롭게 오갈 수 있는 환경을 만들어야 한다. AI 도구를 활용한 익명 피드백, 실시간

---

2) '동시에' 소통하지 않아도 되는 방식이다. 즉, 메시지를 보내는 사람과 받는 사람이 같은 시간, 같은 장소에 있지 않아도 된다. 예를 들어, 이메일, 슬랙(Slack), 또는 프로젝트 관리 도구에 남기는 댓글 등이 비동기 커뮤니케이션에 속한다. 반대의 개념은 동기 커뮤니케이션(Synchronous Communication)으로 전화 통화나 화상 회의처럼 모두가 실시간으로 함께 소통하는 방식이다.

만족도 조사 등을 통해 피드백 문화를 활성화할 수 있다. 이는 개인과 조직의 지속적인 성장을 위해 필수적인 요소이다.

데이터 기반 커뮤니케이션의 확산이 나타난다. 주관적 의견보다는 데이터와 분석 결과를 기반으로 한 객관적 커뮤니케이션이 중시된다. 데이터 시각화(챠트, 그래프, 인포그래픽 등)와 스토리텔링 기법을 활용하여 효과적으로 메시지를 전달해야 한다.

다양성을 고려한 커뮤니케이션 방식이 필요하다. 세대, 문화, 언어의 다양성을 고려하여 모든 구성원이 이해할 수 있는 커뮤니케이션 방식을 채택해야 한다. AI 번역과 요약 기능을 적극 활용할 수 있다. AI 기술을 효과적으로 활용하여 소통의 장벽을 낮추는 것이다.

위기 커뮤니케이션 체계의 구축이 중요하다. AI의 예측 불가능한 시스템 오류나 사이버 공격 등의 위기 상황에서 신속하고 정확한 정보 전달이 가능한 체계를 미리 준비해야 한다. 문제발생 즉시 전달할 자동화된 알림 시스템과 잘 정립된 대응 매뉴얼이 필요하다.

균형있는 성과 측정과 평가

AI 시대의 성과 측정은 전통적인 방식에서 벗어나 새로운 지표와 방법론을 필요로 한다. 정량적 지표만으로 부족하며, 정성적 평가를 균형있게 활용해야 한다. 또한 개인과 팀의 성과, 단기 성과와 장기 역량을 종합적으로 고려해야 한다. 단순한 숫자 놀음이 아니어야 한다.

AI 역량 성장을 촉진하는 새로운 KPI(핵심 성과 지표)의 도입이 필요하다. AI 도구 활용도, 데이터 기반 의사결정 비율, 자동화 달성률, AI 프로젝트 성공률 등 기존의 재무적 지표 외에 AI 시대에 특화된 성과 지표들을 개발하고 적용해야 한다.

AI 시대에 급변하는 환경에서 새로운 기술을 얼마나 빠르게 습득하는 학습과 적응 능력의 측정이 중요해진다. 새로운 기술 습득 속도, 변화 적응력, 실패로부터의 학습 정도 등을 평가하는 지표가 필요하다. 이는 미래 성과를 예측하는 선행 지표로 활용될 수 있다.

협업과 네트워킹 성과의 평가가 필요하다. 팀워크, 지식 공유, 크로스펑셔널 협업 등의 성과를 측정할 수 있는 지표를 개발해야 한다. 네트워크 분석이나 소셜 미터링 기법[3]을 활용할 수 있다. 이는 AI 시대의 유기적인 조직 구조에서 필수적인 평가 요소이다.

내부 효율성뿐만 아니라 고객에게 제공하는 가치와 만족도를 지속적으로 측정하고 개선해야 한다. 순고객추천지수(Net Promoter Score), 고객만족도(Customer Satisfaction Score), 고객여정분석(Customer Journey Analysis)[4] 등을 활용할 수 있다.

혁신과 창의성의 측정 방법을 개발해야 한다. 아이디어 제안 건수, 아이

---

3) 소셜 미터링(Social Metering) 기법은 온라인상에서 사람들의 행동과 반응을 측정하고 분석하는 것을 의미한다. 소셜 미디어나 웹사이트 등에서 사용자들이 남긴 흔적(좋아요, 댓글, 공유, 검색어 등)을 데이터로 수집하여, 특정 이슈나 브랜드에 대한 여론과 트렌드를 파악하는 방법이다.
4) 세 가지 지표는 모두 고객 경험(Customer Experience, CX)을 측정하고 분석하는 데 사용되는 핵심 도구들이다. 순고객추천지수(NPS)는 고객이 특정 기업, 제품, 또는 서비스를 타인에게 추천할 의향을 측정하여 고객 충성도를 파악하는 지표이다. 고객 만족도(CSAT)는 고객이 특정 제품, 서비스, 혹은 상호 작용에 대해 얼마나 만족하는지를 단기적으로 측정하는 지표이다. 고객 여정 분석(CJA)은 고객이 제품이나 서비스를 구매하고 사용하는 전체 과정(여정)을 이해하기 위해 수행하는 방법론이다

디어 구현율, 혁신 프로젝트 성과, 특허 출원 및 등록 등을 통해 혁신 역량을 평가할 수 있다. 정량적 지표와 함께 동료평가, 리더십 평가, 포트폴리오 분석을 포함하는 질적 평가도 병행해야 한다.

실시간 성과 모니터링 시스템의 구축이 유용하다. AI와 IoT 기술을 활용하여 성과를 실시간으로 추적하고 분석할 수 있는 시스템을 구축하면, 문제를 조기에 발견하고 신속하게 대응할 수 있다. 이러한 시스템은 데이터를 통해 행동을 유발하는 강력한 도구가 된다.

다면적 피드백 시스템의 활용이 효과적이다. 상사, 동료, 부하직원, 고객 등 다양한 관점에서 성과를 평가받을 수 있는 360도 피드백 시스템을 AI 도구를 활용하여 더욱 효과적으로 운영할 수 있다. 개인의 성과와 잠재력을 종합적으로 평가할 수 있다.

성과 개선을 위한 개인화된 코칭 시스템이 필요하다. AI를 활용하여 개인의 강점과 약점을 분석하고, 맞춤형 개선 방안을 제시하는 시스템을 구축할 수 있다. 이는 성과 관리를 처벌이 아닌 성장의 도구로 만든다. 이러한 시스템은 직원들이 스스로 성장하는 여정을 돕는다.

[출처_wikipedia.org]

순다르 피차이
Sundar Pichai (Alphabet & Google CEO)

AI는 인류가 다뤄 온 그 무엇보다 심오하다.
불이나 전기보다도.

"AI is more profound than electricity or fire."

AI Leadership Should Be Human-Centered

PART 02

AI 뉴리더십은 인간중심이어야 한다

AI 기술이 아무리 발전해도 리더십의 핵심은 여전히 사람이다. 오히려 AI가 많은 업무를 자동화할수록 인간만이 할 수 있는 일들의 가치가 더욱 부각된다. 창의성, 공감능력, 윤리적 판단력, 감성적 연결 등은 인간 고유의 영역으로 남을 것이다.

　Part 2에서는 AI 시대에 더욱 중요해지는 인간적 요소들을 다룬다. 휴먼 팩터의 중요성부터 팀 빌딩과 협업, 인재 개발과 교육, 그리고 변화 관리와 적응력까지, AI와 함께 일하면서도 인간성을 잃지 않고 오히려 더욱 발전시킬 수 있는 AI 뉴리더십 방안들을 살펴본다.

Artifical Intelligence
New
Leadership

| 제 5 장

상호작용의
휴먼 팩터*의 중요성

> **Altelling**
>
> AI 시대에 논리와 데이터만으로 최적의 아이디어를 만들기 어렵다. 때로는 논리를 뛰어넘는 직관과 상상력이 돌파구를 제공한다. 리더는 이런 인간적 능력을 존중하고 활용해야 한다. 아이디어를 즉시 시험해보고 검증할 수 있는 유연한 환경을 만들고, 빠른 실패와 학습을 통해 아이디어를 지속적으로 발전시켜 나가야 한다. 빠른 시도와 반복적인 개선이 중요하다.

* '휴먼 팩터(Human Factors)'는 인간의 능력, 한계, 행동, 심리 등과 같은 요소들이 시스템, 장비, 환경에 미치는 영향을 과학적으로 연구하는 학문이다. 사람을 기계에 맞추는 것이 아니라 기계와 시스템을 사람에게 맞추는 것을 목표로 한다.

인간의 고유가치 재인식

AI가 급속도로 발전하고 있지만, 그럴수록 인간성의 가치는 더욱 소중해진다. AI가 효율성과 객관성을 제공한다면, 인간은 따뜻함과 공감, 창의성과 직감을 제공한다. 인간과 AI 기술의 두 영역이 조화를 이룰 때 진정으로 효과적인 리더십이 완성된다.

인간의 고유한 가치를 재인식해야 한다. AI가 데이터 처리와 패턴 인식에서 우수하다고 해서 인간의 가치가 줄어드는 것은 아니다. 복잡한 감정의 이해, 맥락적 판단, 윤리적 추론, 창의적 발상 등은 인간의 고유 영역이다. 세상의 모든 문제는 숫자로만 해결되지 않는다.

감정적 연결의 중요성이 증가하고 있다. 디지털 환경에서 일할수록 인간적 연결에 대한 갈증이 커진다. AI가 일의 영역에서 확장할 수록 리더는 구성원들이 인간적 소외 현상이 없도록 진정한 감정적 유대를 형성하고, 소속감과 의미를 제공하는 역할을 해야 한다.

개인의 존재감과 정체성을 인정해야 한다. AI가 표준화된 솔루션을 제공한다면, 리더는 각 개인의 독특함과 개성을 인정하고 존중해야 한다. 획일화가 아닌 다양성을 통해 더 풍부하고 창의적인 조직을 만들 수 있다. 다양한 배경의 사람이 모일 때 시너지가 창출된다.

인간적 약점을 받아들이는 자세가 필요하다. 완벽한 AI와 달리 인간은 실수를 하고 감정에 좌우되며 때로는 비합리적이다. 하지만 이런 '불완전함(실수, 감정, 비합리성 등)'이야말로 인간다움의 핵심이며, 이를 포용하는 리더십이 필요하다.

스토리텔링과 의미 부여의 역할이 중요하다. AI는 데이터를 분석하고 추천할 수 있지만, 그 결과에 의미를 부여하고 감동적인 스토리로 만드는 것은 인간만이 할 수 있다. 리더는 조직의 비전을 감동적인 내러티브(Narrative)로 만드는 스토리텔러가 되어야 한다.

내러티브는 어떤 사건이나 경험, 사실 등을 인과관계에 따라 엮어 만든 이야기 또는 서사이다. 이것은 건조한 사실(Fact)에 왜(Why)라는 의미를 부여하고, 감정적인 공감을 이끌어내는 힘을 갖고 있다. 비즈니스와 리더십 분야에서 내러티브가 매우 중요하다.

"우리 회사의 지난 분기 매출은 10% 증가했다"는 객관적인 정보이다. 이것을 "경재사들의 등장으로 매출 감소의 위가가 있었지만, 전 임직원의 밤낮없는 노력으로 올해 매출이 10% 성장했다"라고 의미가 담긴 이야기를 하면 조직원의 감정적인 공감을 이끌어 낼 수 있다.

AI 시대에 논리와 데이터만으로 최적의 아이디어를 만들기 어렵다. 수많은 경험과 지식이 무의식적으로 결합되는 직관과 상상력의 가치를 인정해야 한다. 때로는 논리를 뛰어넘는 직관과 상상력이 돌파구를 제공한다. 리더는 이런 인간적 능력을 존중하고 활용해야 한다.

AI 시대에는 논리적 사고와 함께, 오랜 경험과 통찰에서 비롯되는 직관과 상상력의 가치가 더욱 중요해진다. 이런 점에서 AI 활용에 있어 시니어 세대가 가진 고유한 강점이 존재한다. 이는 AI에 익숙한 젊은 층이 가진 장점과 서로 보완하며 시너지를 낼 수 있다.

AI 시대의 진정한 강점은 특정 세대의 우월성이 아니라, 시니어의 깊은 지혜와 젊은 세대의 민첩한 실행력이 결합될 때 발현된다. 시니어는 AI에게 던질 '최적의 질문'을 찾고, 젊은 세대는 AI를 활용해 그 질문에 대한 '최적의 답'을 빠르게 찾아낼 수 있다.

시니어는 수많은 성공과 실패의 축적된 노하우를 통해 데이터만으로 파악하기 어려운 본질을 꿰뚫어 본다. 디지털 네이티브인 젊은 세대는 AI 도구 활용이 능숙하다. 가장 성공적인 조직은 이 두 세대의 강점을 활용하여, 세대 간 협업을 위한 연결고리로 만드는 것이다.

개인의 성장에 관심을 가져야 한다. 인간의 본질적인 성장 욕구를 충족시키는 리더십이 필요하다. AI는 업무 효율성에 집중하지만, 인간은 성장과 발전의 욕구를 갖고 있다. 리더는 각 구성원의 개인적 성장을 지원하고, 일을 통해 자아실현을 할 수 있도록 도와야 한다.

개인 감성지능의 활용

감성 지능(Emotional Intelligence)은 AI 시대에 매우 중요한 리더십 역량으로 자리 잡는다. AI가 인지적 업무를 대신할수록, 감정을 이해하고 관리하는 인간의 능력이 가장 중요한 차별화 요소가 된다. 감성 지능이 높은 리더는 더 효과적으로 사람들을 이끌 수 있다.

자기 인식(Self-awareness)은 감성 지능의 첫 번째 출발점이다. 자신의 감정 상태를 정확히 파악하고, 그것이 자신의 행동과 판단에 미치는 영향을 깊이 이해해야 한다. 스트레스나 압박감이 의사결정에 미치는 영향을 인식하고 이를 효과적으로 관리할 수 있어야 한다.

자기 조절(Self-regulation) 능력이 필수적으로 필요하다. 부정적 감정이나 충동을 적절히 통제하고, 상황에 맞는 감정적 반응을 보일 수 있어야 한다. 특히 긴박한 위기 상황에서 냉정함을 유지하면서도 팀원들을 격려하고 안정시킬 수 있어야 한다.

자기 인식과 자기 조절의 부족으로 인해 사회적 문제를 야기한 사례는 역사적으로나 현대에 이르기까지 무수히 많다. 개인의 감정적 통제 실패가 조직과 사회 전체에 어떤 부정적인 영향을 미치는가를 인지해야 한다. 이것은 리더로서의 솔선수범과 수양과 절제가 필요하다.

공유 차량 서비스 기업 우버의 창업자 트래비스 캘러닉[1]은 공격적인 경영 방식과 '승리 제일주의'를 앞세워 회사를 급성장시켰다. 하지만 그는 자신의 과도한 자신감과 분노를 통제하지 못했다. 한 우버 운전자가 낮은 요금에 대해 항의하자, 캘러닉은 폭언을 퍼붓었다

이 영상이 유출되어 그는 큰 사회적 비난을 받았다. 이는 회사 내의 성차별, 괴롭힘 문제 등 유독한 기업 문화가 수면 위로 드러나는 계기가 되었고, 결국 그는 CEO 자리에서 물러나야 했다. 한 개인의 문제는 회사의 존폐를 위협하는 위기로 확대될 수 있는 교훈적 사례이다.

동기 부여(Motivation)는 흥미, 성취감 등의 내적 동기와 보상, 승진, 급여 인상 등의 외적 동기를 모두 포함한다. 자신만의 가치와 목표를 명확히 하고 이를 통해 지속적인 동기를 유지해야 한다. 또한 팀원들 각자의 동기 요인을 파악하고 이를 자극할 수 있어야 한다.

---

1) 트래비스 캘러닉(Travis Kalanick)은 세계 최대의 차량 공유 서비스 기업인 우버(Uber)의 공동 창업자이자 전 CEO이다. 그는 우버를 설립하여 전 세계 70여 개국에 진출시키는 등 회사를 거대한 기업으로 성장시킨 주역이다. 하지만 그의 공격적이고 경쟁적인 경영 스타일은 많은 논란을 불러일으키기도 했다.

AI 황제라 불리는 엔비디아(NVIDIA)의 젠슨 황[2]의 동기 부여 방식의 큰 강점은 단순히 금전적 보상을 넘어, 구성원들에게 사명감과 비전을 심어주는 것에 초점이 맞춰져 있다. 그는 직원들이 "자신들의 일이 세상을 바꾸는 의미 있는 일"이라고 느끼게 만드는 것이다.

그는 이미 10여 년 전부터 GPU(그래픽 처리 장치)가 게임을 넘어 인공지능 시대의 핵심이 될 것이라고 끊임없이 이야기했다. 다른 기업들이 GPU를 단순한 그래픽 카드로 볼 때, 그는 'AI 혁명'이라는 거대한 비전을 제시했다. 비전 기반의 강력한 스토리텔링이다.

직원들은 단순히 반도체를 만드는 것이 아니라, 인류의 미래를 앞당기는 위대한 사명에 동참한다는 내적 동기를 갖게 되었다. 예를 들어, 자율주행 기술을 개발할 때 "우리의 칩이 수십만 명의 생명을 구할 것"이라는 메시지를 전달하며 직원들의 성취감을 자극한 것이다.

엔비디아가 AI 시장에서 독보적인 위치에 오르며 주가가 폭등하자, 엔비디아 직원들은 막대한 주식 보상을 받게 되었다. 이는 그들의 노력과 성과가 회사 가치 상승과 직결된다는 강력한 신호가 되어, 더 큰 동기를 부여하는 선순환을 만들었다.

젠슨 황은 능력이 있는 직원에게 빠르게 권한을 위임하고, 그들의 성과를 공개적으로 인정해 주었다. 그는 먼저 강력한 비전과 사명감으로 내적

---

2) 젠슨 황(Jensen Huang)은 미국의 컴퓨터 기술 기업인 엔비디아(NVIDIA)의 공동 창업자이자 현 CEO이다. 그는 엔비디아를 창립하여 처음에는 컴퓨터 게임용 그래픽 카드를 만드는 회사로 키워냈지만, 더 나아가 그래픽 처리 장치(GPU)가 인공지능(AI)과 데이터 연산에 필수적인 역할을 할 것이라는 비전을 제시했다. 그 결과, 엔비디아를 오늘날 AI 혁명을 이끄는 핵심 기업으로 성장시켰다. 그는 특유의 검은색 가죽 재킷을 즐겨 입는 것으로도 유명하며, 강력한 비전과 스토리텔링으로 직원들과 투자자들에게 영감을 주는 리더십으로 평가받고 있다.

동기를 불태운 뒤, 그에 상응하는 파격적이고 공정한 외적 보상으로 동기 부여를 완성시키는 리더십을 보여주고 있다

AI가 효율성을 담당한다면, 공감(Empathy) 능력은 다른 사람의 감정과 관점을 이해하는 것이다. 팀원들의 상황과 감정을 파악하고, 그들의 입장에서 생각해볼 수 있는 능력이다. 이는 긍정적이고 보다 강력한 신뢰 구축과 효과적인 소통의 기반이 된다.

사회적 기술(Social Skills)은 대인관계에서 꼭 필요한 종합적 능력이다. 갈등 해결, 협상, 영향력 발휘, 팀 구축 등의 능력이 폭넓게 포함된다. 다양한 성격과 배경을 가진 사람들과 효과적으로 관계를 맺고 함께 협력할 수 있어야만 하는 것이다.

감정 읽기(Emotion Recognition) 능력을 지속적으로 개발해야 한다. 상대방의 표정, 목소리, 몸짓 등을 통해 감정 상태를 정확히 파악하는 능력이다. 특히 비대면 소통이 증가하는 환경에서는 미묘한 신호들을 포착하는 능력이 정말 더욱 중요해진다.

SNS 시대에 메신저 플랫폼을 통한 다양한 소통이 일상이 되었다. 비대면 소통 환경에서 상대방의 감정 상태를 파악하는 것은 오프라인보다 훨씬 더 많은 주의와 노력을 필요로 한다. 얼굴 표정이나 몸짓 같은 직접적인 비언어적 신호가 제한되기 때문이다.

텍스트 기반의 소통에서 단어와 문장 부호, 반응 속도와 메시지 길이 분석하기, 이모티콘의 사용 패턴 읽기 등에 주목해야 한다. 비대면 영상/음성 통화시에는 목소리 톤과 속도에 집중하기, '침묵'의 의미, 화면 속에 미세한 움직임 활용하기 등 숨겨진 의도를 파악한다.

감정적 전염(Emotional Contagion)은 한 사람의 감정 상태가 주변 사람들에게 영향을 미쳐 비슷해지는 현상이다. 리더의 감정 상태는 팀 전체에 직접적인 영향을 미친다. 긍정적 에너지와 열정을 적극적으로 전파하고, 부정적 감정이 확산되지 않도록 관리해야 한다.

문화적 감성 지능(Cultural Intelligence)은 다양한 문화적 배경을 가진 사람들과 효과적으로 소통하고 협업하는 능력을 의미한다. 이는 AI 시대의 글로벌 협업 환경에서 매우 중요한 역량이다. 구성원들과 일할 때, 문화적 차이에서 오는 감정 표현의 차이를 이해한다.

창의성과 혁신의 극대화

창의성은 AI가 모방하기 가장 어려운 인간의 능력 중 하나다. AI는 기존 패턴을 학습하고 재조합할 수 있지만, 완전히 새로운 아이디어를 진정으로 창조하는 것은 여전히 인간의 고유 영역이다. AI 혁신 리더는 자신과 팀의 창의성을 발휘할 수 있는 환경을 만들어야 한다.

창의성의 본질을 제대로 이해하는 것이 가장 먼저 필요하다. 창의성은 기존의 아이디어들을 완전히 새로운 방식으로 연결하는 매우 중요한 것이다. 다양한 경험과 지식들을 축적하고, 서로 다른 영역을 유연하게 연결할 수 있는 넓은 관점을 기르는 것이 정말 중요하다.

심리적 안전감(Psychological Safety)이 창의성의 전제조건이다. 실패를 두려워하지 않고 자유롭게 아이디어를 표현할 수 있는 환경을 만들어야 한다. 비판보다는 건설적 피드백을, 정답보다는 다양한 가능성을 탐색하는 문화가 필요하다. 아래 사례를 살펴보자.

일론 머스크(Elon Musk)는 실패를 두려워하지 않는 성공 스토리의 가장 대표적인 사례이다. 그는 "실패는 선택 사항이다. 만약 실패가 없다면, 당신은 충분히 혁신하지 않고 있다는 뜻이다"라고 말하며 실패에 대한 인식을 완전히 뒤집었다. 감동적인 명언이 관통했다.

그의 우주 기업 스페이스X는 초기 로켓인 팔콘 1호 발사에서 연이어 세 번이나 실패했다. 다른 기업이라면 프로젝트를 중단했을 법한 상황이었다. 하지만, 머스크는 실패의 원인을 철저히 분석하고 팀원들에게 "배움의 과정"이라며 격려했고, 그 결과, 네 번째 성공했다.

애플의 스티브 잡스(Steve Jobs)는 다양한 경험을 연결하여 창의성을 발휘하는 천재적인 능력을 보여주었다. 그의 혁신은 '실패'라는 경험이 있었기에 가능했다. 잡스는 대학교 시절 '캘리그라피(Calligraphy)' 수업을 들었지만 당시에는 아무런 쓸모가 없어 보였다.

10년 뒤, 이 경험은 매킨토시 컴퓨터의 아름다운 폰트를 개발하는 데 영감을 주었고, 이는 컴퓨터 산업에 혁명을 가져왔다. 또한 그는 애플에서 쫓겨난 뒤 '넥스트(NeXT)'라는 회사를 창업했으나 큰 실패를 맛봤다. 하지만 이 실패의 경험과 기술은 세상을 놀라게 했다.

훗날 잡스는 애플에 복귀해 아이맥(iMac)과 아이폰(iPhone)을 만드는 데 결정적인 '점'이 되었다. 이 두 혁신가는 실패를 개인의 실패가 아닌, 전체의 성공을 위한 학습 기회로 인식하고 조직 문화를 만들었다. 실패 뒤에 성공의 여신이 있다는 것을 보여준 확실한 증거이다.

다양성을 창의성의 원동력으로 활용해야 한다. 다양한 배경, 전문성, 관점을 가진 사람들이 모였을 때 창의적 아이디어가 더 잘 나온다. 동질적 집단보다는 이질적 집단이 혁신에 더 유리하다. AI가 줄 수 없는 독창성과 창의성을 가진 인재의 가치가 더욱 커지게 된다.

제약 조건을 창의성의 촉진제로 활용할 수 있다. 적절한 제약은 오히려 창의적 사고를 자극한다. 예산, 시간, 자원의 제약 속에서도 혁신적 해결책을 찾아내는 것이 진정한 창의성이다. 인간은 제약 속에서 창의적인 해결책을 찾아내는 능력을 발휘한다.

실험과 프로토타이핑 문화를 적극적으로 조성해야 한다. 아이디어를 즉시 시험해보고 검증할 수 있는 유연한 환경을 만들고, 빠른 실패와 학습을 통해 아이디어를 지속적으로 발전시켜 나가야 한다. 완벽함보다는 빠른 시도와 반복적인 개선이 훨씬 더 중요하다.

창의적 사고 기법들을 활용해야 한다. 새로운 아이디어를 촉진하는 브레인스토밍, 마인드맵핑, SCAMPER[3], 디자인 씽킹 등의 체계적 방법론을 활용하여 창의적 사고를 촉진할 수 있다. 이런 기법들을 팀 활동에 정기적으로 도입해야 한다.

개인의 창의적 리듬을 존중해야 한다. 사람마다 창의적 아이디어가 잘 떠오르는 시간대와 환경이 다르다. 획일적인 근무 환경보다는 개인의 특성을 고려한 유연한 환경을 제공해야 한다. 직원의 자율성을 높이고, 일과 삶의 균형을 찾아주는 것이 바람직하다.

---

3) 기존 제품이나 서비스에 Substitute(대체), Combine(결합), Adapt(적용), Modify(변형), Put to another use(다른 용도로 사용), Eliminate(제거), Reverse(역전)의 7가지 질문을 던져 새로운 아이디어를 찾는 기법이다.

AI를 창의성의 강력한 도구로 활용할 수 있다. AI가 아이디어를 대신 만들어주는 것이 아니라, 인간의 창의적 사고를 보조하고 돕는 도구로 활용할 수 있다. 이를 통해 데이터 분석, 패턴 발견, 아이디어 검증 등에서 매우 효과적인 AI의 도움을 받을 수 있다.

강력한 윤리적 판단력

AI 시스템의 윤리적 책임은 AI 리더에게 가장 중요한 자질 중 하나입니다. AI의 결정이 사회에 미치는 파급력이 커지면서, 리더의 잘못된 윤리적 판단은 기업의 신뢰를 잃게 할 뿐만 아니라, 사회적 갈등과 혼란을 초래하는 심각한 결과를 낳을 수 있습니다.

리더가 윤리적 판단을 잘못하여 문제가 된 대표적인 사례들이 있다. 페이스북(현, 메타)는 사용자의 참여율을 극대화하기 위해 알고리즘이 극단적이거나 자극적인 콘텐츠를 우선적으로 추천하도록 설계했다. 이 결정은 리더의 윤리적 판단 부족이 초래한 사례로 꼽힌다.

이로 인해 가짜뉴스, 혐오발언, 음모론 등이 플랫폼을 통해 빠르게 확산되었고, 사회적 분열과 정치적 양극화를 심화시키는 원인으로 지목되었다. 리더가 '성장'이라는 비즈니스 목표에만 집중하고, 그 알고리즘이 사회에 미칠 잠재적 위험의 윤리적 책임을 외면한 것이다.

아마존은 채용 과정의 효율성을 높이기 위해 AI 기반의 이력서 분석 도구를 개발했다. 하지만 이 AI는 여성 지원자를 차별하는 편향된 결과를 지속적으로 내놓았다. 이 AI는 과거 10년간 남성 중심의 IT 산업에서 쌓인 남성 위주의 데이터를 학습했기 때문이다.

즉, 남성 지원자를 더 선호하도록 편향된 판단을 내렸다. 이 AI를 설계하고 도입을 결정한 리더는 데이터의 편향성을 충분히 인지하지 못했고, 그 결과 무의식적인 편견이 AI 시스템에 그대로 반영되어 윤리적 문제를 일으켰다. 윤리적 판단이 얼마나 중요한가를 알 수 있다.

클리어뷰 AI(Clearview AI)는 페이스북, 유튜브 등에서 수십억 장의 사진을 무단으로 수집하여 안면 인식 데이터베이스를 구축했다. 이 기술은 법 집행 기관에 판매되었지만, 개인의 동의 없이 무단으로 데이터를 수집했다는 점에서 큰 논란을 빚었다.

이 회사의 리더는 기술 개발의 '편의성'과 '잠재적 효용성'에만 집중하고, 개인 정보 보호와 사생활 침해라는 가장 기본적인 윤리적 원칙을 무시했다. 그 결과, 전 세계적으로 개인 정보 보호를 위한 법적 규제와 소송에 직면하게 되었고, 윤리 문제를 인식시킨 교훈을 남겼다.

사례에서 보듯이 AI 시대에는 윤리적 판단력이 그 어느 때보다 더욱 중요해진다. AI 시스템의 결정이 우리 사회 전반에 미치는 영향이 커질수록, 그 시스템을 설계하고 운영하는 인간의 윤리적 책임 또한 막대해진다. AI 리더는 강력한 윤리적 판단력을 반드시 갖춰야 한다.

윤리적 원칙의 확립이 가장 중요한 첫 단계다. 개인과 조직의 핵심 가치와 윤리적 기준을 명확히 정의해야만 한다. 이는 복잡한 상황에서 올바른 판단의 기준점 역할을 한다. 법적 요구사항을 훨씬 넘어서는 더 높은 윤리적 기준을 설정해야 한다.

이해관계자 관점의 심층적인 고려가 필수적으로 필요하다. 의사결정이 다양한 이해관계자들에게 미치는 잠재적 영향을 종합적으로 고려해야 한다. 고객, 직원, 주주, 지역사회, 그리고 미래 세대 등 모든 이해관계자의 관점에서 윤리적 영향을 평가해야 한다.

장기적 결과와 부작용을 고려해야 한다. 단기적으로는 윤리적으로 보이는 결정이 장기적으로는 문제가 될 수 있다. 의도하지 않은 부작용이나 시스템적 영향까지 고려하는 전체적 사고가 필요하다. 전체적인 시스템적 영향을 종합적으로 사고하는 것을 의미한다.

투명성과 설명가능성을 확보해야 한다. 윤리적 의사결정 과정을 투명하게 공개하고, 그 근거를 명확히 설명할 수 있어야 한다. 이는 책임감 있는 리더십의 기본 요건이다. 투명성과 설명가능성을 확보하는 것은 AI 기술을 책임감 있게 활용하기 위한 전제 조건이다.

다양한 관점과 의견을 수렴해야 한다. 윤리적 판단은 주관적 요소가 있으므로, 다양한 관점에서 검토되어야 한다. 자문단을 활용하여 객관성을 높일 수 있다. AI 시대의 윤리적 의사결정을 단순한 '옳고 그름'의 문제가 아닌, '공동의 책임'으로 만드는 중요한 과정이다.

문화적 상대성과 보편성의 균형을 찾아야 한다. 서로 다른 문화권의 윤리적 기준을 존중하면서도, 인간의 존엄성과 같은 보편적 가치는 타협하지 않아야 한다. 이러한 균형은 AI 기술을 전 세계적으로 윤리적이고 지속 가능하게 활용하기 위한 필수적인 지혜이다.

용기 있는 실천이 필요하다. 윤리적 원칙을 아는 것과 실제로 실천하는 것은 다르다. 때로는 단기적 이익이나 편의를 포기하더라도 윤리적 원칙을 지키는 용기가 필요하다. 윤리적 원칙은 머릿속에 담아두는 지식이 아니라, 실제로 행동함으로써 그 가치가 실현되는 것이다.

지속적 학습과 성찰이 중요하다. 윤리적 기준은 시대와 상황에 따라 변화할 수 있으므로, 지속적으로 학습하고 자신의 판단을 성찰해야 한다. 실수를 인정하고 개선하는 자세도 필요하다. 변화하는 환경 속에서 윤리적 나침반을 잃지 않도록 돕는 핵심적인 역량이다.

[출처_wikipedia.org]

사티아 나델라
Satya Nadella (Microsoft CEO)

AI는 우리 시대를 규정하는 기술이다.
인간의 창의와 결합할 때 힘을 발휘한다.

"AI is the defining technology of our times.
It unlocks its power when combined
with human ingenuity."

| 제6장

혁신적인 조직의
팀 빌딩과 협업

Altelling

AI 시대의 팀은 그 어느 때보다 다양하다. 다양한 세대, 문화, 전문 분야, 그리고 인간과 AI까지 함께 일해야 한다. 이런 다양성을 경쟁력으로 만들기 위해서는 진정한 포용성이 필요하다. 효과적인 갈등 해결은 팀의 생산성과 화합을 위해 필수적이다. 인간의 집단 지성과 AI의 분석 능력이 함께 결합되어 더욱 강력한 문제 해결 능력을 발휘할 수 있게 된다.

다양성 존중과 포용성 확장

AI 시대의 팀은 그 어느 때보다 다양하다. 다양한 세대, 문화, 전문 분야, 그리고 인간과 AI까지 함께 일해야 한다. 이런 다양성을 경쟁력으로 만들기 위해서는 진정한 포용성이 필요하다. 단순히 다른 사람을 받아들이는 것을 넘어 그들의 고유한 가치를 인정하고 활용한다.

사티아 나델라(Satya Nadella)는 마이크로소프트의 CEO가 된 이후, 기업 문화 자체를 혁신함으로써 포용성의 중요성을 증명했다. 나델라 부임 전 마이크로소프트는 다양한 아이디어가 교류가 어렵고, 내부 경쟁이 심하고, 각 부서가 고립된 '사일로(Silo)' 문화로 유명했다.

그는 '공감(Empathy)'과 '성장 마인드셋(Growth Mindset)'을 강조하며, '모든 것을 아는 사람(Know-it-all)'에서 '모든 것을 배우려는 사람(Learn-it-all)'으로 기업 문화를 바꾸는 데 집중했다. 그 결과 마이크로소프트가 다시 시장을 선도하는 원동력이 되었다.

순다르 피차이(Sundar Pichai) 구글 CEO는 다양한 배경을 가진 사람들의 관점이 어떻게 혁신적인 제품으로 이어지는지 잘 보여다. 피차이는 "구글의 제품은 전 세계의 모두를 위한 것이므로, 우리를 만드는 사람들도 모두를 대표해야 한다"고 강조했다.

그는 다양한 배경을 가진 팀이 더 나은 문제 해결책을 찾는다는 믿음을 가지고 있었다. 그는 AI 기술에 대한 편향성 논란을 해결하기 위해 다양한 인종과 문화를 가진 개발자들이 함께 작업하도록 독려했다. 또한, 포용적인 환경을 만드는 데 집중했고 혁신을 극대화했다.

다양성의 가치를 구체적으로 인식해야 한다. 다양한 배경을 가진 팀원들은 서로 다른 관점과 경험을 제공한다. 이는 창의적 문제 해결, 리스크 식별, 시장 이해 등에서 큰 장점이 된다. 특히 AI 개발에서는 편향을 방지하는 데 필수적이다.

포용적 환경의 조성이 가장 중요한 핵심이다. 다양성만으로는 결코 충분하지 않고, 모든 구성원이 자신의 목소리를 낼 수 있고 진정한 기여를 할 수 있는 환경을 만들어야 한다. 이는 심리적 안전감, 공정한 기회 제공, 차별 방지 등을 모두 포함한다.

무의식적 편향(Unconscious Bias)을 인식하고 극복해야 한다. 모든 사람은 편향을 갖고 있으며, 이는 의사결정과 평가에 영향을 미친다. 편향 인식 교육, 구조화된 평가 프로세스, 다양한 관점의 참여 등을 통해 편향을 최소화해야 한다.

세대 간 차이를 이해하고 활용해야 한다. 베이비부머, X세대, Y세대, Z세대, 알파 세대 까지 다양한 세대가 함께 일하고 있으며, 각각 다른 가치관과 업무 스타일을 갖고 있다. 이런 차이를 갈등의 원인이 아닌 상호 보완의 기회로 만들어야 한다.

문화적 다양성을 존중하고 활용해야 한다. 글로벌 환경에서는 다양한 문화적 배경을 가진 사람들과 협업해야 한다. 각 문화의 강점을 이해하고 문화적 차이로 인한 오해를 방지하는 것이 중요하다. 문화적 차이를 조직의 경쟁력으로 전환하는 것이 적극적인 자세이다.

전문성의 다양성을 조율해야 한다. AI 프로젝트에는 데이터 사이언티스트, 소프트웨어 엔지니어, 도메인 전문가, 디자이너 등 다양한 전문가가 필요하다. 각자의 전문성을 존중하면서도 공통의 목표를 향해 전문가의 지식과 관점을 하나로 엮어 시너지를 창출해야 한다.

뉴로다이버시티(Neurodiversity)[1]도 고려해야 한다. 자폐 스펙트럼, ADHD (주의력 결핍 과잉행동)등 신경학적 차이를 가진 사람들도 고유한 강점을 갖고 있다. 이들의 특성을 이해하고 인재발굴을 통하여 적합한 역할과 환경을 제공하면 뛰어난 성과를 낼 수 있다.

포용적 리더십의 실천은 리더 자신이 다양한 배경을 가진 팀원들을 존중하고, 그들의 의견을 경청하며, 공정한 기회를 제공하는 모범을 보이는 것을 의미한다. 적극적 경청, 다양한 의견 수렴, 공평한 기회 제공, 차별 방지 등을 일관성 있게 실천해야 한다.

일관된 신뢰 구축 전략

신뢰는 모든 효과적인 팀워크의 기반이다. 특히 AI 시대에는 기술에 대한 불안감과 변화에 대한 저항이 있을 수 있으므로, 리더와 팀원, 팀원 상호 간의 신뢰가 더욱 중요하다. 신뢰는 하루아침에 만들어지지 않으며, 지속적이고 일관된 노력이 필요하다.

일관성 있는 행동이 신뢰의 중요한 기초가 된다. 말과 행동이 완벽히 일치하고, 약속을 지키며, 예측 가능한 원칙에 따라 행동할 때 신뢰가 쌓인

---

[1] 뉴로다이버시티(Neurodiversity)는 사람들의 뇌가 기능하고 정보를 처리하는 방식의 자연스러운 다양성을 뜻하는 용어이다. 신경학적 차이를 질병이나 장애로 보는 대신, 인간 종의 정상적인 변이로 인식하는 관점이다.

다. 리더는 자신의 가치관과 원칙을 명확히 하고 이에 따라 흔들림 없이 일관성 있게 행동해야 한다.

투명성과 솔직함은 정말로 필요하다. 정보를 숨기거나 왜곡하지 않고, 좋은 소식과 나쁜 소식을 모두 진솔하게 공유해야 한다. 실수나 실패를 솔직히 인정하고, 의사결정 과정을 보다 투명하게 공개하도록 시스템을 구축하는 것은 상호 신뢰를 쌓는데 매우 도움이 된다.

리더가 자신의 판단과 의사결정 과정을 투명하게 공개하고, 때로는 자신의 부족함을 인정하는 '취약성'을 드러내는 것은 신뢰를 구축하는 강력한 힘이 된다. 2023년 초, 오디오 스트리밍 서비스 스포티파이(Spotify)는 전 세계적으로 경기 둔화와 비용 문제에 직면했다.

CEO인 다니엘 에크(Daniel Ek)는 직원의 6%를 감원하는 대규모 구조조정을 단행해야 했다. 이는 조직에 큰 충격과 불안을 안겨줄 수 있는 매우 어려운 결정이었다. 다니엘 에크는 직원들에게 직접 보낸 장문의 이메일을 통해 자신의 결정 과정을 상세하게 설명했다.

"이번 결정은 오로지 나의 책임이다. 내가 회사를 과대평가하고 더 많은 직원을 고용했기 때문에 이런 결과가 초래되었다."는 취지이다. 그의 사례는 리더가 자신의 취약성을 드러내는 것이 조직의 장기적인 신뢰를 지키는 중요한 전략이 될 수 있음을 보여주었다.

능력에 대한 신뢰를 명확하게 보여줘야 한다. 약속한 결과를 달성하고, 전문성을 입증하며, 어려운 상황에서도 문제를 효과적으로 해결하는 모습을 보여야 한다. AI 관련 지식과 역량을 지속적으로 향상시켜 팀원들의 진정한 신뢰를 얻어야 한다.

관심과 배려를 적극적으로 표현해야 한다. 팀원들의 개인적 상황과 어려움에 깊은 관심을 갖고, 그들의 성장과 발전을 진심으로 지원한다. 단순히 업무 성과에만 관심을 갖는 것이 아니라 인간적 관심과 진심을 보여야 한다. 인간적인 역할을 통해 팀의 잠재력을 극대화한다.

실수에 대한 관용적 태도는 정말 중요하다. 완벽하지 않은 인간의 실수를 이해하고 용서하는 자세를 보여야 한다. 실수를 처벌의 기회가 아닌 새로운 학습의 기회로 만들고, 같은 실수를 다시는 반복하지 않도록 적극 지원해야 한다.

적극적 경청(Active Listening)을 실천해야 한다. 팀원들의 말에 진심으로 귀를 기울이고, 그들의 의견과 감정을 이해하려고 노력해야 한다. 단순히 듣는 것이 아니라 이해하고 공감하는 모습을 보여야 한다. 상대방에 대한 존중과 공감을 보여주는 핵심적인 리더십 역량이다.

기업의 위기를 극복하고 조직 문화를 혁신한 스타벅스의 하워드 슐츠(Howard Schultz) 전 CEO의 사례가 이를 잘 보여준다. 2000년대 중반, 스타벅스는 급격한 확장을 거치면서 기업의 핵심 가치였던 '커피의 질'과 '따뜻한 고객 경험'을 잃어가고 있었다.

매출은 늘었지만, 고객과 직원들 사이에서는 스타벅스만의 특별함이 사라졌다는 불만이 커지고 있었다. 당시 CEO에서 물러나 있던 하워드 슐츠는 위기를 감지하고 현장으로 돌아왔다. 그는 전국의 매장을 직접 방문하는 '경청 투어(Listening Tour)'를 시작했다.

그는 바리스타와 점장들에게 그들이 겪는 어려움, 고객의 반응, 그리고 회사가 무엇을 놓치고 있는지에 대해 진심으로 귀 기울였다. 현장에서의 적극적 경청을 통해, 슐츠는 직원들이 커피 머신의 자동화로 인해 '커피 장인'이라는 자부심을 잃고 있다는 사실을 깨달았다.

그는 과감하게 전국 7,100여 개 매장을 단 하루 동안 문 닫고 모든 바리스타에게 커피 품질 재교육을 실시하는 파격적인 결정을 내렸다. 이 결정은 단기적으로 큰 비용 손실을 가져왔지만, 슐츠가 직원들의 목소리를 진심으로 듣고 있음을 보여주는 강력한 메시지가 되었다.

공정함과 객관성을 유지해야 한다. 개인적 호감이나 편견에 좌우되지 않고 공정하게 대우하며, 성과 평가나 기회 배분에서 객관적 기준을 적용해야 한다. 특히 AI를 활용한 평가에서는 특정 집단이나 개인에게 불이익을 주지 않도록 알고리즘의 공정성도 확보해야 한다.

신뢰의 상호성을 인식해야 한다. 신뢰를 받으려면 먼저 신뢰를 줘야 한다. 팀원들의 능력을 믿고 자율성을 부여하며, 팀원의 사소한 부분까지 통제하는 마이크로 매니지먼트를 피해야 한다. 특히 AI 도구를 활용한 모니터링이 감시로 느껴지지 않도록 주의해야 한다.

갈등 해결과 윈윈 솔루션

AI 시대의 팀에서는 다양한 형태의 갈등이 발생할 수 있다. 세대 간 갈등, 문화적 차이로 인한 갈등, 기술 도입에 대한 의견 차이, 인간과 AI 역할 분담에 대한 갈등 등이 그것이다. 효과적인 갈등 해결은 팀의 생산성과 화합을 위해 필수적이다.

갈등의 본질을 정확히 파악해야 한다. 갈등이 개인적 감정 문제인지, 의사소통 오해인지, 구조적 문제인지, 가치관 충돌인지를 구분한다. 근본 원인을 파악해야 적절한 해결 방안을 찾을 수 있다. 잘못된 진단은 상황을 악화시킬 수 있기 때문에 객관적인 분석이 중요하다.

조기 개입의 중요성을 명확히 인식해야만 한다. 갈등이 심화되기 전에 신속한 개입이 반드시 필요하다. 작은 불만이나 의견 차이가 큰 갈등으로 발전하지 않도록 일상적인 소통과 세심한 관찰을 통해 조기에 발견하고 적극적으로 대응해야 한다.

중립적 중재자의 역할을 반드시 해야 한다. 갈등 당사자들의 입장을 공평하게 들어보고, 어느 한쪽에 치우치지 않는 객관적인 자세를 일관되게 유지해야 한다. 감정적으로 개입하기보다는 객관적이고 분명한 사실에 기반한 합리적 해결을 추구해야 한다.

구조화된 대화 프로세스를 적극 활용해야 한다. 각자의 입장을 순서대로 충분히 들어보고, 공통점과 차이점을 명확히 정리하며, 해결 방안을 함께 모색하는 체계적 접근이 필요하다. 감정적 대립보다는 문제 해결에 온전히 집중하도록 유도해야 한다.

Win-Win 솔루션을 추구해야 한다. 일방의 승리가 아닌 양방이 모두 만족할 수 있는 해결책을 찾아야 한다. 창의적 대안을 모색하고, 때로는 기존 틀을 벗어나는 혁신적 접근이 필요할 수 있다. AI 시대의 복잡한 문제 해결에 필수적 요소이다.

갈등을 학습의 기회로 활용해야 한다. 갈등 과정에서 드러난 문제점들을 개선하고, 앞으로 유사한 갈등이 발생하지 않도록 시스템과 프로세스를 보완해야 한다. 갈등을 통해 팀이 더 강해질 수 있다. 즉 갈등을 발전을 위한 긍정적인 계기로 삼는 것도 중요하다.

문화적 차이에 대한 이해를 높여야 한다. 서로 다른 문화적 배경에서 오는 의사소통 방식이나 가치관의 차이를 인정하고, 이를 갈등의 원인이 아닌 다양성의 자산으로 활용하는 방법을 찾아야 한다. 글로벌 협업이 일상화된 AI시대에는 글로벌 역량으로 발전시킬 수 있다.

갈등을 효과적으로 해소하여 조직을 성공으로 이끈 사례로, 위기에 처한 전자제품 유통업체 베스트바이(Best Buy)의 휴버트 졸리(Hubert Joly) 전 CEO를 들 수 있다. 2012년, 베스트바이는 심각한 위기에 직면했습니다. '쇼루밍(showrooming)[2]' 현상 때문이었다.

이로 인해 직원들은 사기가 저하되고, 본사와 현장 직원 간의 신뢰가 무너지면서 심각한 갈등을 겪고 있었다. 기술(온라인)과 인간(오프라인 매장)의 역할 분담에 대한 근본적인 갈등이었다. 그는 데이터를 분석하기보다 현장 직원과의 '인간 중심'의 접근법을 택했다.

졸리는 매장을 온라인 쇼핑의 '쇼룸'으로 남겨두지 않고, 온라인과 오프라인이 시너지를 내는 '옴니채널(Omni-channel)' 전략을 수립했다. 온라인으로 주문한 제품을 매장에서 바로 수령하고 반품할 수 있도록 하여, 고객과 직원의 불만을 동시에 해결했다.

---

2) '쇼루밍(showrooming)'은 소비자들이 오프라인 매장에서 직접 상품을 보고 체험한 후, 실제 구매는 온라인 쇼핑몰에서 더 저렴한 가격으로 하는 소비 행태를 의미한다. 이러한 행태는 오프라인 매장이 상품을 전시하는 '쇼룸(showroom)' 역할만 하고, 실제 판매는 온라인 채널로 넘어가기 때문에 붙여진 이름이다.

휴버트 졸리의 리더십은 온라인 경쟁자들과의 갈등 속에서 내부의 뿌리 깊은 갈등을 해소했다. 그는 직원들에게 권한과 자부심을 되찾아줌으로써 이들이 스스로 갈등을 해결하고 위기를 극복하게 만들었다. 이러한 접근법은 베스트바이를 성공적으로 회생시켰다.

AI 도구를 갈등 해결에 활용할 수 있다. 감정 분석, 텍스트 마이닝, 데이터 분석 등을 통해 갈등의 패턴을 파악하고 객관적 근거를 제공할 수 있다. 하지만 기계적 해결보다는 인간적 접근이 우선되어야 한다. AI는 갈등의 진단을 돕는 도구이지만 치료는 인간의 몫이다.

다양성의 집단지성 활용

집단 지성(Collective Intelligence)은 개별 구성원들의 지식과 경험이 결합되어 만들어내는 집단 차원의 지적 능력이다. AI 시대에는 인간의 집단 지성과 AI의 분석 능력이 함께 결합되어 더욱 강력한 문제 해결 능력을 발휘할 수 있게 된다.

다양성은 집단 지성의 가장 중요한 핵심이다. 동질적인 집단보다는 다양한 배경, 전문성, 관점을 가진 구성원들이 모였을 때 더 나은 집단 지성이 발현된다. 단순한 다수결이 아닌 다양한 관점의 창발적 결합이 무엇보다 중요하다.

심리적 안전감은 집단 지성의 필수적인 전제조건이다. 구성원들이 자유롭게 의견을 표현하고 아이디어를 제시할 수 있는 환경이 있어야 진정한 집단 지성이 작동한다. 비판이나 조롱에 대한 두려움 없이 창의적 사고를 솔직하게 공유할 수 있어야 한다.

구조화된 의사결정 프로세스가 필요하다. 브레인스토밍 (Brainstorming), 명목집단기법 (Nominal Group Technique)[3], 델파이기법(Delphi Method)[4], 피시볼 방식(Fishbowl Me thod)[5] 등의 체계적 방법론을 활용하여 모든 구성원의 지혜를 효과적으로 수렴해야 한다.

정보 공유와 투명성은 집단 지성의 핵심 요소로, 반드시 보장해야 한다. 구성원들이 동일한 정보를 바탕으로 논의할 수 있도록 관련 정보와 데이터를 투명하고 신속하게 공유해야 한다. 정보의 비대칭이 조금이라도 존재하면 진정한 집단 지성은 발현되기 정말 어렵다.

갈등과 이견을 건설적으로 활용해야 한다. 의견 차이나 갈등을 문제가 아닌 더 나은 해답을 찾는 과정으로 인식해야 한다. 건설적 논쟁을 통해 아이디어를 발전시키고 맹점을 보완할 수 있다. 이것은 AI 시대에 비판적 사고와 협업 능력을 키우는 중용한 방법이다.

AI 도구를 효과적으로 활용하여 집단지성 향상에 기여해야 한다. 실시간 번역으로 언어장벽을 쉽게 극복하고, 아이디어 정리와 분류를 보다 효

---

3) 명목집단기법은 팀원들의 자유로운 아이디어 도출을 돕는 구조화된 의사결정 방식이다. 이 방식은 아이디어 생성과 평가를 분리하여, 토론 과정에서 발생하는 집단 압력이나 지배적인 의견의 영향력을 줄이는 것을 목표로 한다.
4) 델파이 기법은 전문가들의 의견을 수렴하여 합의된 결론을 도출하는 데 사용되는 예측 방법론이다. 이 기법의 특징은 익명성이다. 전문가들은 서로 대면하지 않고, 설문조사 등을 통해 익명으로 자신의 의견을 제시한다.
5) 피시볼 방식은 소그룹 간의 공개적이고 심층적인 토론을 유도하는 방법이다. 소수의 인원으로 구성된 내부 그룹(inner circle)이 중앙에서 토론을 진행하고, 나머지 팀원들은 외부 그룹(outer circle)에서 이 토론을 관찰하고 경청한다.

율적으로 자동화하며, 패턴 분석을 통해 중요한 숨겨진 통찰을 발견할 수 있다. 하지만 AI는 보조 수단이지 결코 대체재가 아니다.

지속적 학습과 개선의 문화를 만들어야 한다. 집단 의사결정의 결과를 추적하고 평가하여 무엇이 효과적이었는지 학습해야 한다. 실패한 결정에서도 교훈을 얻고 다음 의사결정에 반영해야 한다. 이것은 조직의 회복 탄력성과 적응력 향상에 핵심적인 힘이 된다.

외부 관점의 도입도 중요하다. 내부 구성원들만의 사고에 갇히지 않도록 외부 전문가, 고객, 이해관계자들의 관점을 적극적으로 수렴해야 한다. 이는 집단 사고(Groupthink)의 함정을 피하는 데 도움이 된다. 조직이 변화에 민감하게 반응하고, 혁신을 지속하는 필수전략이다.

CEO는 특정 문제나 프로젝트에 대한 아이디어를 얻기 위해 사내 직원이나 외부 커뮤니티를 대상으로 크라우드소싱 플랫폼(crowdsourcing platform)을 운영할 수 있다. 예를 들어, 새로운 제품 컨셉을 모집하거나, 마케팅 전략에 대한 제안을 받는 것이다.

주요 의사결정(예: 신제품 성공 가능성, 경쟁사 동향 등)에 대해 직원들이 가상의 화폐를 걸고 예측하는 예측 시장을 운영할 수 있다. 직원들의 예측은 시장의 집단 지성을 반영하며, AI는 이 데이터를 분석해 예측의 정확도를 높이고 편향된 정보를 걸러내는 역할을 한다.

이 방식은 소수의 의견에 휘둘리지 않고, 다수의 객관적인 의견을 반영하는 데 효과적이다. 예를 들어, AI가 특정 지역에서 고객의 불만사항이 급증하고 있다는 것을 감지하면, CEO는 해당 부서와 즉각적인 회의를 소집하여 원인을 파악하고 해결책을 모색할 수 있다.

이는 AI가 '문제 해결을 위한 정보'를 제공하고, 인간의 '경험과 통찰'이 결합하여 최적의 솔루션을 찾는 과정이다. CEO는 더 이상 모든 답을 아는 존재가 아니라, 집단 지성을 활용하고 AI의 분석을 통해 최상의 결정을 내리는 '조정자' 또는 '촉진자' 역할을 수행한다.

[출처_wikipedia.org]

데미스 허사비스
Demis Hassabis (Google DeepMind CEO)

AI 변화는 산업혁명보다 더 크고, 어쩌면 더 빠르다.
준비한 자가 이긴다.

The AI transformation is bigger, and arguably faster,
than the Industrial Revolution.
The prepared will prevail.

갈등 해결과

01 AI 시대 팀 갈등의 유형

세대 간 갈등

문화적 차이

기술 도입 의견 차이

인간-AI 역할 분담

02 갈등 해결

갈등
개인
구조
가치

7. 문화적 이해
다양성을 자산으로 활용하는 글로벌 역량

6. 학습 기회 활용
갈등을 통한 팀 발전과 시스템 개선

5. Win-Win 솔루션
양방 모두 만족하는 창의적 해결책 모색

윈윈 솔루션

심 원칙

악
vs
vs

2. 조기 개입
작은 불만이 큰 갈등으로 발전하기 전 신속 대응

3. 중립적 중재
공평한 입장 청취와 객관적 자세 유지

4. 구조화된 대화
체계적 접근으로 문제 해결에 집중

03 성공 사례: 베스트바이의 변화

위기 상황
- 쇼루밍 현상으로 인한 온라인-오프라인 갈등
- 직원 사기 저하와 신뢰 무너짐

휴버트 졸리 CEO의 해결책
- 인간 중심 접근법 채택
- 옴니채널 전략 수립
- 직원 권한과 자부심 회복

결과: 성공적 회생

04 AI 도구 활용

- 감정 분석
- 텍스트 마이닝
- 데이터 분석
- 갈등 패턴 파악

인간적 접근이 우선
AI는 진단 도구, 치료는 인간의 몫

| 제 7 장

AI 기반의
인재 개발과 교육

AItelling

　AI는 주어진 데이터와 알고리즘에 따라 최적의 답을 찾지만, 세상의 모든 변수를 예측할 수는 없다. 실패와 시행착오를 학습 기회로 활용해야 한다. 지식 공유와 협력 학습을 반드시 활성화해야 한다. 개인이 학습한 내용을 조직 전체와 투명하게 공유하고, 사내 세미나, 스터디 그룹, 지식 공유 플랫폼 등 다양한 채널로 학습하고 성장하는 문화를 만들어야 한다.

AI 리터러시[1](Literacy) 교육 강화

AI 리터러시는 AI 시대의 기본 소양이다. 모든 구성원이 AI를 두려워하지 않고 효과적으로 활용할 수 있도록 교육하는 것은 AI 리더의 핵심 책임이다. 기술 전문가 수준은 아니더라도 AI의 기본 원리와 활용법을 이해하고, 자신의 업무에 연결할 수 있어야 한다.

AI 기본 개념 교육부터 시작해야 한다. 인공지능, 머신러닝, 딥러닝의 차이점, 지도학습과 비지도학습의 구별, 주요 AI 기술 분야 등을 비전문가도 이해하기 쉽게 설명해야 한다. 복잡한 수학적 원리보다는 직관적 이해에 중점을 둬야 한다.

인공지능(AI)은 '인간처럼 생각하고 행동하는 기계'를 만드는 가장 큰 개념이자 최종 목표이다. AI는 인간의 지능을 모방하는 모든 기술을 포괄하며, 초기 규칙 기반 시스템(예: 룰을 따르는 체스 프로그램)부터 최신 생성형 AI와 같은 복잡한 시스템까지 모두 포함한다.

머신러닝은 AI의 목표를 달성하는 하나의 방법이다. 사람이 직접 규칙을 알려주는 대신, 데이터를 학습해 스스로 규칙을 찾아내는 기술이다. 예를 들어, '고양이 사진' 수천 장을 보여주면 기계가 스스로 고양이의 특징을 파악하여 새로운 고양이 사진을 식별할 수 있게 된다.

딥러닝은 머신러닝의 하위 분야이다. 사람의 뇌 신경망을 모방한 '인공신경망'을 여러 층으로 쌓아 복잡한 데이터를 학습하는 기술이다. 머신러

---

1) AI 리터러시는 인공지능(AI) 기술을 이해하고, 비판적으로 활용하며, 윤리적으로 소통하는 능력을 의미한다. 이는 단순히 AI 도구를 사용하는 것을 넘어, AI가 사회에 미치는 영향을 이해하고 능동적으로 대처하는 종합적인 역량을 포함한다.

닝보다 훨씬 더 복잡한 패턴과 특징을 스스로 학습할 수 있어, 이미지 인식, 자연어 처리 등 고도화된 AI 기술에 주로 사용된다.

지도학습 (Supervised Learning)은 정답(Label)이 있는 데이터를 이용해 학습하는 방식이다. 마치 '선생님(지도)'이 있는 것처럼, 데이터와 정답을 함께 제공하여 AI가 정답을 예측하도록 훈련한다. 개 사진에 개라는 정답을 주면 AI가 개인지 예측한다.

비지도학습 (Unsupervised Learning)은 정답이 없는 데이터를 이용해 학습하는 방식이다. AI가 스스로 데이터의 숨겨진 패턴이나 구조를 파악하고 분류한다. 예시로 수많은 고객의 구매 기록 데이터를 주고 AI가 스스로 비슷한 구매 패턴을 분류하는 것이다.

자연어 처리(NLP, Natural Language Processing)는 인간의 언어를 이해하고 생성하는 기술입니다. 챗봇, 번역기, 음성 인식 비서(시리, 빅스비) 등이 이 분야에 속한다. 컴퓨터 비전(Computer Vision)은 컴퓨터가 시각 정보를 이해하고 처리하는 기술이다.

음성 인식(Speech Recognition)은 사람의 음성을 텍스트로 변환하는 기술이다. 스마트 스피커, 음성으로 메시지를 입력하는 기능 등에 사용된다. 추천 시스템(Recommender Systems): 사용자의 행동이나 선호도를 분석해 맞춤형 상품이나 콘텐츠를 추천하는 기술이다.

AI의 가능성과 한계를 균형있게 교육해야 한다. 과도한 기대나 두려움 모두 문제가 될 수 있다. AI가 잘하는 일과 못하는 일, 현재 가능한 것과 미래에 가능한 것을 명확히 구분하여 현실적 기대를 갖도록 해야 한다. 더 나아가 윤리적 책임에 대한 인식도 심어줘야 한다.

실무 적용 중심의 교육이 효과적이다. 추상적 이론보다는 실제 업무에서 활용할 수 있는 구체적 사례와 도구를 중심으로 교육해야 한다. 각 직무별로 어떤 AI 도구를 어떻게 활용할 수 있는지 맞춤형 교육을 제공하여 즉각적인 성과를 내야 한다.

AI의 연료인 데이터 이해와 활용 능력을 반드시 포함해야 한다. AI는 데이터를 기반으로 작동하므로 데이터의 중요성, 품질 평가 방법, 기본적인 분석 방법 등을 교육해야 한다. 데이터 시각화와 해석 능력도 함께 포함되어야 한다.

윤리적 AI 사용법을 가장 먼저 강조해야 한다. AI 편향 문제, 개인정보 보호, 투명성과 설명가능성 등의 중요한 윤리적 이슈들을 교육하고, 책임감 있는 AI 활용 방법을 명확하게 가르쳐야 한다. 이는 기술 교육만큼이나 매우 중요하며, 사회적 책임을 다하는 길이다.

단계별 학습 경로를 체계적으로 설계해야 한다. 초급자부터 고급자까지 수준별 교육 과정을 마련하고, 개인의 역할과 관심사에 맞는 맞춤형 학습 경로를 제공해야 한다. 강제적 일괄 교육보다는 자율적이고 자발적 학습을 유도하는 것이 훨씬 효과적이다.

실습과 체험 기회를 충분히 제공해야만 한다. 이론 학습만으로는 분명한 한계가 있으므로, 직접 AI 도구를 사용해보고 결과를 바로 확인할 수 있는 실습 기회를 제공해야 한다. 샌드박스(Sandbox) 환경에서 안전하게 실험하고 마음껏 배울 수 있도록 해야 한다.

지속적 업데이트와 학습 체계를 반드시 구축해야 한다. AI 기술이 매우 빠르게 발전하므로 일회성 교육으로는 결코 부족하다. 최신 동향을 지속적으로 업데이트하고, 구성원들이 스스로 자발적으로 계속 학습할 수 있는 체계적인 환경을 만들어야 한다.

스킬 기반 학습과 업데이트

AI 시대에는 고정된 직무보다는 개인이 보유한 기술, 역량, 지식의 총체인 스킬셋(skill set)[2]이 더 중요해진다. 기술 변화에 따라 필요한 스킬이 빠르게 변화하므로, 지속적인 스킬 업데이트와 새로운 역량 개발이 필요하다. 스킬 기반 학습 접근법이 효과적이다.

핵심 스킬의 명확한 정의와 체계적 분류가 필요하다. 조직에서 필요한 스킬들을 기술적 스킬, 인지적 스킬, 사회적 스킬, 개인적 스킬로 분류하고, 각 스킬의 중요도와 현재 보유 수준을 정확하게 평가해야 한다. 이는 효과적인 학습 계획 수립의 가장 중요한 기초가 된다.

엘론 머스크(Elon Musk)는 엔지니어링, 물리학, 컴퓨터 과학, 그리고 경영 능력을 모두 아우르는 광범위한 스킬셋을 바탕으로 여러 산업을 동시에 혁신하고 있다. 그에게는 '테크 CEO'라는 단일 직무가 아닌, '혁신을 위한 스킬셋의 총체'라는 표현이 더 어울린다.

그는 페이팔(PayPal)을 통해 온라인 결제 시스템을 혁신했고, 스페이스X(SpaceX)를 설립해 우주 항공 기술에 뛰어들었으며, 테슬라(Tesla)를 통

---

2) '스킬셋(skill set)'은 단순히 한 가지 전문 분야의 지식을 뜻하는 것이 아니라, 여러 분야의 기술과 능력이 결합되어 개인의 경쟁력을 형성하는 개념이다. 과거에는 '직무'나 '경력'이 개인의 가치를 나타내는 주요 척도였다면, AI와 기술 발전이 가속화되는 현대에는 '스킬셋'이 개인이 가진 실질적인 경쟁력을 나타내는 핵심 지표로 중요해지고 있다.

해 전기차와 인공지능 분야를 선도하고 있다. 그가 기존의 경계를 넘어 다양한 분야의 핵심 스킬을 습득하고 적용했기 때문이다.

그는 단순한 아이디어 제공자가 아니라, 실제 로켓과 자동차 설계에 깊이 관여할 수 있는 기술적 스킬셋을 보유하고 있었다. 머스크의 성공은 특정 분야의 전문가가 아닌, 문제 해결에 필요한 다양한 기술과 지식을 유연하게 활용하는 능력에 있다.

개인별 스킬 갭(Gap) 분석을 반드시 실시해야 한다. 현재 보유한 스킬과 목표 스킬 사이의 차이를 심층적으로 분석하고, 우선적으로 개발해야 할 스킬을 명확히 식별해야 한다. AI 도구를 활용하여 객관적이고 정확하며 신속한 스킬 평가를 할 수 있다.

마이크로러닝 접근법을 적극적으로 활용해야 한다. 긴 교육 과정보다는 짧고 집중적인 학습 단위로 나누어 부담을 크게 줄이고 효과를 높여야 한다. 10-15분 단위의 모듈형 콘텐츠로 구성하여 바쁜 업무 중에도 유연하게 학습할 수 있도록 해야 한다.

실무 프로젝트와 연계한 학습이 매우 효과적이다. 학습한 내용을 즉시 실무에 적용해볼 수 있는 구체적인 기회를 제공해야 한다. 프로젝트 기반 학습(Project-Based Learning)을 통해 이론과 실무를 유기적으로 연결하고 학습 동기를 극대화시킬 수 있다.

동료끼리 서로 가르치고 배우며 공유하는 peer-to-peer 학습을 활성화해야 한다. 구성원들 간에 서로 가르치고 배우는 문화를 조성하고, 지식과 경험을 공유할 수 있는 플랫폼을 제공해야 한다. 내부 전문가들의 노하우를 조직 전체가 공유할 수 있게 해야 한다.

개인화된 학습 경로를 설계해야 한다. AI를 활용하여 개인의 학습 스타일, 진도, 관심사를 분석하고 최적화된 학습 경로를 제안할 수 있다. 획일적 교육보다는 맞춤형 학습이 더 효과적이다. AI 시대에는 새로운 기술과 지식이 빠르게 등장하므로 지속적인 학습이 필수이다.

AI는 주어진 데이터와 알고리즘에 따라 최적의 답을 찾지만, 세상의 모든 변수를 예측할 수는 없다. 실패와 시행착오를 학습 기회로 활용해야 한다. 완벽한 성공보다는 시도와 실패를 통한 학습을 장려해야 한다. 실패 사례를 공유하고 교훈을 도출하는 문화를 만들어야 한다.

직원들의 개인적 성장과 조직의 전략적 목표를 일치시키는 효과적인 방법인 스킬 인증과 경력 개발을 연계해야 한다. 학습한 스킬을 공식적으로 인증하고, 이를 승진이나 역할 확대의 기준으로 활용해야 한다. 이는 학습 동기를 높이고 지속적 발전을 유도한다.

효과적인 멘토링과 코칭

AI 시대에도 인간 대 인간의 멘토링과 코칭은 여전히 중요하다. 오히려 기술적 변화가 매우 빠른 환경에서 경험 있는 선배의 조언과 지도가 더욱 가치를 갖는다. 따라서 효과적인 멘토링과 코칭 시스템은 조직의 인재 개발에 핵심적 역할을 수행하고 있다.

멘토링(Mentoring)과 코칭(Coaching)의 명확한 차이를 이해해야만 한다. 멘토링은 경험 전수와 조언 제공에 중점을 두고, 코칭은 질문을 통해 스스로 답을 찾도록 돕는 것에 중점을 둔다. 따라서 상황과 대상에 따라 가장 적절한 접근법을 선택해야 한다.

멘토링과 코칭으로 성공한 사례는 매우 많으며, 특히 AI 시대에도 이들의 중요성이 부각되는 이유는 단순히 지식을 전달하는 것을 넘어 경험과 통찰을 공유하고, 개인의 성장 잠재력을 극대화하기 때문이다. 멘토링과 코칭은 인간 고유의 역량 강화에 중요한 역할을 한다.

페이스북의 창립자 마크 저커버그는 초기에 애플의 창립자 스티브 잡스를 멘토로 삼았다. 저커버그는 기술적인 부분에서는 이미 뛰어난 역량을 가지고 있었지만, 사업을 확장하고 비전을 구체화하는 데 어려움을 겪었다. 스티브 잡스는 핵심적인 멘토링을 제공했다.

잡스는 저커버그에게 '단순히 기술만 좋은 서비스를 넘어, 사람들의 삶을 변화시킬 수 있는 비전'을 가져야 한다고 조언했다. 사용자들이 복잡한 기능에 압도되지 않도록 '단순함'의 가치를 강조했다. 혁신적인 제품을 위해 단호한 결단력과 리더십을 일깨워주었다.

구글의 전 CEO 에릭 슈미트는 자신의 성공 비결로 전문 코치인 빌 캠벨을 꼽았다. 슈미트는 이미 구글의 성공적인 성장을 이끌고 있었지만, 복잡한 조직 내부 문제와 리더로서의 고독감에 직면해 있었다. 캠벨은 슈미트에게 다음과 같은 코칭을 제공했다.

경영진 내부의 갈등을 객관적으로 바라보고 효과적으로 해결하는 방법을 조언했다. 리더로서 직면하는 다양한 문제에 대해 감정에 휩쓸리지 않고, 이성적이고 균형 잡힌 시각을 유지하도록 도왔다. 그는 커뮤니케이션 기술과 리더십 스타일을 코칭했다.

슈미트는 캠벨의 코칭을 통해 리더십 역량을 강화하고, 구글이 더욱 체계적이고 효율적인 조직으로 성장하는 데 기여할 수 있었다. 아마존의 창립자 제프 베이조스 역시 경영 초기부터 코칭을 통해 자신의 리더십을 다듬고 사업의 방향성을 명확히 했다.

체계적인 멘토링 프로그램을 반드시 구축해야 한다. 무작정 선후배를 연결하는 것이 아니라, 명확한 목표 설정, 적절한 매칭, 진행 과정 관리, 그리고 성과 평가 등이 포함된 체계적인 프로그램이 필요하다. 프로그램의 효과를 지속적으로 모니터링하고 개선해야 한다.

역멘토링(Reverse Mentoring)을 적극적으로 활용해야 한다. 젊은 직원이 시니어 직원에게 새로운 기술이나 트렌드를 가르치는 역멘토링은 AI 시대에 매우 특히 유용하다. 세대 간 지식 교환을 통해 조직 전체의 학습과 더불어 혁신을 촉진할 수 있다.

그룹 멘토링과 피어(동료) 코칭을 도입해야 한다. 일대일 관계에 국한되지 않고 그룹 단위의 학습과 성장을 지원하는 방식도 효과적이다. 다양한 관점과 경험을 공유하고 집단 지성을 활용할 수 있다. 두 방식 모두 개인적 성장을 넘어 집단적 성장에 도움이 된다.

AI 도구를 멘토링에 효과적으로 활용할 수 있다. 성격 및 대화내용, 학습 스타일 분석, 목표 설정과 진도 관리 등에서 AI 도구가 매우 중요한 도움이 될 수 있다. 하지만 인간 관계의 따뜻함과 진정한 공감은 AI가 결코 대체할 수 없는 고유한 영역이다.

코칭 스킬을 관리자의 필수 역량으로 개발해야만 한다. 모든 관리자가 기본적인 코칭 기법을 익히고 부하직원의 성장을 적극적으로 지원할 수 있어야 한다. 질문 기법, 경청 방법, 피드백 제공 방법 등을 전문적이고 체계적으로 교육해야 한다.

목표 설정과 성과 추적은 매우 중요하다. 멘토링과 코칭의 목표를 명확하게 하고, 진행 과정과 성과를 체계적으로 지속적으로 추적해야 한다. 정성적 목표(Qualitative Goals)와 정량적 목표 (Quantitative Goals)를 균형있게 설정하고 엄격하게 평가해야만 한다.

문화적 차이와 개인적 특성을 반드시 고려해야 한다. 획일적 접근보다는 개인의 성격, 문화적 배경, 학습 스타일 등을 종합적으로 고려한 맞춤형 멘토링과 코칭이 훨씬 더 효과적이다. 다양성을 진심으로 존중하는 포용적 접근이 무엇보다 필요하다.

평생학습의 조직문화 구축

AI 기술의 매우 빠른 발전으로 인해 한 번 배운 지식이나 기술로는 평생 일하기 어려워졌다. 지속적인 학습과 자기 개발이 생존을 위한 필수적인 조건이 되었다. 따라서 조직 차원에서 평생 학습을 적극적으로 지원하고 촉진하는 유연한 문화를 만들어야 한다.

학습하는 조직(Learning Organization)의 개념을 효과적으로 실현해야 한다. 개인의 학습이 조직 전체의 학습으로 연결되고, 조직의 지식과 경험이 다시 개인의 성장에 도움이 되는 선순환 구조를 만들어야 한다. 이는 개개인의 학습을 중요한 투자로 인식해야 함을 의미한다.

구글의 공동 창업자이자 전 CEO인 래리 페이지는 '학습하는 조직(Learning Organization)'을 구축하여 성공한 대표적인 사례이다. 그는 조직의 성장을 개인의 학습과 동기 부여에 달려 있다고 믿었으며, 이를 통해 구글을 혁신적인 기업으로 만들었다.

그는 직원들이 업무 시간의 20%를 자신이 관심 있는 프로젝트에 투자하도록 독려했다. 이 는 직원들이 새로운 기술을 배우고 아이디어를 자유롭게 실험하도록 하는 데 큰 역할을 했다. 구글의 지메일(Gmail)과 구글 뉴스(Google News) 역시 이 20% 프로젝트에서 탄생했다.

이는 개인의 학습과 자율성이 조직 전체의 혁신으로 이어지는 훌륭한 선순환 구조를 보여준다. 래리 페이지는 직원들이 자신의 지식과 경험을 적극적으로 공유하도록 장려했다. 구글 내부에서는 'TGIF(Thanks God It's Friday)'라는 전사 회의를 열었다.

모든 직원이 질문하고 아이디어를 나눌 수 있는 자리를 마련한 것이다. 이러한 문화는 새로운 지식이 조직 전체로 빠르게 확산되도록 만들었다. 그는 직원들이 새로운 것을 시도하다가 실패하더라도 이를 비난하지 않고, 오히려 실패로부터 배우는 과정을 중요하게 여겼다.

이러한 접근 방식은 직원들이 끊임없이 새로운 기술과 지식에 도전하게 만들었다. 페이지의 리더십은 단순히 기술 개발을 넘어, 직원 개개인의 학습을 기업 성장의 핵심 자산으로 인식했다는 점에서 성공적이다. 개인의 역량 강화가 곧 조직 전체의 혁신문화를 만들었다.

학습 시간과 충분한 예산을 반드시 보장해야 한다. 학습의 중요성을 강조하면서도 실제로는 충분한 시간과 자원을 지원하지 않으면 공허한 구호에 그친다. 업무 시간의 일정 비율을 학습에 할당하고, 충분한 학습 예산을 안정적으로 확보해야 한다.

실패를 학습 기회로 받아들이는 문화를 반드시 조성해야 한다. 실패에 대한 처벌보다는 그 실패로부터 배우는 것을 중시하고, 자유로운 실험과 과감한 도전을 격려하는 분위기를 만들어야 한다. 적절한 위험 감수와 빠른 실행이 혁신의 가장 중요한 전제 조건이다.

지식 공유와 협력 학습을 반드시 활성화해야 한다. 개인이 학습한 내용을 조직 전체와 투명하게 공유하고, 함께 학습하고 성장하는 문화를 만들어야 한다. 사내 세미나, 스터디 그룹, 지식 공유 플랫폼 등 다양한 채널을 적극 활용해야 한다.

학습 기회와 네트워킹 활동을 적극적으로 지원해야 한다. 내부 학습의 한계를 극복하기 위해 외부 교육, 컨퍼런스, 네트워킹 이벤트 참여를 적극적으로 지원해야 한다. 이를 통해 외부의 새로운 아이디어와 다양한 관점을 조직 내부로 가져올 수 있다.

개인 학습 계획과 경력 개발을 연계해야 한다. 조직의 목표와 개인의 성장 목표를 조화시키고, 학습이 경력 발전으로 이어질 수 있도록 체계를 구축해야 한다. 이는 학습 동기를 크게 향상시킨다. 이것은 전략적 인재육성, 높은 만족도와 낮은 이직률의 잇점을 얻을 수 있다.

다양한 학습 방법과 도구를 풍부하게 제공해야 한다. 온라인 강의, 워크숍, 세미나, 독서 모임, 프로젝트 참여, 로테이션 등 다양한 형태의 학습 기회를 제공하여 개인의 선호와 상황에 맞는 학습을 할 수 있도록 해야 한다. 이러한 유연성은 학습 효과를 극대화한다.

학습 성과를 명확히 인정하고 보상하는 체계를 반드시 마련해야 한다. 학습 노력과 성과를 공정하게 평가하고 인정하는 시스템을 구축하여 구성원들에게 지속적 학습에 대한 강력한 동기를 부여해야 한다. 승진, 보상, 인정 등 다양한 형태의 보상이 현실적으로 가능하다.

[출처_wikipedia.org]

제프리 힌턴
Geoffrey Hinton (University of Toronto Emeritus; former Google VP)

악의적 사용을 막기 어렵다.
그러므로 안전장치와 거버넌스가 필수다.

"Therefore, safeguards and governance are essential. It is hard to see how you can prevent bad actors from using it for bad things."

| 제8장

혁신 조직의
변화 관리와 적용

> **Altelling**
>
> AI 도입과정에서 가장 큰 장애물 중 하나는 변화에 대한 저항이다. 신기술에 대한 불안감, 일자리 위협에 대한 두려움, 기존 방식에 대한 애착 등이 복합적으로 작용한다. 효과적인 변화 관리 전략이 AI 도입 성공의 핵심이다. 이런 환경에서 생존하려면 조직이 빠르게 변화에 적응하고 기회를 포착할 수 있는 민첩성(Agility)과 유연성(Flexibility)을 갖춰야 한다.

변화 저항의 효과적 극복

AI 도입 과정에서 가장 큰 장애물 중 하나는 변화에 대한 저항이다. 새로운 기술에 대한 불안감, 일자리 위협에 대한 두려움, 기존 방식에 대한 애착 등이 복합적으로 작용한다. 효과적인 변화 관리 전략이 AI 도입 성공의 핵심이다.

저항은 단순히 반대가 아니라, 내면에 숨겨진 다양한 불안과 우려의 표현이다. 저항의 근본 원인을 파악해야 한다. 단순히 새로운 것에 대한 거부감인지, 구체적인 우려사항이 있는지, 과거의 부정적 경험 때문인지를 분석해야 한다. 원인에 따라 다른 접근법이 필요하다.

앤드류 응(Andrew Ng)은 '딥러닝의 대부'로 불리는 세계적인 AI 전문가로, 구글 브레인(Google Brain) 프로젝트와 바이두(Baidu) AI 그룹을 이끌며 AI 기술을 대규모로 도입하는 과정에서 사람 중심의 변화 관리 전략에 초점을 맞추어 저항을 효과적으로 관리했다.

앤드류 응의 성공은 AI 기술 도입이 '기술'의 문제가 아닌 '사람'의 문제임을 정확히 이해했다는 데 있다. 그는 저항의 근본 원인인 '불확실성과 두려움'을 해소하기 위해, 작은 성공을 보여주고(경험), 직원들의 역량을 강화하며(교육), 명확한 비전을 제시했다.

투명한 소통은 변화에 대한 직원들의 마음을 얻고, 조직의 성공을 함께 만들어가는 강력한 리더십 도구이다. 변화의 필요성, 목적, 계획, 예상 효과 등을 솔직하고 투명하게 공유해야 한다. 불확실성과 오해가 저항을 증폭시킬 수 있으므로, 정확한 정보 제공이 중요하다.

특정 활동에 깊이 관여하는 참여(심리적, 정서적 몰입)하는 인볼먼트(involvement)를 확대해야 한다. 변화의 대상이 되는 구성원들을 계획 수립과 실행 과정에 적극적으로 참여시켜야 한다. 자신이 참여한 변화에 대해서는 저항보다는 주인의식을 갖게 된다.

점진적이고 단계적인 접근이 효과적이다. 급격한 변화보다는 작은 성공을 통해 신뢰를 쌓고 점진적으로 확대하는 것이 저항을 줄이는 방법이다. 새로운 AI 시스템을 전사적으로 도입하기 전에 팀에서 검증하는 파일럿 프로젝트를 통해 효과를 입증한 후 확산시켜야 한다.

교육과 훈련을 충분히 제공해야 한다. 새로운 기술이나 프로세스에 대한 이해 부족이 저항의 원인이 될 수 있다. 충분한 교육과 훈련을 통해 역량을 높이고 자신감을 갖도록 도와야 한다. 교육 훈련은 변화를 성공적으로 이끌기 위한 심리적, 역량적 기반을 마련하는 투자다.

변화 챔피언(Change Champion)[1]을 활용해야 한다. 변화에 적극적이고 영향력 있는 구성원들을 변화 리더로 활용하여 동료들을 설득하고 도와주는 역할을 하게 해야 한다. 개인 간의 동등하고 수평적인 관계인 peer-to-peer 영향력이 더 효과적일 수 있다.

개인적 이익(WIIFM: What's In It For Me)을 명확히 해야 한다. 변화가 조직에 좋다는 것만으로는 부족하고, 각 개인에게 어떤 구체적 이익이 있는지를 보여줘야 한다. 성장 기회, 업무 개선, 새로운 도전 등을 강조해야 한다. 명확히 WIIFM을 밝혀서 동참을 유도한다.

---

[1] 변화 챔피언(Change Champion)은 조직 내에서 변화를 주도하고 전파하는 역할을 하는 사람이다. 이들은 새로운 아이디어나 변화에 대해 긍정적인 태도를 가지고 있으며, 동료들에게 영감을 주고 변화 과정에 대한 참여를 독려하는 리더십을 발휘한다.

저항을 처벌하기보다는 이해하고 대화해야 한다. 저항하는 구성원들과 진솔한 대화를 통해 우려사항을 듣고 해결책을 함께 모색해야 한다. 강압적 접근은 표면적 순응만 가져올 뿐 진정한 변화는 어렵다. 구성원을 문제의 일부가 아닌 해결책을 찾는 파트너로 인식해야 한다.

기술보다 조직문화의 혁신

AI 도입은 단순한 기술 도입이 아니라 조직 문화의 근본적 변화를 요구한다. 위계적이고 경직된 문화에서는 AI의 잠재력을 충분히 발휘하기 어렵다. 개방적이고 실험적이며 학습 지향적인 문화로의 변화가 반드시 필요하며, 이는 조직의 미래 경쟁력을 좌우한다.

현재 문화의 정확한 진단이 선행되어야 한다. 조직의 가치관, 행동 양식, 의사결정 방식, 소통 문화 등을 객관적으로 평가하고, AI 시대에 필요한 문화와의 갭을 분석해야 한다. 설문조사, 인터뷰, 관찰 등 다양한 방법을 활용할 수 있다.

리더십의 솔선수범이 가장 중요하다. 문화 변화는 위에서부터 시작되어야 한다. 리더가 새로운 가치와 행동 양식을 먼저 보여주고, 일관성 있게 실천해야 구성원들도 따라온다. 리더십의 솔선수범은 조직문화 개선의 강력한 도구이며 AI가 대신할 수 없는 리더의 역할이다.

조직문화 혁신을 통해 AI 도입에 성공한 CEO 사례는 바로 사티아 나델라(Satya Nadella)가 마이크로소프트(Microsoft)를 이끈 경우이다. 그는 위계적이고 경직된 문화를 '성장 마인드셋(Growth Mindset)'을 중심으로 한 개방적이고 협력적인 문화로 전환했다.

나델라가 CEO로 취임했을 당시, 마이크로소프트는 '윈도우'와 '오피스' 중심의 사업 모델에 안주하고 있었다. 조직 내부는 부서 간 경쟁이 치열하고, '아는 것이 힘'이라는 인식 때문에 지식 공유가 활발하지 않았습니다. 이것은 혁신을 가로막는 가장 큰 장애물이었다.

나델라는 AI 기술 도입에 앞서, 문화부터 바꾸는 것이 핵심이라 판단했다. 그는 직원들에게 "모르는 것을 인정하고, 배우려는 태도를 가져라"고 강조했다. 그는 '모든 답을 알고 있는 척'하는 대신, 끊임없이 질문하고 학습하는 리더의 모습을 보여주며 솔선수범했다.

이러한 문화 개선을 통해 마이크로소프트는 AI 시대에 가장 성공적으로 적응한 기업 중 하나가 되었다. AI 도입이 단순히 기술적인 문제가 아니라, 이를 받아들이고 활용할 수 있는 조직 문화가 성공의 핵심임을 보여주는 대표적인 사례이다.

실험과 혁신을 장려하는 문화를 만들어야 한다. 기존 방식에 안주하지 않고 새로운 시도를 격려하며, 실패를 두려워하지 않는 분위기를 조성해야 한다. 혁신 아이디어 공모, 해커톤(Hackathon), 실험 예산 등을 통해 혁신을 촉진할 수 있다.

데이터 기반 의사결정 문화를 반드시 확산시켜야 한다. 주먹구구식의 주관적 판단이나 직급에 의한 결정보다는 데이터와 분석에 기반한 객관적인 의사결정을 추구하는 문화를 만들어야 한다. 이는 효과적인 AI 활용의 가장 기본적인 전제 조건이 된다.

협업과 소통의 문화를 더욱더 강화해야 한다. 부서 간 칸막이를 허물고 크로스펑셔널 협업(cross-functional collaboration)을 적극적으로 활성화해야 한다. 정보 공유, 지식 전파, 상호 지원이 원활하고 자연스럽게 이루어지는 유연한 문화를 만들어야 한다.

다양성과 포용성을 조직의 핵심 가치로 반드시 확립해야 한다. 다양한 배경과 관점을 가진 사람들이 존중받고 기여할 수 있는 포용적 문화가 AI 시대에는 훨씬 더욱 중요하다. 고정관념과 편견을 완전히 제거하고 공정한 기회를 모두에게 제공해야 한다.

고객 데이터 분석, 고객 서비스 개선, 경험 개선 등의 고객 중심의 사고를 강화해야 한다. 내부 논리보다는 고객의 가치와 만족에 초점을 맞추는 문화를 만들어야 한다. AI 기술도 궁극적으로는 고객에게 더 나은 가치를 제공하기 위한 수단이어야 한다.

지속적 학습과 개선의 문화를 뿌리내려야 한다. 완성보다는 지속적 발전을, 현상 유지보다는 끊임없는 개선을 추구하는 문화를 만들어야 한다. 이는 빠르게 변화하는 AI 환경에서 살아남는 핵심 역량이다. AI가 할 수 없는 '진정한 성찰과 성장'을 통해 조직을 발전시킨다.

혁신의 DNA, 민첩성(Agility)과 유연성(Flexibility)

AI 시대에는 환경 변화의 속도가 빨라지고 예측이 어려워진다. 이런 환경에서 생존하려면 조직이 빠르게 변화에 적응하고 기회를 포착할 수 있는 민첩성(Agility)과 유연성(Flexibility)을 갖춰야 한다. 이 두 가지 요소는 조직 혁신의 필수적인 DNA이다.

조직 구조의 유연화가 필요하다. 경직된 위계 구조보다는 상황에 따라 팀을 구성하고 해체할 수 있는 네트워크형 구조가 더 적합하다. 프로젝트 기반 조직, 매트릭스 조직, 관리자 직급 없이 스스로 역할을 하는 홀라크라시(Holacracy) 등의 유연한 조직 형태를 고려한다.

민첩하고 유연한 조직 구조로 성공한 대표적인 사례는 넷플릭스(Netflix)이다. 넷플릭스는 '자율성과 책임(Freedom &Responsibility)'이라는 문화를 바탕으로 경직된 조직 구조를 탈피하고, 상황에 맞춰 팀을 구성하고 해체하는 유연한 방식을 통해 변화에 성공했다.

넷플릭스는 거대하고 관료적인 조직을 피하고, 문제를 해결하는 데 필요한 최소한의 인원으로 구성된 전문성을 최대로 활용할 '소규모 팀(small teams)'을 운영했다. 각 팀은 특정 프로젝트나 목표에 집중하며, 목표가 달성되면 해체되거나 새로운 프로젝트로 이동한다.

넷플릭스는 직원들에게 높은 수준의 자율성을 부여한다. 관리자에게 승인을 받지 않고도 스스로 결정을 내리고 실행할 수 있도록 권한을 위임했다. 대신, 그 결정에 대한 책임 또한 개인이 온전히 지도록 했다. 이는 직원들이 주도적으로 문제를 해결을 가능케 했다.

이러한 유연한 조직 문화 덕분에 넷플릭스는 비디오 대여 사업에서 온라인 스트리밍으로, 다시 자체 콘텐츠 제작으로 빠르게 전환했다. 넷플릭스의 조직 구조는 급변하는 AI 시대에 요구되는 민첩성(Agility)과 유연성(Flexibility)을 효과적으로 보여주는 사례로 꼽힌다.

의사결정 권한의 분산이 중요하다. 이것은 민첩성 향상, 직원 역량강화, 주인의식 고취 등의 효과를 낼 수 있다. 모든 결정을 상부에서 내리면 속도가 느려진다. 현장에서 빠른 판단이 필요한 사항들은 권한을 위임하여 신속한 대응이 가능하도록 해야 한다.

짧은 주기의 계획과 실행이 효과적이다. AI 시대의 예측 불가능한 환경에서 조직이 생존하고 혁신을 지속하는 필수 방법론이다. 장기 계획보다는 짧은 주기로 계획을 세우고 실행하며 피드백을 받아 조정하는 애자일(Agile) 방식이 불확실한 환경에 더 적합하다.

A/B 테스트의 반응, 최소 기능제품 활용, 파일럿 프로젝트 등 실험적 접근법(Experimen tation)을 활용해야 한다. 확실한 계획보다는 가설을 세우고 작은 실험을 통해 검증한 후 확대하는 방식이 리스크를 줄이면서 혁신을 추진할 수 있게 한다.

빠른 학습과 변화하는 환경에 맞춰 전략, 방향, 목표 등을 신속하게 수정하는 피벗(Pivot) 능력을 키워야 한다. 잘못된 방향으로 가고 있다는 것을 빨리 인식하고 과감하게 방향을 전환할 수 있는 용기와 능력이 필요하다. 매몰 비용의 함정에 빠지지 않아야 한다.

외부 파트너십과 생태계 활용이 중요하다. 모든 것을 내부에서 해결하려 하기보다는 외부의 전문성과 자원을 적극 활용해야 한다. 전략적 파트너십, 오픈 이노베이션(Open Innovation), 스타트업 협력 등이 유용하다.

기술 인프라의 유연성을 확보해야 한다. 클라우드 기반의 확장 가능한 인프라, 마이크로서비스 아키텍처, API 기반 통합 등을 통해 기술적 유연성을 높여야 한다. 이것은 결국 조직이 AI시대의 혁신을 주도하고 예측 불가능한 변화에 민첩하게 대응하는 기술적 기반이다.

인재의 유연한 활용이 필요하다. 정규직 고용에만 의존하지 말고, 프리랜서, 컨설턴트, 파트너십 등 다양한 형태의 인력 활용을 통해 필요에 따라 역량을 확보하고 조정할 수 있어야 한다. AI 시대의 예측 불가능한 비즈니스 환경에 민첩하게 대응하는데 필수적이다.

빠른 회복탄력성 구축

AI 시대에는 예상치 못한 변화와 위기가 더 자주 발생할 수 있다. 이런 상황에서 중요한 것은 위기를 피하는 것이 아니라 위기에서 빠르게 회복하고 더 강해질 수 있는 회복탄력성(Resilience)이다. 이것은 실패를 기회로 인식하고, 긍정적인 사고, 민첩성 등으로 가능하다.

다양성을 통한 위험 분산이 중요하다. 단일한 기술, 시장, 고객, 공급업체에 과도하게 의존하면 위험이 크다. 포트폴리오의 다양성을 통해 한 영역의 문제가 전체에 미치는 영향을 최소화해야 한다. 다각화된 시장 및 고객, 유연한 공급망은 위험을 분산하는 방법이다.

위기 상황에서 회복탄력성과 다양성을 통해 성공적으로 위기를 극복한 대표적인 CEO 사례는 제이미 다이먼(Jamie Dimon)이다. 그는 2008년 글로벌 금융 위기 당시 JP모건 체이스의 CEO로서 위기 속에서 회복탄력성을 보여주며 회사를 금융 위기의 승자로 이끌었다.

제이미 다이먼은 금융 위기 이전에 이미 위험을 분산하는 포트폴리오를 구축했습다. 그는 단순히 투자 은행 업무에만 집중하지 않고, 소매 금융,

기업 금융, 자산 관리 등 다양한 사업 부문을 균형 있게 운영했다. 이 다각화된 사업 포트폴리오 덕분에 위험을 줄였다.

제이미 다이먼의 성공 사례는 회복탄력성이 단순히 위기를 버텨내는 힘이 아니라, 위기 상황에서 위기 요인을 분산시키고, 오히려 더 강해지는 능력임을 보여주었다. 이는 AI 시대에 필수적인 '예측 불가능한 위기에 대한 유연한 대처 능력'을 잘 보여주는 사례이다.

여유 자원(Slack Resources)의 전략적인 확보가 반드시 필요하다. 평상시에는 다소 비효율적으로 보일 수 있지만, 위기 상황에서는 여유 자원이 가장 중요한 회복력의 원천이 된다. 재무적 여유, 충분한 인력 여유, 생산 여유 등을 미리 적절히 확보해야 한다.

위기의 신호를 빠르게 감지하고 대응하는 조기 경보 시스템을 구축해야 한다. 위기의 신호를 빠르게 감지하고 대응할 수 있는 모니터링 시스템이 필요하다. AI를 활용하여 패턴 분석과 이상 감지(Anomaly Detection), 예측모델을 자동화할 수 있다.

위기 대응 계획과 시나리오를 준비해야 한다. 다양한 위기 상황을 가정하고 대응 방안을 미리 준비해야 한다. 이런 계획이 없으면 혼란과 지연, 신뢰 손실, 회복 지연을 초래한다. 정기적인 시뮬레이션과 훈련을 통해 대응 역량을 유지하고 향상시켜야 한다.

학습과 적응 능력을 기워야 한다. 위기에서 교훈을 얻고 시스템을 개선하여 같은 문제가 반복되지 않도록 해야 한다. 실패에서 배우고 더 강해지는 안티프래질(Antifragile) 특성을 기워야 한다. 충격을 견디는 것으로 부족하다. 위기를 통해서 발전하는 것이 필요하다.

네트워크와 관계의 힘을 활용해야 한다. 위기 상황에서는 혼자 해결하기 어려운 문제들이 많다. 평소에 구축한 네트워크와 신뢰 관계가 위기 극복의 중요한 자원이 된다. 네트워크는 정보 및 자원 공유, 전문성 확보, 심리적 지원, 협력과 연대의 효과가 있다.

심리적 회복탄력성도 중요하다. 조직 구성원들이 스트레스와 좌절을 극복하고 다시 일어설 수 있는 정신적 강인함을 기워야 한다. 직원 지원 프로그램, 심리 상담, 워라밸 등이 도움이 된다. 직원들의 정신 건강을 보호하고, 조직의 지속 가능한 성장을 위해서 필수적 이다.

문화적 회복탄력성을 구축해야 한다. 위기를 기회로 보는 긍정적 마인드셋, 함께 극복하는 팀워크, 포기하지 않는 끈기와 같은 문화적 요소를 조직내에 뿌리내리는 것을 의미한다. 이러한 문화는 AI 시대의 예측 불가능한 변화 속에서 지속 성장하는 힘이 된다.

[출처_wikipedia.org]

앤드루 응
Andrew Ng (DeepLearning.AI Founder; Coursera Co-founder)

AI는 새로운 전기다.
산업 전체를 다시 설계하게 만드는 힘이 있다.

"AI is the new electricity.
It has the power to reshape entire industries."

Protecting the Ethical Use of AI

PART 03

AI의 윤리적 활용을 지켜야 한다

AI 기술의 힘이 강력해질수록 그것을 올바르게 사용하는 것의 중요성도 커진다. AI는 중립적 도구가 아니라 개발자와 사용자의 가치관과 의도가 반영되는 사회적 구성물이다. 따라서 AI를 윤리적으로 개발하고 활용하는 것은 AI 혁신 리더의 핵심적인 책임이다.

Part 3에서는 AI 윤리의 기본 원칙부터 책임감 있는 AI 개발, 사회적 영향과 책임, 그리고 글로벌 AI 윤리 표준까지, AI를 인류의 복리에 기여하는 방향으로 활용하기 위한 윤리적 프레임워크와 실천 방안들을 다룬다. AI 리더에게는 더 없이 중요한 과제이다.

Artifical Intelligence
New
Leadership

| 제9장

인간중심의
AI 윤리 기본 원칙

AItelling

인간 중심 AI(Human-Centered AI)는 AI 기술이 인간의 가치와 존엄성을 존중하고 인간의 복리 증진을 목적으로 개발되고 활용되어야 한다는 원칙이다. 인간이 AI를 통제한다는 의미를 넘어, AI가 인간의 잠재력과 삶의 질을 향상시키는 도구가 되어야 한다는 철학이다. AI 시스템의 투명성과 설명가능성은 신뢰할 수 있는 AI의 핵심 요건이다.

인간중심 AI로 증강

인간 중심 AI(Human-Centered AI)는 AI 기술이 인간의 가치와 존엄성을 존중하고 인간의 복리 증진을 목적으로 개발되고 활용되어야 한다는 원칙이다. 인간이 AI를 통제한다는 의미를 넘어, AI가 인간의 잠재력과 삶의 질을 향상시키는 도구가 되어야 한다는 철학이다.

인간의 존엄성과 자율성을 최우선으로 고려해야 한다. AI 시스템이 인간을 단순한 데이터 포인트나 최적화의 대상으로 취급해서는 안 된다. 개인의 선택권과 의사결정 능력을 존중하고, 강제나 조작이 아닌 지원과 증강의 방향으로 설계되어야 한다.

인간의 가치와 다양성을 반드시 반영해야 한다. 획일적인 최적화보다는 다양한 인간의 가치관, 문화, 선호도를 인정하고 반영하는 AI 시스템을 구축해야 한다. 소수의 기준이나 편견이 다수에게 강요되지 않도록 엄격하게 주의해야만 한다.

인간의 감정과 관계를 반드시 고려해야 한다. AI가 효율성만을 추구하여 인간의 감정이나 인간관계를 무시해서는 절대 안 된다. 인간의 사회적 욕구와 감정적 연결의 중요성을 인정하고 이를 적극 지원하는 방향으로 설계되어야 한다.

인간의 성장과 발전을 적극적으로 지원해야 한다. AI가 인간을 대체하여 무력화시키는 것이 아니라, 인간의 능력을 확장하고 새로운 가능성을 열어주는 방향으로 활용되어야 한다. 학습, 창조, 자아실현 등 인간의 가장 본질적 욕구를 온전히 지원해야 한다.

취약계층에 대한 특별한 배려가 필요하다. 어린이, 노인, 장애인, 소외계층 등 상대적으로 취약한 위치에 있는 사람들이 AI 기술로 인해 소외되거나 더 큰 불이익을 받지 않도록 특별한 주의와 배려가 필요하다. AI 격차해소를 위한 노력이 사회적으로 필요한 부분이다.

디지털, AI 전환에 따른 격차해소도 사회적인 이슈이다. 즉 혁신에 수반되는 과제이다. 음식 주문, 영화표 예매, 은행 업무 등 일상생활의 많은 부분이 AI 기반의 무인 키오스크로 전환되고 있다. 하지만 사용에 익숙하지 않은 노년층에게는 오히려 장벽으로 작용한다.

얼굴 인식 AI 시스템은 백인 남성의 데이터 위주로 학습되었다. 이로 인해 여성이나 유색인종, 특히 흑인에게는 인식률이 현저히 떨어지는 문제가 발생했다. 미국에서는 얼굴 인식 기술의 오류로 인해 흑인 남성이 잘못된 범죄 용의자로 지목된 사례가 여러 번 발생했다.

이는 AI의 편향성이 사람의 삶에 직접적인 피해와 불이익을 초래할 수 있음을 보여준다. 즉, 기술이 가진 편향성이 사회의 가장 취약한 위치에 있는 사람들에게 더 큰 위협이 되는 것이다. AI 기술이 모든 사람을 위한 것이 되려면, 개발 단계부터 취약층을 고려해야 한다.

인간의 최종 통제권을 보장해야 한다. 중요한 결정에서는 인간이 최종적으로 개입하고 통제할 수 있는 명확한 메커니즘이 있어야 한다. AI의 자동화된 결정에 이의를 제기하고 인간의 판단으로 번복할 수 있는 권리와 책임이 보장되어야 한다.

미래 세대에 대한 책임을 고려해야 한다. 현재의 AI 개발과 활용 결정이 미래 세대에게 미칠 영향을 고려하고, 지속가능하고 책임감 있는 접근을 취해야 한다. AI 기술은 인류의 미래를 근본적으로 바꿀 잠재력을 가지고 있으므로, 현재의 이익만을 추구해서는 안 된다.

문화적 다양성과 지역적 특성을 존중해야 한다. 서구 중심적 가치관이나 특정 문화의 기준을 보편적으로 적용하지 말고, 각 지역과 문화의 고유한 가치와 관습을 존중하는 AI 시스템을 구축해야 한다. 이는 AI 기술의 편향성을 줄이고, 공정한 서비스를 제공하는 의미이다.

AI 시스템의 투명성과 설명가능성

AI 시스템의 투명성과 설명가능성은 신뢰할 수 있는 AI의 핵심 요건이다. 사용자와 이해관계자들이 AI의 작동 원리를 이해하고, 특정 결정이 내려진 근거를 파악할 수 있어야 한다. 이는 단순한 기술적 요구사항을 넘어 중요한 민주적 책임성의 문제다.

설명가능성(Explainability)의 수준을 적절히 설정해야 한다. 이것은 인공지능이 내린 결정이나 예측이 왜 그렇게 도출되었는지, 그 이유를 어느 정도까지 명확하게 설명할 것인지 상황에 맞게 정해야 한다는 의미다. 즉 효율성과 균형을 맞추는 것이 중요하다.

모든 AI 시스템이 동일한 수준의 설명가능성을 요구하는 것은 아니다. 의료 진단, 금융대출 심사나 법적 판단 등 고위험 영역에서는 높은 수준의 설명이 필요하지만, 영화, 음악, 식당 추천 등 저위험 영역에서는 상대적으로 낮은 수준도 허용될 수 있다.

기술적 투명성과 알고리즘 해석성을 확보해야 한다. 딥러닝과 같은 복잡한 블랙박스 모델[1]은 내부 작동원리를 명확하게 이해하거나 설명하기가 어렵지만 최대한 해석 가능한 방법을 찾아야 한다. 최근에는 블랙박스 모델의 예측 결과를 설명하려는 AI 연구가 활발하다.

머신러닝 모델의 예측 결과를 설명하는 데 사용되는 대표적인 도구인 LIME[2](Local Inter pretable Model-agnostic Explanations), SHAP[3](SHapley Additive exPlanations) 등의 모델 해석 기법이나, 주의 메커니즘 등을 활용하여 AI의 결정 과정을 이해할 수 있다.

과정적 투명성을 보장해야 한다. AI 시스템이 어떤 데이터로 학습되었는지, 어떤 알고리즘이 사용되었는지, 어떤 검증 과정을 거쳤는지 등의 개발 과정을 투명하게 공개해야 한다. 이것은 AI 기술의 공정성과 안전성, 사회에 긍정적 기여를 확보하는 기본적인 원칙이다.

AI 기술의 신뢰성과 긍정적 기여를 보장하기 위해 과정적 투명성과 사용자 맞춤형 설명을 성공적으로 실현한 사례는 IBM의 '설명 가능한 AI(Explainable AI)' 정책에서 찾아볼 수 있다. IBM은 AI 시스템의 결정을 왜, 그리고 어떻게 내렸는지를 명확히 밝힌다.

---

1) 블랙박스 모델은 내부 작동 원리를 명확하게 이해하거나 설명하기 어려운 인공지능(AI) 모델을 의미합니다. 입력이 주어지면 출력을 내놓지만, 그 과정에서 어떤 요소가 어떤 이유로 결과에 영향을 미쳤는지 파악하기 매우 어렵다. 딥러닝과 같은 AI모델에서 나타나며 수많은 층(layer)과 수백만, 수십억 개의 매개변수를 통해 복잡한 비선형 관계 학습을 한다.
2) 특정 예측을 설명하기 위해, 해당 데이터 포인트 주변에 가상의 데이터를 생성하고, 이를 단순하고 해석하기 쉬운 모델(예: 선형 회귀)로 학습시킨다. 이 단순 모델의 예측 결과를 통해 원래의 복잡한 모델이 왜 그런 예측을 했는지 설명한다.
3) 예측 결과에 대한 각 특성의 기여도를 '샤플리 값(Shapley value)'으로 계산합니다. 샤플리 값은 모든 가능한 특성 조합에서 특정 특성이 추가될 때 예측이 얼마나 변화하는지 평균적으로 계산한다.

IBM은 AI 모델의 '블랙박스' 문제를 해결하기 위해 'AI Fairness 360'이나 'AI Explainability 360'과 같은 오픈소스 툴킷을 개발했다. 이 툴킷은 개발자와 전문가들이 AI가 어떤 데이터로 학습되었고, 어떤 알고리즘이 특정 결과를 도출했는지 내부 과정의 검증을 돕는다. IBM은 같은 AI 모델이라도 사용자의 배경에 맞춰 설명을 달리 제공한다.

전문가(개발자)에게는 AI 모델의 기술적 세부 사항(예: 특정 피처의 가중치, 모델의 신뢰도 점수 등)을 보여준다. 복잡한 기술 대신, AI의 결정이 '어떤 논리적 근거'를 바탕으로 이루어졌는지를 이해하기 쉬운 시각화 자료나 요약된 보고서 형태로 제공한다.

이러한 IBM의 사례는 AI 기술을 개발하는 과정이 투명해야만 시스템의 공정성과 안전성을 확보할 수 있고, 사용자의 눈높이에 맞춰 이해를 도울 때 비로소 기술에 대한 신뢰가 형성된다는 것을 보여준다. IBM은 AI 시스템의 결정을 왜, 그리고 어떻게 내렸는지를 밝힌다.

사용자 맞춤형 설명을 제공해야 한다. 일반인, 전문가, 규제 당국 등 서로 다른 배경을 가진 사용자들에게 각각 이해할 수 있는 수준과 방식으로 설명을 제공해야 한다. 기술적 세부사항보다는 핵심 논리와 영향을 중심으로 설명하는 것이 효과적이다.

시각화와 인터랙티브 도구를 활용해야 한다. 복잡한 AI 시스템의 작동을 이해하기 쉽게 시각적으로 표현하고, 사용자가 직접 탐색하고 실험해볼 수 있는 인터랙티브 인터페이스[4](Inter active Interface)를 제공하는 것이

---

4) 사용자가 시스템과 상호작용할 수 있는 모든 형태의 접점을 의미한다. 이는 단순히 정보를 일방적으로 제공받는 것을 넘어, 사용자의 입력에 따라 시스템이 반응하고 변화하는 양방향 소통 환경을 뜻한다.

도움이 된다.

설명의 정확성과 완전성을 보장해야 한다. 단순화된 설명이 오해를 불러일으키거나 잘못된 믿음을 심어주어서는 안 된다. 설명 자체가 편향되거나 부정확하다면 투명성의 의미가 없어진다. 단순한 설명이 유용할 수 있지만, 지나친 단순화는 핵심 정보를 누락시킨다.

실시간 설명과 사후 설명을 모두 고려해야 한다. AI가 결정을 내리는 순간에 그 근거를 즉시 제시할 수 있어야 하고, 나중에 그 결정에 대해 질문받았을 때도 상세하게 답할 수 있어야 한다. AI의 판단 과정에 대한 설명의 추적가능성도 매우 중요하다.

문화적, 언어적 다양성을 고려한 설명이 필요하다. 서로 다른 문화권에서는 설명의 방식과 기대치가 다를 수 있다. 각 문화에 맞는 설명 방식을 개발하고 적용해야 한다. 특정 문화에서는 쉬운 설명이 효과적일 수 있지만, 다른 문화에 논리적인 설명을 요구하기 때문이다.

AI 시스템의 공정성과 편향 방지

AI 시스템의 공정성 확보와 편향 방지는 윤리적 AI의 핵심 과제다. AI는 객관적이고 중립적일 것 같지만, 실제로는 데이터와 알고리즘에 내재된 편향을 학습하고 증폭시킬 수 있다. 이는 개인과 집단에 대한 차별과 불이익으로 이어질 수 있어 각별한 주의가 필요하다.

편향의 유형과 원인을 이해해야 한다. 역사적 편향, 대표성 편향, 측정 편향, 집계 편향, 평가 편향 등 다양한 형태의 편향이 데이터 수집부터 모델 배포까지 전 과정에서 발생할 수 있다. 각 단계에서 발생할 수 있는 편향을 체계적으로 식별하고 관리해야 한다.

공정성의 정의를 명확히 해야 한다. 개별적 공정성, 집단적 공정성, 반사실적 공정성 등 여러 공정성 개념이 있으며, 때로는 서로 상호 충돌할 수 있다. 상황과 맥락에 따라 가장 적절한 공정성 기준을 선택하고 유연하게 적용해야 한다.

다양한 집단의 대표성을 반드시 확보해야 한다. 훈련 데이터에서 소외되거나 과소 대표되는 집단이 없도록 주의해야 한다. 데이터 수집 단계에서부터 다양성을 고려하고, 필요시 데이터 증강이나 재샘플링 기법을 적극 활용해야 한다.

AI는 학습 데이터의 편향을 그대로 반영할 수 있다. 따라서 교차점적 접근법[5](Intersec tional Approach)을 적용해야 한다. 성별, 인종, 연령, 사회경제적 지위 등의 단일 속성뿐만 아니라 이들이 교차하는 지점에서 발생할 수 있는 복합적 차별도 고려해야 한다.

지속적인 모니터링과 감사가 필요하다. AI 시스템을 배포한 후에도 정기적으로 공정성을 평가하고 모니터링해야 한다. 시간이 지나면서 데이터 분포가 변화하거나 새로운 편향이 나타날 수 있다. AI 모델개발 단계는 공정했지만 배포 이후 편향이 생길 수 있기 때문이다.

편향 완화 기술을 활용해야 한다. 전처리(Pre-processing) 단계에서의 데이터 재가중치 부여, 학습 과정(In-processing)에서의 공정성 제약 조건

---

[5] 교차점적 접근법법은 다차원적 데이터 수집, 다양한 관점의 팀 구성, 복합적 차별성 검토가 있다. AI가 사회의 복잡한 불평등을 단순히 재현하는 것을 넘어, 이를 해결하는 데 기여하는 도구가 되도록 하는 필수적 관점이다.

추가, 후처리 (Post-processing) 단계에서의 결과 조정 등 다양한 기술적 방법을 활용할 수 있다.

사각지대 해소, 창의성 증진, 신뢰 구축을 위해 다양한 관점의 참여를 보장해야 한다. AI 개발팀이 동질적이면 편향을 발견하기 어렵다. 다양한 배경과 관점을 가진 사람들이 개발 과정에 참여하고, 외부 검토와 감사도 받아야 한다.

피해를 입은 집단에 대한 구제 방안을 마련해야 한다. 아무리 공정하게 AI 시스템을 설계하고 노력하더라도 예상치 못한 편향이 발생한다. 편향으로 인해 불이익을 받은 사람들에 대한 보상과 구제 메커니즘을 마련하고, 재발 방지를 위한 시스템 개선을 실시해야 한다.

AI 개발 과정에서 사각지대를 해소하고 편향을 교정하기 위한 노력은 거대 기술 기업들에게 중요한 과제이다. 마이크로소프트는 AI가 사회에 미치는 긍정적, 부정적 영향을 모두 고려하며 '책임 있는 AI' 개발을 기업의 핵심 가치로 삼았다.

마이크로소프트는 AI 편향을 줄이기 위해 내부적으로 '에이서(Aether)' 위원회를 운영했다. 이 위원회는 AI 전문가, 변호사, 인문학자, 정책 전문가 등 다양한 배경을 가진 사람들로 구성된다. AI 제품이 출시되기 전에 윤리적 위험을 검토하고, 잠재적 편향을 분석한다.

AI 시스템에서 편향이 발견되었을 때, 관련 팀은 즉각 AI를 수정하고, 해당 문제의 원인을 파악하여 시스템을 개선했다. 이러한 과정은 단순히 오류를 고치는 것을 넘어, 미래에 같은 문제가 발생하지 않도록 시스템 자체를 진화시키는 메커니즘으로 작동했다.

프라이버시 보호와 사이버 보안

AI 시스템은 대량의 개인 데이터를 수집하고 분석하므로 프라이버시 보호(Privacy Protection)가 매우 중요하다. 또한 AI 시스템 자체도 사이버 공격의 대상이 될 수 있어 견고한 보안 체계가 필요하다. 프라이버시와 보안은 신뢰할 수 있는 AI의 기본 전제 조건이다.

프라이버시 보호는 개인의 사생활 및 사적인 정보가 타인에게 노출되거나 통제 범위를 벗어나지 않도록 지키는 것이다. 개인 정보 수집의 투명성, 데이터의 익명화 및 가명화, 동의 및 통제권 보장, 해킹에 대비한 강력한 보안체계를 갖추어야 한다.

개인정보 보호의 기본 원칙을 엄격하게 준수해야 한다. 목적 제한, 최소 수집, 동의 기반 처리, 정확성 보장, 보존 기간 제한, 보안 조치 등 개인정보보호의 기본 원칙들이 AI 개발과 운영 전 과정에서 빈틈없이 확실하게 적용되어야 한다.

개인정보 보호 원칙 위반이 AI 기술과 결합했을 때 얼마나 큰 파장을 일으킬 수 있는지 보여주는 사례를 설명한다. 2010년대 중반, 케임브리지 애널리티카(Cambridge Analytica)는 '성격 테스트 앱'을 통해 페이스북 이용자 수천만 명의 개인정보를 수집했다.

이 데이터는 앱을 설치한 사람뿐 아니라, 그들의 친구 정보까지 포함했다. 사용자들은 단순히 퀴즈를 푸는 데 동의했지만, 실제로는 이 정보가 정치 성향을 분석하고 맞춤형 광고를 하는 데 활용되었다. 페이스북은 데이터 수집 과정의 허점을 방치했다.

결국 개인의 동의를 받지 않은 정보가 정치적 목적으로 무단 활용되면서 엄청난 사회적 비난과 함께 막대한 벌금을 물어야 했다. 이는 AI 시스템의 데이터 처리 과정이 투명하지 않고 통제되지 않았을 때 신뢰가 얼마나 쉽게 무너지는지를 보여주는 사례이다.

클리어뷰 AI는 구글, 페이스북, 유튜브 등 인터넷에 공개된 수십억 장의 사진을 무단으로 수집하여 안면 인식 데이터베이스를 구축했다. 이 기술은 주로 법 집행 기관에 판매되었는데, 사진 속 인물들은 자신의 얼굴이 데이터베이스에 포함되는 것에 동의하지 않았다.

이 회사는 개인정보 침해 혐의로 전 세계 여러 국가에서 법적 소송과 규제를 받게 되었다. 클리어뷰 AI 사례는 AI 시스템이 개인의 통제권을 무시하고 데이터를 무분별하게 수집했을 때, 어떤 법적, 윤리적 문제가 발생하는지 명확히 보여주고 있다.

개인정보 침해 위험을 사전에 예방하는 프라이버시 바이 디자인(Privacy by Design)을 실현해야 한다. 시스템 설계 단계부터 프라이버시를 고려하고, 기본 설정에서 개인정보를 최대한 보호하며, 사용자가 자신의 정보를 통제할 수 있도록 해야 한다.

데이터 최소화와 익명화를 적용해야 한다. 목적 달성에 필요한 최소한의 데이터만 수집하고, 가능한 경우 식별자를 호화하여 개인을 특정할 수 없도록 해야 한다. k-익명성(k-anonymity), l-다양성(l-diversity), t-근접성(t-closeness) 등의 기법[6]을 활용할 수 있다.

---

[6] k-익명성은 데이터 집합 내에서 특정 개인을 식별할 수 없도록 보장하는 가장 기본적인 모델이다. 여기서 k는 '최소한의 그룹 크기'를 의미한다. l-다양성은 '민감 정보 값의 최소 다양성'을, t-근접성은 '민감 정보 분포와 전체 데이터 분포 간의 최대 허용 거리'를 의미한다.

데이터 집합에서 개인의 정보를 식별할 수 없도록 보장하는 강력한 프라이버시 보호 기술인[7](Differential Privacy) 등의 고급 기법을 활용해야 한다. 프라이버시를 수학적으로 보장하면서도 유용한 분석 결과를 얻을 수 있는 보호 기법들을 적극 활용한다.

연합학습(Federated Learning)과 같은 분산 학습 기법을 고려해야 한다. 데이터를 중앙으로 수집하지 않고도 AI 모델을 학습시킬 수 있는 방법들을 활용하여 프라이버시 위험을 줄일 수 있다. 연합학습은 모델분배, 개별 기기학습, 모델 업데이트 공유 등의 과정을 거친다.

투명한 개인정보 처리 방침을 제공해야 한다. 어떤 데이터를 수집하고, 어떻게 사용하며, 누구와 공유하는지를 명확하고 이해하기 쉽게 설명해야 한다. 복잡한 법률 용어보다는 일반인이 이해할 수 있는 언어를 사용해야 한다.

사용자의 통제권을 보장해야 한다. 이 통제권을 잃게 되면 프라이버시 침해, 신뢰 상실, 책임 회피 등의 문제가 발생한다. 따라서 개인이 자신의 데이터에 대해 접근, 수정, 삭제, 이동 등의 권리를 행사할 수 있도록 기술적, 절차적 수단을 제공해야 한다.

AI 시스템은 데이터 유출 및 오염, 모델 탈취 및 변조, 새로운 공격방식의 취약점이 있어, 견고한 사이버 보안 체계를 구축해야 한다. AI 시스템에 대한 사이버 공격, 데이터 유출, 모델 탈취 등을 방지하기 위한 다층적 보안 체계를 구축하고 지속적으로 업데이트해야 한다.

---

7) 차분 프라이버시 차분 프라이버시는 통계적 분석을 할 때 각 개인의 데이터에 무작위의 노이즈를 추가한다. 이 노이즈는 전체 데이터의 통계적 패턴을 크게 바꾸지 않으면서도, 특정 개인의 정보가 드러나는 것을 막아준다. 즉, 공격자가 특정 개인의 데이터를 분석에서 제외해 보더라도 그 차이를 알아차리기 어려워, 개인의 정보가 노출되지 않도록 하는 것이다.

AI의 핵심은 데이터이므로, 데이터의 안전과 신뢰성을 최우선으로 확보해야 한다. 데이터의 저장 및 전송 과정에서 강력한 암호화를 하고, 데이터 접근 권한을 최소한으로 제안하고, 학습 데이터가 오염되거나 변조되지 않도록 입력단계부터 검증하고 모니터링해야 한다.

AI모델 자체를 표적으로 하는 공격에 대비해야 한다. AI모델을 안전 저장소에 보관하여 탈취를 방지하고, 적대적 학습 기술[8]을 적용하여 견고성을 높이고, 모델이 예측 불가능한 결과를 내놓거나 비정상적인 패턴을 보일 경우 즉시 감지할 수 있는 시스템을 구축해야 한다.

AI 시스템이 구동되는 전체 환경에 대한 보안을 강화해야 한다. AI 모델 개발 초기 단계부터 보안 취약점을 점검하고, 보안 코딩 가이드라인을 준수한다. 방화벽, 침입 방지 시스템(IPS) 등을 구축하여 외부의 무단 접근을 차단하고, 정기적인 보안 감사를 실시한다.

---

8) 적대적 학습(Adversarial Training)은 AI 모델을 적대적 공격'에 강하게 만드는 훈련 기법이다. 이는 AI 시스템의 취약점 중 하나인 '모델 변조 공격'에 대비하기 위해, AI 스스로가 공격에 익숙해지고 이를 방어하는 방법을 배우게 하는 훈련 방식이다. 적대적 학습은 마치 AI 모델이 스스로를 공격하는 모의 훈련을 반복하는 것과 같다.

[출처_wikipedia.org]

페이페이 리
Fei-Fei Li (Stanford HAI Co-Director)

AI는 도구다. 그 도구가 담는 가치는 결국 인간의 가치다.

"AI is a tool, and its values are human values."

| 제10장

책임감 있는
투명한 AI 개발

> **AItelling**
>
> 책임감 있는 AI 개발을 위해서는 체계적인 윤리검토 프로세스가 필요하다. 이를 통해 잠재적 위험을 사전에 방지할 수 있다. AI 시스템은 배포 후에도 지속적인 모니터링이 필요하다. 시간이 지나면서 성능이 저하되거나 새로운 편향이 나타나거나 예상치 못한 부작용이 발생할 수 있기 때문이다. 또한 참여 결과의 반영과 피드백을 반드시 제공해야 한다.

체계적 윤리검토 프로세스

책임감 있는 AI 개발을 위해서는 체계적인 윤리검토 프로세스가 필요하다. 이는 AI 프로젝트의 기획 단계부터 배포 후 운영까지 전 생명주기에 걸쳐 윤리적 이슈들을 식별하고 해결하는 꼭 필요한 구조화된 접근법이다. 이를 통해 잠재적 위험을 사전에 방지할 수 있다.

윤리 검토위원회의 구성이 첫 단계다. 다양한 전문 분야(AI 기술, 윤리학, 법학, 사회학, 해당 도메인 등)와 배경을 가진 내외부 전문가들로 구성된 독립적 검토위원회를 설립해야 한다. 위원회의 독립성과 전문성이 보장되어야 효과적인 검토가 가능하다.

2019년, 구글은 AI 윤리 문제에 대한 조언을 구하기 위해 기술 전문가, 학자, 정책가 등 여러 분야의 외부 인사들로 구성된 'AI 윤리 자문위원회'를 설립한다고 발표했다. 이는 책임감 있는 AI 개발을 위해 독립적인 윤리 검토위원회를 두겠다는 취지였다.

하지만 발표 직후, 위원회 구성에 대한 거센 비판에 직면했다. 일부 위원이 편향적이거나 논란이 있는 발언을 한 전력이 있었기 때문이다. 이는 위원회의 다양성과 독립성에 대한 심각한 의문을 제기했다. 구글 내부 직원들은 위원회 구성에 반발하며 공개적으로 항의했다.

결국, 위원회에 합류하기로 했던 일부 인사들이 사퇴했고, 위원회는 제대로 활동을 시작해보지도 못한 채 설립 며칠 만에 해체되고 말았다. 이 사례는 윤리 검토 프로세스의 첫 단계인 '윤리 위원회 구성'이 얼마나 중요한지를 명확하게 보여주었다.

아무리 좋은 의도였더라도, 위원회의 전문성과 독립성이 보장되지 않고 다양한 배경의 이해관계자들이 납득할 수 없는 방식으로 구성된다면, 결코 신뢰를 얻지 못한다. 전체 윤리 시스템 자체가 신뢰를 잃고 붕괴할 수 있다는 것을 극명하게 증명한 셈이다.

단계별 검토 체크포인트를 설정해야 한다. 프로젝트 기획, 데이터 수집, 모델 개발, 검증, 배포, 운영 등 각 단계마다 윤리적 검토를 실시하는 게이트를 설정해야 한다. 문제가 발견되면 다음 단계로 진행하기 전에 반드시 해결해야 한다.

윤리 영향 평가(Ethics Impact Assessment)[1]를 수행해야 한다. 대규모 개발 프로젝트 시행전 환경 영향 평가와 유사하게, AI 시스템이 개인과 사회에 미칠 수 있는 윤리적 영향을 사전에 체계적으로 평가해야 한다. 긍정적 영향과 부정적 영향을 모두 고려해야 한다.

이해관계자 분석과 참여를 반드시 실시해야 한다. AI 시스템의 영향을 받을 수 있는 모든 이해관계자들을 빠르게 식별하고, 이들의 관점과 우려사항을 경청하여 청취해야 한다. 특히 취약계층이나 소외집단의 목소리를 적극적으로 수렴하여 그들의 권리를 보장해야 한다.

위험 평가와 완화 방안을 체계적으로 수립해야 한다. 식별된 윤리적 위험들에 대해 발생 가능성과 영향 정도를 정확히 평가하고, 우선순위에 따

---

[1] 윤리영향평가(Ethics Impact Assessment)는 AI 시스템이 개인과 사회에 미칠 수 있는 윤리적 위험과 긍정적 영향을 체계적으로 평가하는 과정이다. 마치 환경영향평가가 개발 사업의 환경적 영향을 사전에 분석하듯이, 윤리영향평가는 기술의 윤리적 영향을 분석하는 역할을 한다. 주요 평가요소는 목적 및 목표, 데이터, 알고리즘 및 모델, 사회적 영향, 거버넌스 및 책임 등이다.

라 실현 가능한 완화 방안을 수립해야 한다. 위험을 완전히 제거할 수 없다면 허용 가능한 수준까지 반드시 줄여야 한다.

문서화와 추적가능성을 반드시 보장해야 한다. 윤리 검토 기록 과정과 그 결과, 그리고 의사결정 추적 근거 등을 상세히 문서화하고, 나중에 필요할 때 언제든지 추적하고 검토할 수 있도록 해야 한다. 이는 책임 소재 규명과 투명성 확보, 재발 방지에 매우 필수적이다.

현실 세계의 변화, 예상치 못한 편향, 사용자 피드백 등으로 지속적 모니터링 체계를 구축해야 한다. 일회성 검토로 끝나는 것이 아니라 시스템 운영 중에도 윤리적 이슈들을 지속적으로 모니터링하고 필요시 개선 조치를 취할 수 있는 체계가 필요하다.

객관성 확보, 신뢰성 증진, 숨겨진 위험 발견을 위해서 외부 감사와 인증을 받아야 한다. 내부 검토만으로는 한계가 있으므로 독립적 외부 기관의 감사와 인증을 받는 것이 신뢰성을 높인다. 국제적으로 인정받는 AI 윤리 인증 체계를 활용할 수 있다.

다양한 이해관계자 참여

AI 시스템의 개발과 배포는 다양한 이해관계자들에게 영향을 미친다. 따라서 개발 과정에서 이들의 의견을 적극적으로 수렴하고 반영하는 것이 책임감 있는 AI 개발의 핵심이다. 이는 단순한 의견 수렴을 넘어 진정한 참여와 협력을 의미한다.

이해관계자 맵핑(Stakeholder Mapping)과 분석[2]이 필요하다. 직접적 영향을 받는 사용자부터 간접적 영향을 받는 사회 전체까지, AI 시스템과 관련된 모든 이해관계자들을 체계적으로 식별하고 분류해야 한다. 각 집단의 이해관계와 영향력도 분석해야 한다.

이와 관련된 대표적인 성공 사례는 주요 기술 기업들이 모여 설립한 인공지능을 위한 파트너십(The Partnership on AI, PAI)이다. PAI는 구글, M/S, 아마존, 페이스북, 애플 등이 설립한 비영리 단체이다. PAI는 AI의 영향을 받는 모든 집단을 이해관계자로 정의했다.

PAI는 일방적인 발표가 아닌, 각 그룹의 특성에 맞는 다양한 방식으로 의견을 수렴했다. 작업그룹의 토론 진행, 공개 워크숍 및 포럼 개최, 보고서 및 백서를 발간했다. PAI 사례는 AI 시스템이 사회 전체에 미치는 영향을 고려하여 모든 이해관계자를 체계적으로 포함시켰다.

참여 전략과 방법론을 반드시 수립해야 한다. 이해관계자별로 적합한 참여 방법이 모두 다르기 때문이다. 전문가에게는 심층적인 기술적 세미나를, 일반 시민에게는 공청회나 설문조사를, 취약계층에게는 특별한 배려가 담긴 맞춤형 참여 프로그램을 제공해야 한다.

조기 참여와 지속적 참여를 반드시 보장해야 한다. 시스템이 거의 완성된 후에 의견을 구하는 것은 진정한 참여가 될 수 없다. 기획 단계부터 이해관계자들이 참여할 수 있도록 하고, 개발 과정 전반에 걸쳐 지속적으로 소통하는 것이 매우 중요하다.

---

[2] 이해관계자 맵핑과 분석은 복잡한 환경에서 갈등을 예방하고, 신뢰를 구축하며, 프로젝트 성공 가능성을 높이는 리더의 필수적인 전략 도구이다. 어떤 일이 성공하기 위해 누가 관련되어 있고, 그들이 얼마나 중요한가를 파악하는 작업이다.

권력 불균형과 참여 장벽을 반드시 해소해야만 한다. 모든 이해관계자가 동등하게 의견을 자유롭게 표현할 수 있도록 권력 불균형을 조정하고, 언어, 기술, 경제적 장벽을 완전히 제거해야 한다. 필요시 통역, 교육, 교통비 지원 등을 적극적으로 제공할 수 있다.

다양한 관점과 경험을 반드시 수용해야 한다. 기술 전문가의 관점만이 아니라 사용자 경험, 사회적 영향, 윤리적 우려 등 다양한 관점을 존중하고 의사결정에 적극 반영해야 한다. 때로는 기술적 최적화보다 사회적 가치를 훨씬 더 우선할 수도 있다.

갈등과 이해관계 충돌을 건설적으로 반드시 관리해야 한다. 서로 다른 이해관계자들 사이에 갈등은 언제든지 발생할 수 있다. 이를 회피하기보다는 열린 대화를 통해 함께 해결책을 모색하고, 필요시 전문가의 중재나 조정 프로세스를 적극적으로 활용해야 한다.

참여 결과의 반영과 피드백을 반드시 제공해야 한다. 이해관계자들의 의견이 어떻게 의사결정에 반영되었는지, 혹은 반영되지 않았다면 그 이유는 무엇인지를 투명하게 공개해야 한다. 이는 참여의 진정성을 보여주고 신뢰를 쌓는 매우 중요한 요소다.

참여 역량 강화를 적극적으로 지원해야 한다. 일반 시민들이 AI 기술에 대해 충분히 이해하고 의미 있는 의견을 제시할 수 있도록 교육과 필요한 정보 제공을 해야 한다. 시민 패널이나 합의회의 등의 숙의 민주주의 방법론을 적극 활용하여야 한다.

체계적 위험 평가와 관리

AI 시스템은 다양한 위험을 수반한다. 기술적 위험, 윤리적 위험, 사회적 위험, 경제적 위험 등이 복합적으로 나타날 수 있다. 체계적인 위험 평가와 관리는 책임감 있는 AI 개발의 핵심 요소이고, 기술적 성공을 넘어 사회적 신뢰를 확보하는데 필수적인 과제이다.

포괄적 위험 분류 체계를 구축해야 한다. AI 위험을 기술적 위험(오류, 해킹, 시스템 장애), 윤리적 위험(편향, 차별, 프라이버시 침해), 사회적 위험(일자리 대체, 사회 분열), 경제적 위험(시장 조작, 불공정 경쟁) 등으로 체계적으로 분류해야 한다.

위험 식별과 분석 방법론을 개발해야 한다. 잠재적 위험을 사전에 관리하는 유용한 도구인 FMEA[3](Failure Mode and Effects Analysis), 시나리오 분석, 델파이 기법 등 다양한 위험 분석 방법론을 AI 특성에 맞게 적용하여 잠재적 위험을 체계적으로 식별해야 한다.

위험의 확률과 영향도를 평가해야 한다. 이는 매우 중요한 단계다. 식별된 위험들에 대해 발생 가능성과 발생시 영향의 크기를 정량적 또는 정성적으로 정확하게 평가해야 한다. 이를 바탕으로 종합적인 위험 매트릭스를 작성하여 효율적인 우선순위를 설정할 수 있다.

단기적 위험(기술적 오류, 데이터 편향, 보안문제)과 장기적 위험(초지능 통제문제, 사회구조 변화, 인간 정체성 및 가치변화)을 구분해야 한다. 기

---

3) 잠재적 실패 모드와 그 영향에 대해 체계적으로 분석하고, 위험을 평가하여 예방 조치를 취하는 데 사용되는 분석 기법이다. 이는 제품, 공정, 시스템의 설계 단계부터 발생 가능한 문제점을 사전에 예측하고 해결함으로써, 신뢰성을 높이고 비용을 절감하는 데 목적이 있다.

술 수준에서 발생할 수 있는 위험과 미래 AI 기술 발전에 따라 나타날 수 있는 위험을 구분하여 대응 전략을 수립해야 한다.

위험 완화 전략을 체계적으로 수립해야 한다. 위험 회피, 위험 완화, 위험 전가, 위험 수용 등 다양한 전략을 구체적인 상황에 맞게 적용해야 한다. 기술적 해결책, 정책적 대안, 그리고 거버넌스 개선 등을 모두 종합적으로 고려해야 한다.

비상계획(Contingency Plan)을 반드시 준비해야 한다. 예상치 못한 위험이 현실화되었을 때 신속하고 효과적으로 대응할 수 있는 구체적인 비상계획을 미리 수립해야 한다. 커뮤니케이션 계획, 시스템 정지 절차, 피해 복구 방안 등을 포괄적으로 포함해야 한다.

지속적 위험 모니터링(공정성, 안전성, 신뢰성의 장기 유지)을 실시해야 한다. AI 시스템 운영 중에도 새로운 위험이 나타나거나 기존 위험의 양상이 변할 수 있다. 실시간 모니터링 시스템을 구축하여 위험 신호를 조기에 감지하고 대응해야 한다.

위험 정보의 적극적인 공유와 협력이 필요하다. 조직 내부뿐만 아니라 업계, 학계, 정부와 위험 정보를 투명하게 공유하고 효과적인 공동 대응 방안을 모색해야 한다. AI 위험은 결코 한 조직만의 문제가 아니라 범국가적인 사회 전체의 문제이기 때문이다.

AI 시스템의 포괄적 위험 분류 및 관리는 기술 기업의 핵심 과제가 되었다. 이와 관련하여 가장 체계적이고 성공적인 사례로 마이크로소프트의 '책임 있는 AI(Responsible AI)' 프레임워크를 들 수 있다. M/S는 AI 위험을 광범위한 사회적·윤리적 문제로 인식해다.

M/S는 AI 시스템에 대한 '위험 관리 체크리스트'를 만들어 개발팀이 잠재적 위험을 다각도로 분석하도록 했다. 이 체크리스트는 기술적, 윤리적, 사회적, 경제적 위험으로 분류하고 특정 위험만 보는 것이 아니라 AI가 초래할 수 있는 모든 잠재적 위험을 고려했다.

M/S는 AI시스템 개발 단계별로 위험을 평가하는 '게이트(Gate)'를 설정했다. '에이서(Aether)'라는 AI윤리위원회를 운영하여, 고위험 AI 프로젝트에 대해 각계 전문가들의 독립적인 윤리 검토를 받도록 했고, '책임 있는 AI표준(Responsible AI Standard)'을 제공했다.

이러한 체계적인 접근법은 AI가 출시되기 전에 잠재적 위험을 선제적으로 발견하고 해결하는 데 큰 도움이 되었다. 마이크로소프트의 사례는 AI 위험 관리가 기술적 성공뿐만 아니라, 사회적 신뢰를 확보하는 핵심적인 경쟁력이라는 것을 보여준 성공적인 사례이다.

지속적 모니터링과 재학습

AI 시스템은 배포 후에도 지속적인 모니터링이 필요하다. 시간이 지나면서 성능이 저하되거나 새로운 편향이 나타나거나 예상치 못한 부작용이 발생할 수 있기 때문이다. 지속적 모니터링은 AI 시스템의 안전성과 효과성을 보장하는 핵심 메커니즘이다.

성능 모니터링 체계를 구축해야 한다. 정확도, 정밀도, 재현율 등 기술적 성능지표를 지속적으로 추적하고, 성능저하가 감지되면 원인을 분석하고 신속한 개선 조치를 취해야 한다. 데이터와 모델의 변화를 감지하는 드리프트 감지 알고리즘을 효과적으로 활용할 수 있다.

공정성 모니터링을 정기적으로 실시해야 한다. 다양한 인구 집단에 대한 AI 시스템의 성능과 결과를 주기적으로 분석하여 편향이나 차별이 나타나지 않는지 꼼꼼하게 확인해야 한다. 새로운 형태의 편향이 지속적으로 나타날 수 있으므로 더욱 주의깊게 관찰해야 한다.

사용자 피드백과 불만사항을 반드시 수집해야 한다. 사용자들의 경험과 만족도, 문제점과 개선 요구사항을 종합적이고 체계적으로 수집하고 분석해야 한다. 고객 서비스, 설문조사, 소셜미디어 모니터링 등 다양한 채널을 유기적으로 활용할 수 있다.

사회적 영향을 지속적으로 모니터링해야 한다. AI 시스템이 사회에 미치는 광범위한 영향을 정기적으로 추적하고 평가해야 한다. 고용, 교육, 의료, 사법 등 각 영역에서의 변화를 꼼꼼하게 모니터링하고 의도하지 않은 부정적인 부작용이 있는지 주의 깊게 확인해야 한다.

규제 준수 상황을 점검해야 한다. 점검 방법에는 내부감사, 외부 컨설팅, 지속적인 업데이트 등이 있다. 관련 법규와 가이드라인의 준수 상황을 정기적으로 점검하고, 새로운 규제나 가이드라인이 발표되면 이에 맞게 시스템을 업데이트해야 한다.

이상 징후 탐지 시스템을 구축해야 한다. AI 시스템의 비정상적 동작이나 예상치 못한 패턴을 자동으로 감지할 수 있는 시스템을 구축해야 한다. 머신러닝 기법을 활용한 이상 탐지 알고리즘을 사용할 수 있다. 잠재적인 위험을 사전에 파악하여 피해를 최소화해야 한다.

정기적 감사와 리뷰를 실시해야 한다. 내부 감사팀이나 외부 전문기관을 통해 AI 시스템의 전반적인 상태를 체계적으로 정기적으로 점검받아야 한다. 기술적 측면뿐만 아니라 사회적, 윤리적, 법적 측면도 종합적이고 포괄적으로 검토해야 한다.

개선 조치와 업데이트를 실시해야 한다. 모니터링을 통해 발견된 문제점들을 신속하게 개선하고, 필요시 시스템을 업데이트하거나 재학습시켜야 한다. 개선 조치의 효과도 지속적으로 평가해야 한다. 이것은 AI 시스템이 안정적으로 작동하도록 보장하는 필수 운영과정이다.

데이터나 환경이 변해 모델의 성능이 저하되는 '데이터 드리프트(Data Drift)' 현상이 발생한다. 이를 잘 관리한 성공사례(넷플릭스(Netflix)의 추천 알고리즘)와 그렇지 못한 실패 사례(질로우(Zillow)의 '아이바이어(iBuyer)' 사업)를 통해 그 중요성을 알 수 있다.

미국의 부동산 정보 기업 질로우(Zillow)는 AI를 활용해 주택 가격을 예측하고 자동으로 매입, 판매하는 '아이바이어(iBuyer)' 사업을 야심차게 추진했다. 질로우의 AI 모델은 과거 데이터를 기반으로 주택 가격을 정확하게 예측했다.

하지만 코로나19 팬데믹 이후 주택 시장의 변동성이 급격히 커지면서, 모델이 예측하지 못한 새로운 데이터 패턴이 나타났다. 모델의 예측 정확도가 급격히 떨어지면서 질로우는 실제 시장 가치보다 훨씬 비싼 가격에 주택을 사들이는 손실을 입었다.

결국 2021년, 질로우는 약 4천억 원의 손실을 입었고, '아이바이어' 사업을 철수해야 했다. 이는 AI 모델에 대한 지속적인 모니터링과 재학습이 얼마나 중요한지 보여주는 가장 명확한 실패 사례이다. 이 회사는 AI 모델 대신, 부동산중개플랫폼이라는 본업으로 회귀했다.

넷플릭스는 AI 모델의 성능을 지속적으로 모니터링하여 성공을 유지하는 대표적인 기업이다. 넷플릭스는 수억 명의 사용자가 시청하는 콘텐츠, 시청 시간, 평점 등 방대한 행동 데이터를 실시간으로 수집하고 분석한다. 사용자의 시청 패턴이 달라지면, 즉시 대응을 한다.

넷플릭스는 이 변화를 포착해 추천 알고리즘을 신속하게 재학습시킨다. 이를 통해 사용자의 변하는 취향에 맞춰 항상 관련성 높은 콘텐츠를 추천하고, 서비스의 정확성과 사용자 만족도를 꾸준히 유지할 수 있었다. 지속적 모니터링의 효과성을 보장하는 성공적 사례이다.

[출처_wikipedia.org]

일론 머스크
Elon Musk (Tesla & SpaceX CEO)

명심하라. AI는 핵보다 더 위험할 수 있다.
그래서 규제가 필요하다.

"Mark my words —
A.I. is far more dangerous than nukes.
That is why regulation is needed."

다양한 이해 관계자 참여

▌이해관계자 맵핑과 분석
- 직접적 영향: 사용자
- 간접적 영향: 사회 전체
- 체계적 식별 및 분류

▌성공 사례: Partnership on AI (PAI)
- 설립 기업: 구글, MS, 아마존, 페이스북, 애플
- 이해관계자: AI 영향 받는 모든 집단

다양한 참여 방식
- 작업그룹 토론
- 공개 워크샵 및 포럼
- 보고서 및 백서 발간

▌참여 전략과 방법론
- 전문가: 심층 기술 세미나
- 일반 시민: 공청회 및 설문조사
- 취약계층: 맞춤형 참여 프로그램

▌참여의 핵심 원칙

1. 조기 참여와 지속적 참여
   - 기획 단계부터 참여 보장
2. 권력 불균형 해소
   - 동등한 의견 표현 보장
   - 언어, 기술, 경제적 장벽 제거
3. 다양한 관점 수용
   - 사용자 경험, 사회적 영향, 윤리적 우려 반영
4. 갈등 관리
   - 열린 대화를 통한 건설적 해결
5. 참여 결과 반영과 피드백
   - 의사결정 반영 상황 투명하게 공개
6. 참여 역량 강화
   - AI 기술 이해를 위한 교육 제공
   - 시민 패널, 합의 회의 등 숙의 민주주의 활용

제11장

AI 전환에 따른 사회적 영향과 책임

> **AItelling**
>
> AI 기술의 발전은 노동 시장에 근본적인 변화를 가져올 것이다. 일부 일자리는 자동화로 인해 감소하거나 사라지겠지만, 동시에 새로운 형태의 일자리도 창출될 것이다. AI 기술의 확산은 디지털 격차를 확대시킬 위험이 있다. AI 기술의 사회적 수용성을 높이고 지역사회의 발전에 실질적으로 기여하기 위해서는 지역사회와의 긴밀한 협력이 무엇보다 필요하다.

일자리 변화에 대한 효율적 대응

AI 기술의 발전은 노동 시장에 근본적인 변화를 가져올 것이다. 일부 일자리는 자동화로 인해 감소하거나 사라지겠지만, 동시에 새로운 형태의 일자리도 창출될 것이다. AI 리더는 이러한 변화를 예측하고 구성원들이 성공적으로 적응할 수 있도록 지원해야 한다.

일자리 변화의 양상을 정확히 분석해야 한다. 단순히 일자리가 사라진다는 이분법적 사고를 넘어, 어떤 업무는 자동화되고 어떤 업무는 인간이 계속 담당하며, 어떤 새로운 업무가 생겨날 것인지를 매우 구체적으로 분석해야 한다.

점진적이고 인도적인 전환(자연감원, 전환배치, 재교육 및 역량강화, 내부 소통강화)을 추진해야 한다. 급작스러운 대량 해고보다는 자연 감원, 전환 배치, 재교육을 통한 점진적 전환을 추구해야 한다. 구성원들이 변화에 적응할 충분한 시간과 지원을 제공해야 한다.

재교육과 스킬 업그레이드 프로그램을 운영해야 한다. 기존 직원들이 새로운 역할에 필요한 역량을 개발할 수 있도록 체계적인 교육 프로그램을 제공해야 한다. AI 도구 활용법, 데이터 분석, 창의적 사고, 대인관계 기술 등이 포함될 수 있다.

인간-AI 협업 모델을 개발해야 한다. AI가 인간을 완전히 대체하기보다는 인간과 협력하여 더 나은 결과를 만들어내는 모델을 추구해야 한다. 인간의 창의성과 판단력, AI의 분석력과 처리 능력을 결합하는 방안을 모색해야 한다.

새로운 일자리 창출에 기여해야 한다. AI 도입으로 인한 효율성 증대와 비용 절감을 새로운 사업 영역 개척이나 서비스 품질 향상에 투자하여 새로운 고용 기회를 창출해야 한다. 이를 위해 AI 보조업무 신설, 새로운 서비스 개발, 인간 고유의 역할 강화 등의 방안이 있다.

사회적 안전망 구축에 참여해야 한다. 기업 차원에서는 전환 기간 동안의 생활 안정 지원, 재취업 지원, 심리적 상담 등을 제공해야 한다. 사회 차원에서는 보편적 기본소득, 직업 훈련 프로그램 등의 논의에 건설적으로 참여해야 한다.

투명한 소통과 참여를 보장해야 한다. 일자리 변화 계획과 지원 방안을 투명하게 공개하고, 구성원들과 노동조합이 의사결정 과정에 참여할 수 있도록 해야 한다. 불신 확산, 소문, 변화에 대한 저항, 불안감과 오해를 줄이는 것이 중요하다.

장기적 관점의 인력 계획을 수립해야 한다. 단기적 비용 절감에만 집중하지 말고, 조직의 지속가능한 발전을 위한 장기적 인력 전략을 수립해야 한다. 인간의 고유한 가치와 AI의 장점을 모두 활용하는 방향으로 나아가야 한다.

AI 기술의 발전은 일자리를 단순히 없애는 것이 아니라, 업무의 성격을 바꾸고 새로운 역할을 창출하는 복합적인 변화를 가져온다. 이러한 변화를 성공적으로 예측하고 대응한 사례와 그렇지 못한 사례는 리더의 역할이 얼마나 중요한지 보여주고 있다.

미국의 대표적인 의료 서비스 기업 카이저 퍼머넌트(Kaiser Permanente)는 AI를 활용해 직원들의 역할을 재정의하여 성공을 거두었다. 의료 분야에서 간호사, 의사 등 전문 인력은 행정 업무에 많은 시간을 할애한다. 이로인해 환자에게 집중할 시간을 빼앗긴다.

카이저 퍼머넌트는 AI 기반 자동화 시스템을 도입해 환자 데이터 입력, 스케줄 관리, 진료 기록 정리와 같은 반복적인 행정 업무를 자동화했다. 이 기술은 인력을 감축하는 대신, 간호사와 의사들이 환자와 더 많은 시간을 보내고, 고도의 전문성을 발휘할 수있게 도왔다.

이 사례는 AI가 인간의 일자리를 대체하는 것이 아니라, 인간의 능력을 증강(augment)하여 더 가치 있는 업무에 집중하게 만들 수 있음을 보여준 사례이다. 인간의 뇌와 인공지능의 뇌고 결합한 듀얼 브레인의 협업 모델이다. 향후, 이러한 모델이 증가할 것이다.

필림 회사 코닥(Kodak)은 기술 변화의 파장을 정확히 예측하고 대응하는 데 실패한 가장 상징적인 사례이다. 코닥은 1975년 세계 최초로 디지털카메라를 개발했지만, 디지털 기술이 필름 카메라 시장을 완전히 대체할 것이라는 점을 인정하지 않았다.

그들은 필름과 인화 사업에 대한 기존의 이익 모델에 안주했다. 코닥의 리더십은 디지털 기술이 '사진 찍는 행위' 자체를 넘어, 인류의 경험과 문화를 근본적으로 바꿀 것이라는 변화의 양상을 정확히 분석하지 못했다. 결국 코닥은 변화에 뒤처져 파산에 이르게 되었다.

이 사례는 AI 시대의 리더가 기존 사업 모델을 맹신하고 기술 변화를 외면할 때, 기업과 구성원들이 겪을 수 있는 치명적인 결과를 보여주었다. 시대 변화에 민첩하게 적응하고, 혁신을 하지 않으면 도태된다. 특히 AI 대전환 시대에는 지속적인 모니터링이 필요한 이유이다.

디지털 기술 확산과 격차 해소

AI 기술의 확산은 디지털 격차를 확대시킬 위험이 있다. AI에 접근할 수 있는 사람과 그렇지 못한 사람 사이의 격차가 벌어지면 사회적 불평등이 심화될 수 있다. AI 리더는 이러한 격차를 해소하고 AI의 혜택이 모든 사람에게 돌아갈 수 있도록 노력해야 한다.

디지털 격차(digital divide)의 다차원적 양상을 이해해야 한다. 단순한 기술 접근성뿐만 아니라 디지털 리터러시, 경제적 여건, 지리적 위치, 연령, 교육 수준 등 아주 다양한 요인이 복합적으로 작용한다. 각 차원별로 세심한 맞춤형 해결책이 필요하다.

AI 도구와 서비스의 접근성을 개선해야 한다. 비용 장벽을 낮추고, 사용하기 쉬운 인터페이스를 제공하며, 다양한 언어와 문화를 지원하는 등 더 많은 사람들이 AI 기술을 활용할 수 있도록 해야 한다. AI의 혜택이 모든 사람에게 공평하게 돌아가도로고 해야 한다.

기술적 민주화의 핵심인 디지털 리터러시 교육을 확대해야 한다. 기술에 접근할 수 있어도 이를 효과적으로 활용할 능력이 없다면 격차는 해소되지 않는다. 다양한 대상에게 맞춤형 디지털 교육 프로그램을 보다 적극적으로 제공해야 그 효과를 높일 수 있다.

취약계층을 위한 프로그램을 운영해야 한다. 노인, 장애인, 저소득층, 농어촌 지역 주민 등 상대적으로 취약한 계층이 AI 혜택에서 소외되지 않도록 특별한 지원이 필요하다. 키오스크, 스마트폰의 접근성, 음식인식 기능, 큰 글씨 모드 등의 포용 서비스 개발을 해야 한다.

공공-민간 파트너십을 활용해야 한다. 디지털 혁신에 수반되는 디지털 격차 해소 문제는 동전의 양면이다. 정부, 기업, 시민사회가 협력하여 디지털 격차 해소에 나서야 한다. 각자의 강점을 활용한 역할 분담과 협력이 효과적이다.

지역 커뮤니티와의 협력을 강화해야 한다. 중앙집권적 접근보다는 지역사회의 특성과 필요에 맞는 맞춤형 프로그램을 개발하고 운영하는 것이 더 효과적일 수 있다. 지역 커뮤니티 참여, 지역 특성에 맞는 맞춤형 솔루션 개발, 지역 인재 양성의 협력 강화 방안이 있다.

오픈소스와 공개 데이터를 활용해야 한다. 특정 기업이나 조직이 독점하는 기술보다는 누구나 접근하고 활용할 수 있는 오픈소스 AI 도구와 공개 데이터셋을 확대하여 진입장벽을 낮춰야 한다. AI 기술이 소수에게 머물지 않고, 사회 전체의 혁신을 이끌어야 한다.

지속가능한 비즈니스 모델을 개발해야 한다. 단순한 자선 사업이 아니라 경제적으로도 지속가능하면서 사회적 가치도 함께 창출하는 비즈니스 모델을 개발하여 디지털 혁신과 함께 디지털 격차 해소를 위한 지속적인 노력이 가능하도록 해야 한다.

디지털 기술의 확산과 격차는 양면의 동전과 같다. 디지털, AI 전환이 빨라지면 사회 전체적으로 격차는 커진다. 개인, 조직, 기업별로 기술 격차해소를 위한 노력을 사회적 관점에서 펼쳐 나가야 한다. AI 리터리시도 이러한 차원에서 보다 체계적인 교육으로 강화해야 한다.

필자가 서울디지털재단 이사장으로 재직 중에 노년층 어르신들의 디지털 격차해소를 위해 '어디나 지원단' 시스템을 구축하여 다양한 교육장에서 1;1로 매칭교육을 심도있게 진행했다. 선발된 어르신 강사가 또래 나이의 어르신을 지도학습하여 성공적인 사례를 만들었다.

마이크로소프트는 AI 기술이 장애를 가진 사람들을 소외시키지 않고, 오히려 그들의 삶을 돕는 데 사용될 수 있도록 노력했다. 시각 장애인, 청각 장애인, 운동 장애인 등은 디지털 정보에 접근하는 데 큰 어려움을 겪고 있다고 인식하고 대응책을 내놓았다.

마이크로소프트는 AI가 가진 잠재력을 활용하여 '접근성을 위한 AI' 프로그램을 추진했다. 대표적인 예로 'Seeing AI' 앱이 있다. 이 앱은 시각 장애인이 스마트폰 카메라를 비추면 AI가 주변 사물, 사람의 표정, 텍스트 등을 음성으로 설명해준다.

이 사례는 기술 보급이라는 단편적인 접근을 넘어, AI가 특정 계층의 삶의 질을 직접적으로 향상시키는 맞춤형 솔루션이 될 수 있음을 보여주었다. 이는 디지털 격차의 다차원적 양상을 이해하고 해결하려 한 성공적인 노력의 결실이자, 디지털 격차해소의 우수 사례이다.

많은 기업이 비용 절감을 위해 고객 응대 시스템을 AI 기반의 챗봇이나 음성 봇으로 전환하고 있다. AI 챗봇은 단순하고 반복적인 문의를 처리하는 데 효율적이다. 그러나 이 시스템은 디지털 리터러시가 낮은 노년층이나 복잡한 문제를 가진 사용자에게는 큰 장벽이다.

사용자가 디지털 기기에 해결책을 찾지 못하면 이는 결국 AI에 대한 사회적 소외감을 심화시킨다. 이 사례는 AI 리더가 비용 효율성만을 우선하고 사용자층의 다양성과 필요를 고려하지 않았을 때, 기술이 오히려 기존의 디지털 격차를 확대시킬 수 있음을 보여준다.

사회적 가치 창출의 기여

AI 기술은 단순한 효율성 향상을 넘어 사회적 문제 해결과 가치창출에 실질적으로 기여할 수 있다. 환경보호, 의료혜택 확대, 교육기회 제공, 사회적 약자지원 등 다양한 영역에서 AI의 영향을 적극적으로 극대화해야 한다. 이는 지속가능한 미래를 위한 필수적인 노력이다.

더 나은 세상을 만들기 위해 사회적 문제 해결을 위한 AI 활용 방안을 다각도로 모색해야 한다. 기후 변화, 질병 퇴치, 교육 불평등, 도시 문제, 식량 안보 등 인류가 직면한 주요 과제들을 최신 AI 기술로 해결할 수 있는 방안을 적극적으로 연구하고 개발해야 한다.

공공선을 위한 AI 프로젝트를 지속적으로 추진해야 한다. 단순한 수익성만을 고려하지 말고 사회적 영향과 공익을 균형 있게 함께 고려하는 프로젝트를 기획하고 실행해야 한다. 이는 기업의 사회적 책임을 충실히 다하는 매우 중요한 방법이다.

사회문제 해결에 경험을 가진 시민사회 및 비영리단체(NGO)와의 협력을 확대해야 한다. 현장에서 사회 문제를 직접 다루고 있는 시민사회 단체들과 긴밀히 협력하여 AI 기술을 사회 문제 해결에 보다 효율적으로 활용하는 방안을 모색해야 한다. 이것이 효과적인 접근이다.

접근 가능하고 포용적인 AI 서비스를 개발해야 한다. 장애인, 노인, 소외계층도 쉽게 사용할 수 있는 AI 서비스를 개발하여 기술의 혜택이 모든 사람에게 골고루 돌아가도록 해야 한다. 포용적 디자인, 접근성 강화, 맞춤형 교육 및 지원 등의 개선 방안이 있다.

환경적 지속가능성을 고려해야 한다. AI 기술 자체의 환경 영향을 최소화하고, AI를 활용하여 환경 문제 해결에 기여하는 방안을 모색해야 한다. 대규모 언어모델(LLM)을 학습하는데 막대한 전력이 소모된다. 탄소 발자국 감축, 에너지 효율성 향상 등이 포함된다.

데이터와 AI 기술의 민주화를 추진해야 한다. 대기업만이 아니라 중소기업, 연구기관, 시민사회도 AI 기술을 활용할 수 있도록 기술과 데이터에 대한 접근성을 높여야 한다. AI 기술의 혜택을 모두에게 공평하게 분배하고 사회 혁신을 촉진해야 한다.

영향 측정과 평가 체계를 구축해야 한다. 사회적 가치 창출 활동의 효과를 객관적으로 측정하고 평가할 수 있는 지표와 체계를 개발하여 지속적으로 개선해나가야 한다. 이는 단순히 기술의 상업적 성공을 넘어, 사회에 미치는 긍정적 영향을 파악하는데 필수적이다.

글로벌 차원의 협력과 기여를 추진해야 한다. 개발도상국의 AI 역량 구축 지원, 국제기구(유엔, 유네스코, 세계보건기구 등)와의 협력, 글로벌 사회 문제 해결을 위한 다국적 프로젝트 참여 등을 통해 글로벌 사회에 기여해야 한다.

AI 기술은 기업의 효율성을 높이는 것을 넘어, 인류가 직면한 사회적 문제 해결에 실질적으로 기여할 수 있는 잠재력을 가지고 있다. 잠재력을 성공적으로 활용한 사례와 그렇지 못한 실패 사례를 통해 AI의 긍정적 기여를 위한 리더의 역할이 얼마나 중요한지 알 수 있다.

구글의 AI 유방암 조기 진단 기술은 의료 분야에서 AI는 인간의 한계를 보완하여 사회적 가치를 창출하는 데 크게 기여했다. 유방암은 조기 발견이 중요하지만, 유방 촬영술(Mam mogram) 영상판독은 미묘한 차이를 발견해야 하므로 숙련된 의료진에게도 어려운 일이다.

구글의 '구글 헬스(Google Health)' 팀은 수백만 건의 유방 촬영술 이미지를 AI에 학습시켰다. 그 결과, AI는 유방암을 판독하는 데 있어서 숙련된 의사들만큼 정확하거나 때로는 더 높은 정확도를 보여주었다. 이 기술은 의료 불평등 해소에 크게 기여했다.

일부 지역 정부와 기관은 아동 학대, 노숙자, 범죄 등 사회적 위험에 처할 가능성이 높은 개인이나 가정을 예측하기 위한 AI 시스템을 개발했다. 이 AI 모델들은 과거의 데이터(예: 빈곤율, 경찰 기록, 교육 수준)를 기반으로 학습되었다.

하지만 데이터 자체가 사회적 편견을 담고 있었기 때문에, AI는 저소득층, 소수 인종 등 기존의 사회적 약자들을 위험 집단으로 과도하게 분류하는 편향성을 드러냈다. 이 기술은 사회적 문제를 해결하기는커녕, 특정집단의 낙인을 강화하여 사회적 불평등을 심화시켰다.

지역사회와의 적극적 협력

AI 기술의 사회적 수용성을 높이고 지역사회의 발전에 실질적으로 기여하기 위해서는 지역사회와의 긴밀한 협력이 무엇보다 필요하다. 지역의 특성과 필요를 정확히 이해하고, 지역사회가 AI 시대에 성공적으로 안착하여 적응할 수 있도록 적극적으로 지원해야 한다.

지역사회의 필요와 우선순위를 체계적으로 파악해야 한다. 지역마다 직면한 문제와 발전 목표가 모두 다르므로, 각 지역사회의 고유한 상황과 필요를 면밀하고 깊이 있게 이해해야 한다. 단순한 기술 도입이 아닌 지역사회에 특화된 맞춤형 솔루션을 반드시 제공해야 한다.

지역 인재 양성(산학협력 강화, 맞춤형 교육 프로그램, 장학금 및 멘토링 지원)과 교육에 기여해야 한다. 지역 대학이나 교육기관과 협력하여 AI 관련 교육 프로그램을 개발하고, 지역 인재들이 AI 시대에 필요한 역량을 기를 수 있도록 지원해야 한다.

지역 기업과 스타트업을 지원해야 한다. 대기업의 AI 역량을 활용하여 지역의 중소기업이나 스타트업이 AI 기술을 도입하고 활용할 수 있도록 멘토링, 기술 지원, 투자 등을 제공해야 한다. AI 기술이 특정 대기업에만 머무르지 않고, 지역 경제 전체의 혁신을 이끌도록 한다.

지역 특화 산업의 AI 전환 (스마트팜, 관광업의 맞춤형 추천 서비스, 제조업의 공정 자동화)을 지원해야 한다. 농업, 관광업, 전통 제조업 등 지역의 주력 산업이 AI 기술을 활용하여 경쟁력을 높일 수 있도록 맞춤형 솔루션을 개발하고 지원해야 한다.

지역사회 문제 해결에 AI를 활용해야 한다. 교통, 환경, 안전, 복지 등 지역사회가 직면한 구체적 문제들을 AI 기술로 해결할 수 있는 방안을 모색하고 실행해야 한다. 스마트 교통시스템, 자율주행 셔틀, 스마트 농업, 스마트 CCTV, 재난예측, 돌봄 서비스 등이 있다.

시민 참여와 소통을 활성화해야 한다. 지역 주민들이 필요한 AI 기술에 대해 이해하고 의견을 표현할 수 있는 정기적으로 기회를 제공해야 한다.

공청회 및 설명회, 시민 패널 구성, 참여형 워크숍 등을 통해 소통을 지속적으로 확대해야 한다.

지역 거버넌스 구조에 참여해야 한다. 지방정부나 지역 단체와 협력하여 AI 관련 정책 개발에 참여하고, 지역사회의 AI 역량 강화를 위한 거버넌스 체계 구축에 기여해야 한다. AI 기술이 추상적인 발전 목표를 넘어, 지역사회의 실질적인 삶을 개선하는데 기여한다.

AI 기술을 활용해 지역사회 문제를 해결과 시민들의 참여를 성공적으로 이끌어낸 사례를 소개한다. 철강 산업의 쇠퇴를 겪었던 피츠버그시는 도시의 재건과 활력을 불어넣기 위해 AI와 데이터를 활용한 스마트 시티 프로젝트를 추진했다.

이 프로젝트의 핵심은 '시민 참여'를 기술 개발의 최우선 가치로 삼은 데 있다. 피츠버그시는 카네기 멜런 대학 등 지역 대학과 협력하여 '적응형 교통 신호 시스템'을 개발했다. 이 시스템은 교통 흐름을 40%까지 개선하고, 공회전으로 인한 환경오염을 줄였다.

피츠버그시는 단순히 기술을 도입하는 데 그치지 않았다. AI 기술이 교통 흐름에 미치는 영향, 데이터 수집 방식, 프라이버시 문제 등에 대해 시민들과 정기적인 워크숍을 열어 의견을 수렴했다. 사회적 수용성을 확보할 때, AI가 지역사회의 발전에 기여할 수 있음을 보여준다.

경기도 수원시는 교통, 안전, 환경 등 도시 문제를 해결하기 위해 AI와 데이터를 활용하는 동시에, 그 과정에서 시민을 문제 해결의 주체로 참여시키는 독특한 방식을 채택했다. 이는 '리빙랩(Living Lab)'이라는 개념을 적극적으로 도입한 것이다.

리빙랩은 실제 생활 공간(living)을 연구실(lab)로 삼아, 시민들이 직접 기술 개발과 문제 해결 과정에 참여하는 방식이다. 이를 통해 시민들은 단순히 서비스를 이용하는 소비자가 아니라, 아이디어를 내고, 기술을 시험하며, 피드백을 제공하는 공동 개발자가 된다.

시민들이 직접 스마트폰 앱으로 수집된 교통 데이터를 확인하고, AI가 제안하는 최적의 교통 흐름 솔루션에 대해 의견을 제시했다. 이를 통해 AI가 내린 결정이 시민들의 실제 경험과 부합하는지 검증하고 개선할 수 있었다. 시민과 도시문제를 해결하는 좋은 사례이다.

[출처_yicaiglobal.com]

왕 젠
Wang Jian (Alibaba, Chairman of the Technology Steering Committee)

우리가 살아가면서 매 시간, 매 순간 만들어내는
수많은 데이터가 사실은 매우 값진 자원이다

"The countless data we create every hour,
every moment in our lives,
is in fact a very valuable resource."

| 제12장

글로벌 AI
윤리 표준과 협력체계

> **AItelling**
>
> AI 기술의 글로벌한 확산과 함께 국제적 차원의 윤리 표준과 가이드라인 (Ethical guidelines)이 더욱 중요해지고 있다. 글로벌 AI 리더는 이러한 문화적 다양성을 이해하고 존중해야 한다. AI 기술의 글로벌한 특성상 윤리적 AI 구현을 위해서는 국가와 조직을 넘나드 국제적 차원의 협력과 조정이 필요하다. 이를 위해 다자간 협력 플랫폼을 적극 활용해야 한다.

글로벌 윤리 가이드라인 이해

AI 기술의 글로벌한 확산과 함께 국제적 차원의 윤리 표준과 가이드라인(Ethical guidelines)이 더욱 중요해지고 있다. 다양한 국제기구, 정부, 산업체에서 AI 윤리 가이드라인을 제정하고 있으며, 이들 간의 조화와 상호 인정이 가장 중요한 과제가 되고 있다.

주요 국제기구의 AI 윤리 가이드라인을 이해해야 한다. OECD의 AI 원칙[1], UNESCO의 AI 윤리 권고안, EU의 신뢰할 수 있는 AI를 위한 윤리 가이드라인, IEEE의 윤리적 설계 표준 등 주요 국제적 가이드라인들의 핵심 내용과 차이점을 파악해야 한다.

각 가이드라인은 공동의 목표를 추구하지만, 그 초점이 다르다. OECD와 유네스코는 AI가 사회에 미치는 포괄적인 영향과 인간 중심적 가치에 집중하는 반면, EU는 AI 시스템의 규제와 실질적인 안전장치 마련에, IEEE는 개발자의 기술적 실행 지침에 초점을 맞추고 있다.

공통 원칙과 핵심 가치를 식별해야 한다. 다양한 가이드라인들 사이에는 인간 중심성, 투명성, 공정성, 책임성, 프라이버시 보호 등의 공통된 핵심 원칙들이 존재한다. 이러한 보편적 가치들을 조직의 AI 윤리 정책에 포괄적으로 반영해야 한다.

문화적 다양성과 지역적 특성을 세심하게 고려해야 한다. 보편적 원칙 하에서도 지역별, 문화별로 강조하는 가치나 우선순위가 매우 다를 수 있

---

[1] OECD AI 원칙(OECD AI Principles)은 2019년 경제협력개발기구(OECD) 회원국들이 합의한, 신뢰할 수 있는 AI의 책임 있는 발전과 활용을 위한 최초의 국제적 합의 기준이다. 이 원칙은 AI 기술 혁신을 장려하면서도 인간 중심적 가치를 훼손하지 않도록 돕는 것을 목표로 한다. 포용적 성장, 지속가능한 발전 및 복지, 인간 중심적 가치와 공정성, 투명성 및 설명 가능성, 견고성 및 보안, 책임성 등의 다섯가지 가치에 기반을 두고 있다.

다. 글로벌 기업이라면 각 지역의 특성을 존중하면서도 일관된 윤리 기준을 적용하는 적절한 균형을 찾아야 한다.

독자적인 기술 표준을 만들면 호환성의 문제가 있기 때문에 국제 표준화 노력에 참여해야 한다. ISO/IEC JTC 1/SC 42[2] 등 AI 관련 국제 표준화 기구의 활동에 참여하여 업계 표준 개발에 기여하고, 자사의 이해관계를 반영시키려 노력해야 한다.

국제포럼 및 컨퍼런스 참여, AI 윤리백서 및 보고서 발행, 오픈소스 커뮤니티 활동 등의 모범 사례 공유와 상호 학습을 추진해야 한다. 다른 조직이나 국가의 우수한 AI 윤리 실천 사례를 학습하고, 자신의 경험과 교훈도 국제사회와 공유하여 집단적 학습을 촉진해야 한다.

다자간 협력 플랫폼을 활용해야 한다. G7 정상들이 제안으로 설립된 Global Partnership on AI(GPAI)과 아마존, 구글, M/S 등 기술 기업과 학계가 참여하는 Partnership on AI 등의 다자간 협력 플랫폼에 참여하여 AI 윤리와 거버넌스에 관한 국제적 논의에 기여해야 한다.

AI 윤리가 선진국가의 특권이 되지 않도록 신흥국과 개발도상국의 역량 강화를 지원해야 한다. AI 윤리가 선진국만의 특권이 되지 않도록, 개발도상국의 AI 윤리 역량 강화를 위한 기술 이전, 교육, 재정 지원 등에 적극적으로 참여해야 한다.

---

[2] ISO/IEC JTC 1/SC 42는 인공지능(AI)과 관련된 국제 표준을 개발하는 전문 기술 위원회이다. 이는 국제 표준화 기구(ISO)와 국제 전기 기술 위원회(IEC)가 공동으로 운영하는 위원회로, AI 기술의 윤리적이고 안전한 발전을 위한 글로벌 기준을 마련하는 데 핵심적인 역할한다.

AI 기술의 성장 속도에 발맞춰 동적이고 진화하는 가이드라인으로 접근해야 한다. AI 기술이 빠르게 발전하고 있으므로, 윤리 가이드라인도 고정불변한 것이 아니라 지속적으로 업데이트되고 진화하는 것으로 이해하고 대응해야 한다.

필자가 서울디지털재단 이사장으로 재직 중에 두 번의 윤리 가이드라인을 만들었다. 메타버스 윤리가이드라인은 가상세계인 메타버스에서의 시민권리와 의무에 초점을 맞추고 있으며, 건강한 디지털 시민문화를 조성하는 것을 목표로 3대 원칙과 9가지 실천규칙을 제정했다.

생성형 AI 윤리가이드라인은 챗GPT와 같은 생성형 AI의 개발 및 활용에 대한 윤리적 기준을 제시했다. 총 3대 원칙과 6가지 실천 수칙으로 구성되었다. 디지털 신기술이 등장할 때 민첩하게 관련 기술의 활용의 윤리 가이드라인을 제정하는 것은 리더로서 중요한 역할이다.

선제적인 규제준수 전략

AI 관련 규제 환경이 전 세계적으로 빠르게 변화하고 있다. EU AI Act, 중국의 알고리즘 규제, 미국의 부문별 규제 등 각국이 서로 다른 접근법을 취하고 있어, 글로벌 기업들은 매우 복잡하고 다변화된 규제 환경에서 전략적으로 대응해야 한다.

글로벌 규제 지형을 체계적으로 모니터링해야 한다. 주요 시장의 AI 규제 동향을 지속적으로 추적하고, 새로운 법안이나 가이드라인이 자사 사업에 미칠 영향을 선제적으로 신속하게 평가할 수 있는 체계를 구축해야 한다. 이를 통해 불확실성을 최소화해야 한다.

위험 기반 접근법을 채택해야 한다. EU AI Act처럼 AI 시스템을 위험도에 따라 분류하고, 고위험 시스템에 대해서는 더 엄격한 규제 준수 조치를 취하는 체계적인 접근법이 확산되고 있다. 자사의 AI 시스템을 명확한 기준에 따라 위험도별로 분류하고 관리해야 한다.

AI 규제 환경의 복잡성에 성공적으로 대응한 대표적인 사례로 마이크로소프트의 EU AI Act에 대한 전략적 접근법을 들 수 있다. 유럽연합(EU)의 AI Act는 AI 시스템을 위험 수준에 따라 분류하고 강력한 규제와 의무를 부과하는 세계 최초의 포괄적인 AI 법안이다.

M/S와 같은 글로벌 기업은 유럽뿐만 아니라 미국, 중국 등 각기 다른 규제를 준수해야 하는 복잡성에 직면했다. 이 법안은 기업의 AI 개발 방식과 사업 모델에 직접적인 영향을 미칠 수 있었다. 규제가 확정될 때까지 기다리지 않고 선제적으로 대응하는 전략을 택했다.

M/S는 EU 의회 및 정책 입안자들과 소통하며 AI Act 초안에 대한 의견을 개진했다. 이 과정에서 자신들이 이미 구축한 '책임 있는 AI' 내부 표준과 EU의 위험 기반 접근법을 조화시키려 노력했다. 단순히 규제를 따르는 것을 넘어, 규제 방향을 함께 형성하려는 시도였다

이러한 선제적이고 체계적인 접근법을 통해 마이크로소프트는 규제가 가져올 불확실성을 크게 줄였다. 또한, 자사의 AI 시스템이 EU의 엄격한 기준을 충족할 준비가 되었음을 대외적으로 보여주며, 책임감 있는 AI 리더로서의 이미지를 강화했다.

사전준수(Proactive Compliance) 전략을 반드시 수립해야 한다. 규제가 시행된 후 대응하기보다는, 규제동향을 미리 예측하여 사전에 준비하

고 대응하는 것이 효과적이다. 규제 샌드박스나 정책 대화에 보다 적극적으로 참여해야 한다. 이는 미래의 불확실성을 줄이는 길이다.

지역별 맞춤형 컴플라이언스 체계를 효과적으로 구축해야 한다. 각 지역의 규제 요구사항에 맞는 별도의 컴플라이언스 체계를 구축하면서도, 전체적인 일관성은 글로벌 차원에서 철저하게 유지해야 한다. 지역 전문가나 현지 법무팀의 역할이 이 과정에서 매우 중요하다.

AI 기술은 빠르게 발전하는 반면, 이를 규제하는 법과 제도가 따라가지 못하기 때문에 규제 당국과의 건설적인 대화를 유지해야 한다. 규제를 단순히 준수해야 할 제약으로만 보지 말고, 규제 당국과의 대화를 통해 합리적이고 실효성 있는 규제 체계 구축에 기여해야 한다.

업계 공동 대응을 반드시 추진해야 한다. 개별 기업 차원을 넘어 업계 차원에서 공동의 입장을 개발하고, 정책 당국에 매우 건설적인 의견을 제시하는 것이 훨씬 효과적이다. 업계 단체나 연합체의 적극적으로 참여해야 미래를 대비할 수 있다.

AI 시스템이 규제와 윤리 기준을 준수하고 있다는 것을 제3자 인증과 감사 체계를 활용해야 한다. 제3자 인증이나 외부 감사를 통해 규제 준수 상황을 객관적으로 입증할 수 있다. 이는 규제 당국과 고객의 신뢰를 얻는 데 도움이 된다.

내부 역량강화에 투자해야 한다. AI 윤리와 규제 전문가를 양성하고, 법무팀의 AI 관련 역량을 강화하며, 임직원들의 컴플라이언스 의식을 높이는 교육훈련에 투자해야 한다. 이는 외부 규제에 대한 수동적인 대응을 넘어, 책임감있는 AI 개발 문화를 구축하는 방법이다.

문화적 다양성 이해와 존중

AI 윤리와 가치에 대한 인식은 문화권마다 다를 수 있다. 서구의 개인주의와 동양의 집단주의, 다양한 종교적 가치관, 역사적 경험의 차이 등이 AI 윤리에 대한 관점에 영향을 미친다. 글로벌 AI 리더는 이러한 문화적 다양성을 이해하고 존중해야 한다.

주요 문화권별 가치 체계를 이해해야 한다. 서구의 개인 권리 중심 사고, 동아시아의 집단 조화 중시, 이슬람 문화의 할랄 개념, 아프리카의 우분투(네가 있기에 내가 있다) 철학[3] 등 각 문화권의 고유한 가치 체계가 AI 윤리 인식에 미치는 영향을 파악해야 한다.

프라이버시에 대한 문화적 차이를 고려해야 한다. 개인정보에 대한 인식과 기대가 문화권마다 다르다. 어떤 사회는 개인 프라이버시를 절대적 권리로 보는 반면, 다른 사회는 집단의 이익을 위해 어느 정도 개인 정보를 공유하는 것을 받아들일 수 있다.

AI 기술에 대한 윤리적 가치 인식은 문화권마다 다르게 나타나며, 특히 안면 인식 기술에 대한 태도에서 그 차이가 극명하게 드러난다. 안면 인식 기술은 개인의 얼굴 데이터를 식별하는 AI 기술로, 공공의 안전부터 스마트 결제 시스템에 이르기까지 활용되고 있다.

그러나 이 기술에 대한 윤리적 평가는 문화권에 따라 완전히 다르다. 서구 문화권에서는 안면 인식 기술은 잠재적인 '대규모 감시(Mass

---

[3] 개인의 존재가 공동체로부터 나온다는 우분투 철학은 남아프리카공화국의 넬슨 만델라와 데스몬드 투투 대주교가 아파르트헤이트(인종차별정책) 종식 후 사회 통합의 정신적 기반으로 삼아 널리 알려졌다.

Surveillance)'로 인식되어 개인의 자유를 침해할 수 있다고 본다. 개인의 동의 없이 공공장소에서 정보가 수집되는 것에 비판적이다.

반면 동아시아 문화권(예: 중국)에서는 안면인식 기술은 사회 질서를 유지하고 범죄를 예방하며, 시민의 삶을 편리하게 만드는 효율적인 수단으로 긍정적으로 인식되는 경향이 있다. 정부는 사회 통제와 공공 안전을 위해 이 기술의 사용을 적극적으로 권장하는 경우가 많다.

이 사례는 동일한 AI 기술이 서구에서는 '개인의 자유를 위협하는 도구'로, 동양에서는 '사회적 안정과 편리성을 높이는 도구'로 인식된다는 것을 보여준다. 글로벌 AI 리더는 이러한 문화적 가치의 차이를 이해하고 존중해야만, 기술을 책임 있게 개발하고 적용할 수 있다.

해당 사회의 문화적 맥락을 이해하고 권위와 자율성에 대한 관점 차이를 인식해야 한다. 계층적 사회에서는 AI의 권위 있는 판단을 더 쉽게 받아들일 수 있지만, 평등주의 사회에서는 AI 결정에 대한 개인의 이의 제기권을 더 중시할 수 있다.

투명성과 설명가능성의 기대치가 다를 수 있다. 비언어적 표현을 중시하는 고맥락 문화(한국, 일본, 중국 등)에서는 암묵적 이해를 중시하는 반면, 직접적인 언어를 중시하는 저맥락 문화(미국, 독일 등 서양 문화권)에서는 명시적이고 상세한 설명을 요구할 수 있다.

공정성에 대한 개념도 다를 수 있다. 결과의 평등을 중시하는 사회와 기회의 평등을 중시하는 사회, 개인의 능력을 중시하는 사회와 집단의 화합을 중시하는 사회 간에 공정성에 대한 기대가 매우 다를 수 있다. 따라서 각 사회의 가치관을 이해하는 것이 중요하다.

종교적, 윤리적 금기사항을 존중해야 한다. 특정 종교나 문화에서 금기시하는 내용이나 방식이 있을 수 있다. 이슬람 문화에서는 돼지고기와 술에 대한 금기 사항있고, 종교적 상징의 상업적 이용시 갈등을 유발한다. AI 시스템 설계 시 문화적 민감성을 고려해야 한다.

지역별 맞춤형 AI 윤리 정책(투명성, 공정성, 책임성 등)을 개발해야 한다. 글로벌 차원의 공통 원칙 하에서도 지역별 특성을 반영한 세부 정책과 실행 방안을 개발해야 한다. 즉 현지 법규 준수, 문화적 적응성, 지역 거버넌스 참여 등의 맞춤형 정책을 개발한다.

AI 기술이 추상적인 이론을 넘어, 각 지역 사회의 가치와 필요에 부합하도록 하기 위해 현지 이해관계자와의 대화를 확대해야 한다. 각 지역의 문화적 맥락을 깊이 이해하기 위해서는 현지의 학자, 시민사회 리더, 종교 지도자 등과의 지속적 대화가 필요하다.

다자간 협력 플랫폼 적극 활용

AI 기술의 글로벌한 특성상 윤리적 AI 구현을 위해서는 국가와 조직을 넘나드는 협력이 필수적이다. 상충하는 규제, 글로벌 문제 대응(가짜뉴스, 사이버 공격 등)을 위해 개별 국가나 기업만의 노력으로는 한계가 있으며, 국제적 차원의 협력과 조정이 필요하다.

다자간 협력 플랫폼을 적극 활용해야 한다. 온라인 플랫폼인 OECD(경제협력개발기구) AI 정책 관측소, Global Partnership on AI(GPAI), Partnership on AI 등의 국제 협력체에 적극 참여하여 AI 윤리와 거버넌스에 관한 글로벌 논의를 주도적으로 이끌어야 한다.

다자간 협력의 성공적인 사례는 '인공지능에 관한 글로벌 파트너십(Global Partnership on AI, GPAI)'이다. GPAI는 AI의 책임 있는 발전과 활용을 목표로 2020년 출범한 국제 협력 기구로 G7과 G20 국가들의 주도로 설립되었으며, 25개 이상의 회원국이 참여하고 있다.

GPAI의 성공은 '개별 국가나 기업의 이해관계를 넘어선 공동의 목표 추구'에 있다. 각국의 전문가들이 모여 상호 다른 규제 환경과 문화적 가치를 조율하며 공동의 지침을 마련했다. 이를 통해 가짜뉴스, 사이버 공격과 같은 문제의 국제적 차원의 대응 방안을 도출하고 있다.

국제기구와의 파트너십을 강화해야 한다. UN(AI 고위급 자문기구 설립), UNESCO(최초의 글로벌 규범적 문서인 'AI 윤리 권고' 채택), ITU(AI 기술 표준화) 등 국제기구들이 추진하는 AI 윤리 이니셔티브에 참여하고, 글로벌 규범과 표준 개발에 기여해야 한다.

AI 기술의 건강한 발전을 위해 연구 협력과 지식 공유를 확대해야 한다. AI 윤리 연구는 전 인류의 공동 과제이므로, 연구 결과와 모범 사례를 국제적으로 공유하고 협력해야 한다. 오픈사이언스(Open Science) 정신에 따라 연구 성과를 개방해야 한다.

역량 강화를 위한 국제 협력을 추진해야 한다. 기술 및 인프라 격차, 법률 및 제도적 미비, 윤리적 인식이 취약한 개발도상국의 AI 윤리 역량 강화를 위한 기술 이전, 교육 프로그램, 재정 지원 등에 참여하여 글로벌 차원의 AI 윤리 수준 향상에 기여해야 한다.

위기 대응을 위한 공동 체계를 구축해야 한다. AI 관련 글로벌 위기나 사고가 발생했을 때 신속하고 효과적으로 대응할 수 있는 국제 협력 체계를 미리 구축하기 위해 글로벌 신속 대응팀 구성, 공통의 경보 시스템 구축, 국제적 책임 및 보상 규정 제정이 필요하다.

AI 기술은 지역을 초월하기 때문에 민관협력(Public-Private Partnership) 모델을 발전시켜야 한다. 정부, 기업, 시민사회, 학계가 참여하는 다중 이해관계자 거버넌스(Multi-stake holder Governance) 모델을 통해 AI 윤리 정책을 개발하고 실행해야 한다.

지역별 협력체 간의 연결(공동포럼 및 워크숍 개최, 데이터 및 모범 사례 공유 플랫폼 구축, 공동 연구 프로젝트 추진 등)을 촉진해야 한다. EU, ASEAN, AU[4] 등 지역별 협력체들이 AI 윤리에 관한 경험과 모범 사례를 공유하고 상호 학습할 수 있도록 지원해야 한다.

글로벌 시민사회와의 협력을 강화해야 한다. AI 윤리는 기술 전문가나 정책 결정자만의 문제가 아니라 전 인류의 문제이므로, 글로벌 시민사회의 목소리를 적극적으로 수렴하고 반영해야 한다. 이는 AI 윤리 거버넌스를 더욱 민주적이고 포용적으로 만드는 핵심적 요소이다.

---

4) 아프리카 연합(AU)은 아프리카 대륙 55개국의 정치 및 경제 통합을 목표로 하는 국제 기구이다. 이 기구는 2002년 아프리카 통일 기구(Organization of African Unity, OAU)를 계승하며 출범했습니다.

[출처_microsoft.com]

빌 게이츠
Bill Gates (Microsoft Co-founder)

AI의 시대가 시작됐다.
모바일과 인터넷에 필적하는 거대한 전환점이다.

"The age of AI has begun…
as revolutionary as mobile phones and the Internet."

Lead AI-based
innovation and creation

PART 04

AI 기반의 혁신과 창조를 이끈다

AI 기술은 혁신의 새로운 패러다임을 열고 있다. 기존의 한계를 뛰어넘는 창조적 가능성을 제공하며, 문제 해결과 가치 창출의 새로운 방법론을 제시한다. AI 리더는 이러한 혁신의 잠재력을 최대한 활용하여 조직과 사회의 발전을 주도적으로 이끌어가야 한다.

Part 4에서는 AI를 활용한 혁신 전략부터 창의적 문제 해결, 디지털 전환, 그리고 미래 기술 대비까지, AI 시대의 뉴리더십이 다뤄야 할 핵심 영역들을 살펴본다. 기술적 혁신과 인문학적 통찰을 결합하여 진정으로 의미 있는 혁신을 만들어내는 방법을 탐구한다.

Artifical Intelligence
New
Leadership

| 제13장

AI 기반
혁신전략 및 생태계 구축

AItelling

성공적인 AI 리더는 기술 트렌드를 면밀히 관찰하고, 교차 산업 분석을 통해 숨겨진 기회를 발굴하며, 이를 실행 가능한 혁신 아이디어 구체화와 실행으로 발전시킬 수 있어야 한다. 리더는 생태계의 촉진자 역할을 해야 한다. 직접 혁신하기보다는 혁신이 일어날 수 있는 조건을 만든다. 정원사처럼 혁신의 씨앗이 자라날 수 있는 토양을 가꾸어야 한다.

숨겨진 혁신기회 발굴 및 실행

AI 기술은 기존 산업의 경계를 허물고 새로운 기회를 창출한다. 성공적인 AI 리더는 기술 트렌드를 면밀히 관찰하고, 교차 산업 분석을 통해 숨겨진 기회를 발굴하며, 이를 실행 가능한 혁신 아이디어 구체화와 실행으로 발전시킬 수 있어야 한다.

기술 동향과 시장 변화를 체계적으로 분석해야 한다. 새로운 AI 기술의 등장, 성능 향상, 비용 감소 등의 기술적 변화와 고객 요구의 변화, 규제 환경 변화, 경쟁 구조 변화 등을 종합적으로 분석하여 혁신 기회를 적극적으로 포착해야 한다.

엔비디아는 원래 게임용 그래픽 처리 장치(GPU)를 만드는 회사였다. 그러나 엔비디아의 리더십은 기술적 특성을 면밀히 분석하며 게임 산업을 넘어선 AI 시장이라는 새로운 기회를 발견했다. 엔비디아의 GPU는 게임 화면을 처리하기 위해 병렬 컴퓨팅 구조를 가졌다.

이 구조는 게임뿐만 아니라, 딥러닝과 AI 모델의 방대한 연산에도 완벽하게 적합하다는 사실을 발견했다. 이는 기존 산업의 기술을 다른 분야에 적용하는 교차 산업 분석의 성공적인 사례이다. 엔비디아는 이러한 통찰력을 바탕으로 단순한 하드웨어 판매를 넘어섰다.

AI 개발자들이 엔비디아 GPU를 쉽게 활용할 수 있도록 CUDA(Compute Unified Device Architecture)라는 소프트웨어 플랫폼을 무료로 제공했다. 이처럼 엔비디아는 기술 동향을 정확하게 파악하고, AI 시대의 핵심 인프라 기업으로 성공적으로 변신할 수 있었다.

고객의 잠재 니즈와 불만족스런 페인 포인트(Pain Point)[1]를 깊이 탐구한다. 고객이 명시적으로 표현하지 않은 잠재적 욕구나 해결되지 않은 문제점들을 AI 기술로 해결할 수 있는 방안을 모색해야 한다. 데이터 분석과 고객 관찰을 통해 숨겨진 니즈를 발굴할 수 있다.

산업 간 융합(convergence)과 크로스오버(Crossover) 기회를 탐색해야 한다. AI는 다양한 산업을 연결하고 융합시키는 플랫폼 역할을 한다. 서로 다른 산업의 지식과 기술을 결합하여 새로운 가치를 창출하는 크로스오버 혁신 기회를 찾아야 한다.

기존 비즈니스 모델의 한계와 개선 가능성을 검토해야 한다. AI를 통해 기존 비즈니스 모델의 효율성을 높이거나, 완전히 새로운 비즈니스 모델을 창출할 수 있는 기회를 탐색해야 한다. 구독형, 플랫폼형, 서비스형 등 다양한 모델을 고려할 수 있다.

약한 신호(Weak Signals)와 조기 지표를 포착해야 한다. 아직 주목받지 않은 작은 변화나 신호들이 미래의 큰 기회가 될 수 있다. 연구 논문, 특허, 스타트업 동향, 소셜미디어 트렌드 등을 통해 미래의 혁신 기회를 조기에 발견해야 한다.

외부 혁신 생태계와의 연결을 강화해야 한다. 대학, 연구소, 스타트업, 벤처캐피털 등 혁신 생태계의 다양한 주체들과 네트워킹하여 새로운 기회

---

1) 페인 포인트(Pain Point)는 고객이 특정 제품이나 서비스, 또는 비즈니스 과정에서 겪는 문제점, 불편함, 어려움, 또는 불만을 의미한다. 이는 단순히 불편함을 넘어, 고객이 해결되기를 간절히 바라는 '고통스러운' 지점에 해당한다. 기업이나 개발자는 이러한 페인 포인트를 정확히 파악하고 해결해 줌으로써 고객에게 실질적인 가치를 제공하고, 시장에서 경쟁 우위를 확보할 수 있다.

와 아이디어에 노출되어야 한다. 오픈 이노베이션(Open Innovation)의 접근법이 효과적이다.

내부 아이데이션[2]과 창의성 촉진 체계를 구축해야 한다. 구성원들이 자유롭게 아이디어를 제안하고 실험할 수 있는 환경을 만들어야 한다. 해커톤(Hackathon), 아이디어 공모, 사내 벤처/창업 지원, 자유로운 토론 환경조성, 보상 문화 등의 프로그램을 운영할 수 있다.

AI 시대에는 기업의 성장이 내부 구성원들의 창의성에 달려있다. 조직 내에서 아이디어를 자유롭게 제안하고 실험할 수 있는 환경을 성공적으로 구축한 대표적인 사례는 구글의 '20% 시간' 정책(전체 업무시간의 20%를 개인적 프로젝트에 할애)과 해커톤 문화이다.

구글의 핵심 서비스인 'Gmail'과 '애드센스(AdSense)'와 같은 제품이 바로 이 '20% 시간'에서 탄생했다. 이는 직원들의 자율적인 창의성이 기업의 주요 성장 동력이 될 수 있음을 증명한다. 또한 해커톤 개최를 통해서 빠르게 아이디어를 구현하고, 피드백을 받을 수 있다.

체계적 실험과 프로토타이핑

혁신적 아이디어를 성과로 만들기 위해서는 체계적인 실험과 시험용 모델이나 초안인 프로토타이핑prototyping[3]이 필요하다. AI 프로젝트는 불

---

2) '내부 아이데이션(Internal Ideation)'은 기업이나 조직 내부 구성원들이 새로운 아이디어를 제안하고 개발하는 활동을 뜻한다. 이는 외부의 아이디어에 의존하기보다, 조직 구성원들이 직접 혁신의 주체가 되어 창의적인 해결책이나 새로운 사업 기회를 발굴하도록 독려하는 과정을 의미한다.
3) 프로토타이핑은 아이디어를 실물로 빠르게 만들어보는 과정이다. AI 프로젝트에서는 최종 제품이나 서비스의 완전한 형태가 아니라, 핵심 기능만을 담은 '작은 실험용 모델'을 의미

확실성이 높으므로, 작은 규모로 변화에 유연하게 대응하고 빠르게 실험하고 검증하는 애자일(Agile)한 접근법[4]이 효과적이다.

가설 기반 실험 설계가 핵심이다. 막연한 아이디어가 아니라 검증 가능한 가설을 설정하고, 이를 체계적으로 검증하는 실험을 설계해야 한다. 무엇을 검증하고 싶은지, 어떤 결과가 나오면 성공인지를 사전에 명확히 정의해야 한다.

쉽게 이해할 수 있는 일상적인 사례로 온라인 의류 쇼핑몰의 '코디 추천' AI 개발을 예로 들어보자. 한 작은 온라인 쇼핑몰이 매출을 늘리고 싶어 'AI가 고객에게 어울리는 코디(스타일링)를 추천해주는 기능'을 떠올렸다고 가정해 본다. 이 아이디어가 과연 효과가 있을까?

고객들이 좋아할지 불확실성이 크다. 'AI 코디 추천' 아이디어가 좋긴 하지만, 엄청난 돈과 시간을 들여 개발했다가 고객들이 사용하지 않거나, 매출에 도움이 되지 않는다면 큰 손해를 보게 된다. 이 쇼핑몰은 투자를 하기 전에 '작은 실험'을 통해 아이디어를 검증한다.

팀은 명확한 가설을 세운다. "AI가 추천하는 코디를 본 고객이, 그냥 상품만 본 고객보다 구매 전환율이 10% 더 높을 것이다." 쇼핑몰 전체에 이 기능을 적용하지 않는다. 대신, 특정 상품 페이지에만 'AI 추천 코디'라는 작은 배너를 띄우는 간단한 프로토타입을 만든다.

한다.

[4] 애자일(Agile)은 '변화에 유연하게 대응하는 개발 방법론'이다. AI 프로젝트는 기술 트렌드나 시장 상황이 빠르게 변하기 때문에, 모든 계획을 완벽하게 세우고 시작하는 전통적인 방식보다는 애자일 방식이 훨씬 효과적이다.

이 배너를 본 고객들과 보지 않은 고객들의 구매 데이터를 2주간 비교한다. 만약 가설대로 구매 전환율이 올랐다면, 성공적인 아이디어로 판단하고 다음 단계로 나아간다. 만약 효과가 없다면, 다른 방식의 추천을 시도하거나 아이디어를 폐기하는 절차를 밟는다.

이 사례처럼, 큰 규모의 AI 프로젝트가 아니더라도 가설을 세우고, 작게 실험하며, 데이터를 통해 빠르게 확인하는 방식은 혁신 아이디어를 현실로 만드는 데 매우 효과적이다. 즉 AI 프로젝트는 불확실성이 높기 때문에 초안인 프로토타이핑과 애자일 방식을 택하는 것이다.

MVP(Minimum Viable Product) 접근법[5]을 활용해야 한다. 완벽한 제품을 만들기 전에 핵심 기능만을 구현한 최소 기능 제품을 빠르게 만들어 시장의 반응을 확인해야 한다. 이를 통해 조기에 방향을 조정하거나 개선점을 발견할 수 있다.

빠른 프로토타이핑 도구와 플랫폼을 활용해야 한다. 로우코드/노코드 플랫폼[6], 클라우드 AI 서비스, 오픈소스 도구 등을 활용하여 개발 시간과 비용을 줄이면서도 빠르게 프로토타입을 만들 수 있다. 이는 아이디어를 빠르게 검증하고, 시장변화에 민첩하게 대응할 수 있다.

린 스타트업(Lean Startup)방법론[7]을 적용해야 한다. 만들기-측정하기-

---

5) 최소한의 핵심 기능만을 담아 시장에 먼저 선보이는 제품 개발 전략이다. 이는 불필요한 기능 개발에 시간과 자원을 낭비하지 않고, 고객의 피드백을 빠르게 받아 제품을 개선해나가는 것을 목표로 한다.
6) 로우코드/노코드(Low-Code/No-Code) 플랫폼은 소프트웨어 개발 경험이 부족한 사람들도 애플리케이션이나 서비스를 만들 수 있도록 돕는 도구이다. 이는 코딩 지식이 거의 없거나(Low-Code), 아예 없어도(No-Code) 시각적인 인터페이스를 통해 소프트웨어를 개발할 수 있게 해준다.
7) 린 스타트업(Lean Startup) 방법론은 낭비되는 자원을 줄이고 빠르게 혁신을 이루기 위한 제품 개발 전략이다. 이는 특히 스타트업이나 불확실성이 높은 프로젝트에서 효과적이며,

배우기(Build-Mea sure-Learn) 사이클을 빠르게 반복하면서 고객의 피드백을 받고 제품을 개선해나가야 한다. 실패를 빠르게 인정하고 방향을 전환(Pivot)하는 용기도 필요하다.

A/B 테스트[8]와 데이터 기반 검증을 활용해야 한다. 서로 다른 버전을 동시에 테스트하고 데이터를 통해 어느 것이 더 효과적인지 객관적으로 판단해야 한다. 근거가 불확실한 감(感)에 의존하지 말고 데이터에 기반한 의사결정을 해야 한다.

실험 실패에 대한 관용적 문화를 조성해야 한다. 모든 실험이 성공할 수는 없으며, 실패도 중요한 학습 기회다. 실패를 처벌하지 않고 오히려 빠른 실패와 학습을 장려하는 문화를 만들어야 한다. 실패는 '성공의 어머니'라는 것을 간과해서는 안된다.

크로스펑셔널(Cross-functional) 프로토타이핑 팀을 구성해야 한다. 기술, 디자인, 비즈니스, 마케팅 등 다양한 분야의 전문가가 함께 참여하는 팀을 구성하여 다각도에서 필수적인 협업 모델인 프로토타입(초안, 견본, 시제품)을 검증하고 개선해야 한다.

지속적인 사용자 피드백 수집과 반영이 매우 중요하다. 개발자의 관점이 아닌 실제 사용자의 관점에서 프로토타입(Prototype)을 평가하고 개선해야 한다. 사용성 테스트, 인터뷰, 관찰 등 다양한 방법으로 사용자 피드백을 정기적으로 수집해야 한다.

'만들기-측정하기-배우기(Build-Measure-Learn)'라는 핵심적인 피드백 루프를 반복한다.

8) A/B 테스트는 두 가지 버전의 무언가를 비교하여 어떤 것이 더 나은 성과를 내는지 알아보는 실험 방법이다. 보통 웹사이트나 앱의 디자인, 기능, 문구 등을 개선할 때 사용된다.

실패와 학습의 성공적 관리

실패는 제거 대상이 아니라 관리 대상이다. 탐색적 실패와 운영 실패를 구분하고, 허용 가능한 손실 범위를 미리 정해야 한다. 실패의 정의가 분명할수록 논쟁이 줄고, 학습은 빨라진다. 실패를 감추지 않는 문화가 혁신의 안전망이 된다.

가설에는 폐기 기준이 필요하다. 성공 조건만 적지 말고, 중단 조건과 재검토 임계값도 함께 명시한다. 판단은 데이터와 사전 합의로 내린다. 애매함이 길어질수록 비용은 누적된다. 실험 일지에 기준과 근거를 동시에 남기면, 이후 반복 검증과 감사에서도 흔들림이 없다.

프리모텀[9]은 사고의 예행연습이다. 실패 시나리오를 미리 상상하고, 원인·파급·대응을 테이블 위에 올린다. 사전에 본 위험은 현장에서 덜 위협적이다. 대비가 침착함을 만든다. 역할별 체크리스트와 중단선을 함께 그려두면, 실제 상황에서 말수를 줄이고 실행이 빨라진다.

실험 윤리는 안전선이다. 개인정보, 공정성, 유해성에 대한 최소 기준을 설계에 포함한다. 빠른 실험이 규정을 건너뛰는 이유가 될 수 없다. 윤리 위반은 실패가 아니라 위기다. 승인 절차와 예외 조건을 명확히 해, 속도와 책임이 충돌하지 않도록 합의선을 고정한다.

포스트모텀[10]은 비난 없는 분석으로 진행한다. 사실→원인→교훈→조치

---

9) 프리모텀(Premortem)은 프로젝트나 계획이 시작되기 전에 실패를 미리 상상하고 그 원인을 찾아내는 사고 기법이다. '사전 부검'이라는 뜻으로, '포스트모텀(Postmortem: 사후 부검)'의 반대 개념이다.
10) 포스트모텀(Postmortem)은 프로젝트나 작업이 끝난 후에 진행하는 분석 및 검토 과정이다. '사후 부검'이라는 뜻 그대로, 프로젝트의 결과를 되짚어보며 무엇이 성공했고, 무엇이 실패했으며, 왜 그렇게 되었는지를 깊이 있게 파악하는 활동이다.

의 순서로 기록하고, 개인 대신 시스템을 바라본다. 반복되는 원인은 구조적 문제다. 솔직함이 유일한 단축키다. 재발 방지안은 담당·기한·검증을 붙여, '완료'의 정의까지 명확히 고정한다.

교훈은 텍스트로 남겨야 전파된다. 결정 기록과 학습 노트를 표준 양식으로 저장하고, 검색 가능한 지식 베이스로 묶는다. 말은 사라지고 글은 남는다. 축적이 다음 실험을 단축한다. 태그와 버전을 체계화하면, 맥락 회수가 빨라지고 중복 실험이 눈에 띄게 줄어든다.

롤백과 격리는 실패의 피해를 제한한다. 기능 플래그, 안전 모드, 데이터 보호 절차를 기본값으로 둔다. 되돌리는 용기가 속도를 지킨다. 복구는 설계 단계에서 시작한다. 롤백 스크립트와 점검표를 상시 유지해, 심야에도 망설임 없이 복귀가 가능하도록 만든다.

학습 지표가 노력을 안내한다. 리드·래그 지표와 학습 속도, 가설 전환율을 함께 본다. 숫자가 이야기와 만나야 해석이 가능하다. 측정은 자부심이 아니라 약속이다. 지표의 출처와 품질 등급을 병기해, 과신을 줄이고 의사결정의 투명성을 높인다.

실패 예산은 탐색의 범위를 보장한다. 오류 허용치와 비용 한도를 정하고, 초과 시 자동 감속한다. 탐색이 무제한이면 운영이 흔들린다. 균형이 생존을 만든다. 분기별 재조정 규칙을 두고, 성과 대비 투자 비율을 공개해 신뢰와 규율을 함께 잡는다.

핵심 가설이 틀렸다면 과감히 방향을 선회하고, 맞았다면 범위를 넓힌다. 집착은 비용, 전환은 기회다. 전환의 이유를 모두가 이해해야 속도가 난다. 피벗 기준표[11]와 승인선[12]이 선명하면, 감정의 소음 없이 전략 전환이 실행되고 기록이 다음 판단의 교과서가 된다.

실패한 경험을 그냥 버리는 대신 미래를 위한 투자로 바꾼다. 예를 들어 실패해서 버려진 코드를 다음 프로젝트에서 바로 쓸수 있는 템플릿으로 만들고, 실수를 통해 배운점을 꼼꼼한 체크리스트로 정리한다. 또한 이것을 공유 카탈로그로 만들고 유지 책임자를 두어야 한다.

인센티브는 학습을 보상해야 한다. 빠른 실패, 투명한 공유, 재사용 기여에 가치를 부여한다. 탁월함은 결과만이 아니라 과정에서도 탄생한다. 칭찬은 공개적으로, 교정은 친밀하게 한다. 평가 항목에 학습·협업 지표를 포함해, 개인보다 팀의 성장을 우선 설계해야 한다.

리더는 자신의 실패의 첫 사례를 보여준다. 자신의 판단 오류를 기록하고, 배운 점을 팀과 나눈다. 책임은 위에서, 믿음은 아래로 흐른다. 심리적 안전은 리더의 습관에서 나온다. 리더는 말로만 중요하다고 하지 말고, 시간을 투자해서 행동으로 보여주어야 한다.

주기(週期)는 습관을 만든다. 주간 실험 리뷰, 분기 회고, 반기 교훈 재정렬로 리듬을 만들어 낸다. 학습은 이벤트가 아니라 운영이다. 꾸준함이 혁신의 체력을 만든다. 주기의 빈칸을 자동 알림으로 채우고, 이탈 시 승격 규칙을 적용해 흐름을 끊기지 않게 한다.

---

11) '피벗(Pivot)'은 원래 농구에서 한 발을 축으로 몸을 돌리는 동작처럼, 사업이나 프로젝트의 방향을 완전히 바꾸는 것을 의미한다. '피벗 기준표'는 언제, 어떤 조건에서 방향을 전환할지 미리 정해둔 일종의 체크리스트이다. 예를 들어, "3개월 안에 목표 고객 1만 명을 확보하지 못하면 사업 모델을 바꾼다"와 같은 구체적인 기준을 담는다.
12) 승인선(Approval Threshold): 전략 전환과 같은 중요한 결정을 내릴 때, 누가 최종 승인 권한을 가질지 미리 정해둔 것이다. 팀장, 부서장, 혹은 특정 위원회 등 의사결정의 책임자를 명확히 한다.

자생하는 혁신 생태계 구축

혁신은 고립된 섬에서 탄생하지 않는다. AI 시대의 혁신은 더욱 복합적이고 상호 연결된 생태계를 필수적으로 요구한다. 리더는 단순히 혁신을 관리하는 것이 아니라, 앞선 미래의 관점에서 혁신이 자생할 수 있는 생태계를 설계하고 운영해야 한다.

전통적 혁신 관리는 선형적 프로세스를 따랐다. 아이디어 발굴에서 시작해 개발, 테스트, 출시로 이어지는 단계별 접근이었다. 하지만 AI 기반 혁신은 비선형적이고 순환적이다. 머신러닝이 새로운 패턴을 발견하고, 이것이 다시 새로운 아이디어를 촉발한다.

인간의 직관(Intuition)과 AI의 계산(Calculation)이 상호작용하며 예상치 못한 혁신을 만들어낸다. AI가 단순히 인간의 보조 도구 역할에 그치지 않고, 인간의 창의성과 통찰력을 결합하여 새로운 가능성을 열어준다는 의미이다. 인간-AI 협업은 미래 혁신의 원동력이다.

생태계적 접근의 핵심은 다양성이다. 서로 다른 배경, 전문성, 관점을 가진 구성원들이 자유롭게 상호작용할 수 있는 환경을 조성해야 한다. 엔지니어와 디자이너, 데이터 사이언티스트와 도메인 전문가, 내부 직원과 외부 파트너가 경계 없이 협력하는 공간이 필요하다.

물리적 공간도 중요하다. 개방형 오피스만으로는 충분하지 않다. 예상치 못한 아이디어를 낼 수 있고 우연한 만남이 일어날 수 있는 비공식적 공간, 집중적 협업을 위한 전용 공간, AI 도구를 활용한 실험실 등 다양한 성격의 공간이 유기적으로 연결되어야 한다.

공간은 단순한 물리적 장소가 아니라 혁신의 DNA를 담는 그릇이다. 물리적인 환경이 조직의 문화, 소통 방식, 그리고 궁극적으로 혁신에 직접적인 영향을 미친다. 대표적으로 실리콘 밸리의 혁신 기업인 구글, 메타(페이스북)의 사무실 공간은 혁신의 공간으로 설계되었다.

실리콘 밸리의 혁신 기업들은 사무실 공간을 단순한 일터가 아닌, 혁신과 소통을 촉진하는 전략적 도구로 활용한다. 구글의 사무실 설계 철학은 '우연한 만남(Casual Collisions)'을 극대화한다. 직원들이 다른 부서 사람들과 소통할 수 있는 환경을 의도적으로 조성한다.

구글의 모든 사무실에는 직원들이 반드시 지나가거나 머물게 되는 카페, 마이크로 주방, 놀이 공간 등이 전략적으로 배치되어 있다. 예를 들어, 커피를 마시러 갔다가 다른 팀의 엔지니어와 우연히 마주쳐 새로운 아이디어를 얻게 되는 방식이다.

메타의 핵심 철학은 모든 직원이 '하나의 지붕 아래(Under One Roof)'에서 일하며 단일성과 유대감을 느끼게 하는 것이다. 건축가 프랭크 게리가 설계한 MPK 20 빌딩이 이 철학을 상징적으로 보여준다. 이 건물은 축구장 25개 크기에 달하는 거대한 단일 공간이다.

수천 명의 직원이 칸막이 없이 함께 일을 한다. 이는 부서 간의 벽을 허물고 수평적인 소통을 촉진한다. 건물 옥상에는 9에이커(약 3만 6천 제곱미터)에 달하는 숲과 공원이 조성되어 있다. 자연 속에서 산책하거나 비공식적인 회의를 하며 창의적인 생각을 공유할 수 있다.

건물 내부의 벽은 합판 등 노출된 자재로 마감되어 있어 마치 공사 중인 것처럼 보인다. 이는 '아직 완성되지 않았다'는 문화적 메시지를 담고 있으며, 직원들이 공간을 직접 꾸미고 변화시키며 실험을 두려워하지 않는 분위기를 만든다.

디지털 협업 플랫폼은 물리적 제약을 뛰어넘는다. 전 세계 어디서나 실시간으로 아이디어를 공유하고 발전시킬 수 있다. AI는 협업 과정에서 관련 정보를 추천하고, 유사한 프로젝트를 연결하며, 잠재적 시너지를 발굴한다. 플랫폼은 혁신의 허브이자 지식의 네트워크가 된다.

내외부 파트너십의 중요성이 커지고 있다. 자체 역량만으로는 AI 시대의 복합적 도전에 대응하기 어렵다. 대학 연구소, 스타트업, 다른 기업과의 전략적 제휴가 필수다. 오픈 이노베이션(Open Innovation)은 선택이 아닌 생존 전략이다.

우물안의 개구리가 되어서 안된다. 외부와 파트너십은 기술적 한계극복, 리스크 분산, 새로운 시너지 창출 측면에서 중요하다. 외부의 아이디어와 기술을 내재화하고, 내부의 혁신을 외부와 공유하는 양방향 흐름이 생태계를 풍요롭게 한다.

실패에 대한 관용적 문화도 생태계의 핵심 요소다. AI 기반 실험은 높은 불확실성을 내포한다. 실패를 두려워하면 진정한 혁신은 불가능하다. 실패를 학습의 기회로 받아들이고, 빠른 실패와 빠른 학습을 장려하는 문화가 필요하다. 실패는 혁신의 비용이 아니라 투자다.

리더는 생태계의 촉진자 역할을 해야 한다. 직접 혁신하기보다는 혁신이 일어날 수 있는 조건을 만든다. 자원을 배분하고, 장벽을 제거하며, 연결을 촉진한다. 정원사가 식물을 키우듯, 혁신의 씨앗이 자라날 수 있는 토양을 가꾸는 것이 리더의 역할이다.

평가 시스템도 생태계 관점에서 재설계되어야 한다. 단기적 성과만을 추구하면 생태계가 메말라진다. 장기적 가치 창출, 지식 축적 등 무형의 자산도 평가 지표에 포함시켜야 한다. 혁신의 씨앗이 언제 꽃을 피울지 미리 알 수는 없지만, 생태계의 건강성은 측정할 수 있다.

지속가능한 혁신 생태계는 자기 강화 메커니즘을 갖추고 있다. 성공적인 혁신이 더 많은 인재와 자원을 끌어들이고, 이것이 다시 새로운 혁신을 낳는 선순환 구조다. 리더는 이러한 선순환의 시동을 걸고, 지속적으로 성장 동력의 공급 역할을 하는 핵심적인 존재이다.

[출처_wikipedia.org]

팀 쿡
Tim Cook (Apple CEO)

우리는 생성형 AI를 제품 전반의 핵심 기회로 본다.
장기 가치가 크다.

"We see generative AI as a very key opportunity across our products. The long-term value is substantial."

자생하는 혁신

AI 시대 혁신의 특성

- 비선형적·순환적 발전
- 머신러닝이 새로운 패턴 발견
- 예상치 못한 혁신 창출

인간과 AI 협업

- 직관(Intuition) + 계산(Calculation)
- 인간의 창의성과 통찰력 결합
- 미래 혁신의 원동력

디지털 협업 플랫폼

- 전 세계 어디서나 실시간 아이디어 공유
- AI가 관련 정보 추천 및 시너지 발굴
- 혁신의 허브이자 지식의 네트워크

내외부 파트너십

- 대학 연구소, 스타트업, 다른 기업과 전략적 제휴
- 오픈 이노베이션: 선택이 아닌 생존 전략

평가 시스템 재설계

- 단기적 성과만으로는 생태계 메말라
- 장기적 가치 창출, 지식 축적 등 무형 자산 평가

자기 강화 메커니즘

- 성공적 혁신 → 인재와 자원 유치 → 새로운 혁신
- 선순환 구조의 지속적 성장 동력

생태계 구축

생태계적 접근의 핵심: 다양성

- 서로 다른 배경, 전문성, 관점
- 엔지니어와 디자이너
- 데이터 사이언티스트와 도메인 전문가
- 내부 직원과 외부 파트너

물리적 공간의 중요성

- 비공식적 공간: 우연한 만남
- 전용 공간: 집중적 협업
- AI 도구 활용 실험실
- 혁신의 DNA를 담는 그릇

실패에 대한 관용적 문화

- 실패를 학습의 기회로 수용
- 빠른 실패와 빠른 학습 장려
- 실패는 혁신의 비용이 아닌 투자

리더의 촉진자 역할

- 직접 혁신보다는 혁신 조건 조성
- 자원 배분, 장벽 제거, 연결 촉진
- 정원사처럼 혁신의 토양 가꾸기

성공 사례: 실리콘 밸리 혁신 기업

구글의 '우연한 만남' 철학
- 카페, 마이크로 주방, 놀이 공간 전략적 배치
- 다른 팀 엔지니어와 우연한 만남

메타의 '하나의 지붕 아래' 철학
- MPK 20 빌딩: 축구장 25개 크기
- 수천 명이 칸막이 없이 함께 작업
- 9에이커(약 3만6400㎡) 옥상 숲과 공원
- '아직 완성되지 않았다' 문화적 메시지

| 제14장

AI 기반
창의적 문제 해결과 변화관리

Altelling

융합의 핵심은 상호 보완성을 인정하는 것이다. AI는 아이디어의 원재료를 제공하고, 인간은 이를 선별하고 의미를 부여한다. 고객 불만 데이터를 분석해 진짜 문제가 무엇인지 파악하고, 데이터를 통해 비효율의 근본 원인을 추적한다. AI는 개선 기회를 조기에 포착하고, 최적화 방안을 제안한다. 변화는 일회성 프로젝트가 아니라 지속적인 여정(旅程)이다.

AI와 인간의 창의성 융합

창의성은 더 이상 인간만의 전유물이 아니다. AI가 새로운 예술 작품을 만들고, 혁신적인 아이디어를 제안하며, 복잡한 문제에 대한 독창적 해결책을 제시한다. 하지만 AI의 창의성과 인간의 창의성은 본질적으로 다르기 때문에 리더는 이 두 가지를 잘 융합해야 한다.

인간의 창의성은 경험, 감정, 직관에 뿌리를 둔다. 개인적 체험과 문화적 맥락이 매우 독특한 관점을 만들어낸다. 예술가가 자신의 상처를 작품으로 승화시키고, 발명가가 일상의 불편함에서 혁신의 영감을 얻는 것이 바로 인간 창의성의 특징이다.

인간은 맥락을 이해(Contextual Understanding)하고, 감정 표현과 공감(Emotional Expression & Empathy)을 하며, 가치를 판단(Value Judgment)한다. 이것은 인간이 단순한 논리적 존재가 아니라 복잡한 사회적, 감정적 그리고 윤리적 존재라는 것을 의미한다.

AI의 창의성은 패턴 인식과 조합의 산물이다. 방대한 데이터에서 숨겨진 연결고리를 찾아내고, 기존에 없던 새로운 조합을 생성한다. 인간이 생각하지 못한 가능성을 탐색하고, 편견 없이 다양한 옵션을 제시한다. AI는 속도와 규모 면에서 인간을 압도한다.

융합의 핵심은 상호 보완성을 인정하는 것이다. AI는 아이디어의 원재료를 제공하고, 인간은 이를 선별하고 의미를 부여한다. AI가 수천 개의 디자인 옵션을 생성하면, 인간 디자이너가 브랜드 정체성과 사용자 경험을 고려해 최적안을 선택한다.

협업 프로세스의 설계가 중요하다. AI를 단순한 도구로 사용하는 것과 진정한 협업 파트너로 대하는 것은 다르다. AI의 제안을 무비판적으로 수용하는 것도, 인간의 아이디어만 고집하는 것도 최적해가 아니다. 맹목적 수용의 위험과 인간중심의 한계를 벗어나야 한다.

반복적 상호작용이 창의성을 극대화한다. AI가 초기 아이디어를 제안하면, 인간이 피드백을 주고 방향을 조정한다. 이 과정을 여러 차례 반복하면서 아이디어가 정교화된다. 마치 조각가가 돌을 깎아가며 작품을 완성하듯, 인간과 AI의 대화를 통해 창의적 해결책이 형성된다.

다양성이 융합의 연료다. 서로 다른 AI 모델을 활용하면 더욱 풍부한 아이디어를 얻을 수 있다. 이미지, 텍스트, 음성 생성형 AI 등이 각각 다른 관점에서 창의적 제안을 한다. 인간 팀도 마찬가지로 다양한 배경과 전문성을 가진 구성원들이 모여야 시너지가 극대화된다.

AI와 인간의 '반복적 상호작용'과 '다양성 융합'을 통해 창의성을 극대화하는 가장 명확한 사례는 '생성적 설계(Generative Design)' 기술이다. 전통적으로 항공기 부품을 설계할 때는 엔지니어가 직접 최적의 형태를 구상한다. 하지만 이 과정은 시간과 비용이 많이 든다.

인간의 상상력 한계 때문에 재료 낭비나 비효율적인 디자인이 나올 수 있다. 그러나 '생성적 설계'는 이 과정을 완전히 바꾼다. 엔지니어가 부품의 기본 목표를 입력하고, AI는 이 조건을 만족하는 수만 가지의 디자인 후보를 몇 분 만에 생성한다.

이 디자인들은 인간이 생각하지 못하는 유기적이고 복잡한 형태를 띨 때가 많다. 엔지니어는 AI가 제안한 수많은 디자인 중 가장 유망한 몇 가지를 선택하고, 여기에 새로운 조건을 추가하여 AI에게 다시 정교한 디자인을 요청한다. 이 과정을 여러 번 반복한다.

에어버스(Airbus)는 이 기술을 활용해 항공기 부품을 설계하여, 기존 부품보다 무게를 45% 줄이는 혁신적인 성과를 달성했다. 이는 AI가 단독으로 창의성을 발휘하는 것이 아니라, 인간과 AI의 반복적인 대화와 상호작용을 통해 혁신적 해결책이 탄생한다는 것을 보여주었다.

창의적 환경의 조성도 핵심이다. 실험을 장려하고, 실패를 수용하며, 엉뚱한 아이디어도 환영하는 문화가 필요하다. AI 도구를 자유롭게 탐험할 수 있는 시간과 공간을 제공해야 한다. 창의성은 폐쇄적이고 압박적인 환경보다는 자유로운 환경에서 더 잘 발휘된다.

윤리적 고려사항도 간과할 수 없다. AI가 생성한 창작물의 저작권은 누구에게 있는가? AI의 편향성이 창의적 결과에 영향을 미치지는 않는가? 인간의 창의성이 AI에 의해 대체되거나 위축되지는 않는가? 이런 질문에 답을 찾아가는 과정 자체가 새로운 창의적 도전이다.

교육과 훈련의 중요성도 크다. 인간이 AI와 효과적으로 협업하려면 AI의 특성과 한계를 이해해야 한다. 동시에 AI는 인간의 피드백을 통해 더 나은 결과를 생성하도록 학습해야 한다. 상호 학습과 적응이 인간-AI 융합의 한층 더 질을 높인다.

올바른 문제정의와 해결 프로세스

문제 해결의 첫 단계는 문제를 올바르게 정의하는 것이다. 잘못 정의된 문제는 뛰어난 해결책도 의미가 없다. AI 시대에는 문제의 복잡성이 증가하고, 표면적 증상과 근본 원인을 구분하기가 더욱 어려워졌다. 리더는 문제 정의 자체를 창의적 과정으로 접근해야 한다.

전통적 문제 해결은 주로 경험과 직관에 의존했다. 과거의 유사 사례를 참조하고, 전문가의 판단을 바탕으로 문제를 규정했다. 하지만 AI 시대의 문제들은 전례가 없는 경우가 많다. 새로운 기술이 만들어내는 새로운 도전에는 새로운 접근법이 필요하다.

데이터 기반 문제 정의가 핵심이다. AI는 방대한 데이터에서 인간이 놓칠 수 있는 패턴을 찾아낸다. 고객 불만 데이터를 분석해 진짜 문제가 무엇인지 파악하고, 데이터를 통해 비효율의 근본 원인을 추적한다. 데이터는 감정과 선입견을 배제하고 객관적 현실을 보여준다.

다각도 분석이 문제의 전모를 드러낸다. 같은 상황을 다른 관점에서 바라보면 완전히 다른 문제로 보일 수 있다. 고객 관점, 직원 관점, 주주 관점, 사회 관점에서 각각 다른 문제 정의가 나올 수 있다. AI는 이런 다양한 관점을 동시에 분석하고 통합적 시각을 제공한다.

문제의 계층 구조를 이해하는 것도 중요하다. 표면적 문제 뒤에는 더 깊은 구조적 문제가 숨어 있다. 5 Why 기법[1]을 AI와 함께 적용하면 정교한 원인 분석이 가능하다. AI는 각 단계에서 관련 데이터와 사례를 제시하며, 인간은 맥락적 판단을 통해 진짜 원인에 접근한다.

---

1) '5 Why 기법'은 문제의 근본 원인을 찾기 위해 '왜(Why)?'라는 질문을 최소 다섯 번 반복하는 문제 해결 기법이다. 이는 눈에 보이는 표면적인 문제 뒤에 숨겨진 진짜 원인을 찾아내고, 재발을 방지하는 데 효과적이다.

문제 해결 프로세스도 재설계되어야 한다. 선형적 단계보다는 순환적이고 반복적인 접근이 효과적이다. 가설을 세우고, 실험하고, 학습하고, 수정하는 과정을 빠르게 반복한다. AI는 각 단계에서 데이터 분석과 예측을 지원하며, 인간은 창의적 해석과 의사결정을 담당한다.

협업적 문제 해결이 필수다. 복잡한 문제는 한 사람의 지혜로 해결하기 어렵다. 다양한 전문가가 참여하는 크로스펑셔널 팀을 구성하고, AI 도구를 공통 플랫폼으로 활용한다. 실시간으로 아이디어를 공유하고, 집단 지성을 발휘하며, 최적해(Optimal Solution)를 찾아간다.

시뮬레이션과 모델링이 위험을 줄인다. 실제 실행 전에 가상 환경에서 다양한 시나리오를 테스트할 수 있다. AI는 복잡한 변수들의 상호작용을 모델링하고, 예상되는 결과를 시뮬레이션한다. 인간은 모델의 전제 조건과 한계를 검토하고, 현실적 제약 요소를 반영한다.

지속적 학습 메커니즘이 프로세스를 발전시킨다. 해결책을 실행한 후의 결과를 추적하고 분석한다. 무엇이 효과적이었는지, 무엇이 예상과 달랐는지, 어떤 개선이 필요한지 체계적으로 기록한다. 이런 학습 데이터가 축적되면 다음 문제 해결의 정확도가 높아진다.

실험적 마인드셋이 혁신을 낳는다. 완벽한 해결책을 한 번에 찾으려 하기보다는, 작은 실험들을 통해 점진적으로 개선한다. MVP(Minimum Viable Product) 접근법[2]을 문제 해결에도 적용한다. 최소한의 해결책부터 시작해서 피드백을 반영하며 발전시켜 나간다.

---

2) MVP(Minimum Viable Product) 접근법은 최소한의 핵심 기능만을 담아 시장에 먼저 선보이는 제품 개발 전략이다. 이는 불필요한 기능 개발에 시간과 자원을 낭비하지 않고, 고객의 피드백을 빠르게 받아 제품을 개선해나가는 것을 목표로 한다.

구글의 검색 엔진은 한 번의 기술로 완성된 것이 아니라, 실험과 학습을 통해 발전해 왔다. 이는 문제 해결 과정에 MVP(최소 기능 제품) 접근법과 지속적 학습 메커니즘을 적용한 대표적인 사례이다. 구글의 목표는 '가장 관련성 높은 웹페이지를 찾아주는 것'이었다.

최초의 구글은 페이지랭크(PageRank)라는 핵심 알고리즘에 집중했다. 이는 '다른 웹페이지로부터 많이 링크된 페이지일수록 중요하다'는 단순하고 명확한 가설에 기반한 최소한의 해결책이었다. 이후 구글은 수많은 A/B 테스트를 통해 검색 알고리즘을 개선했다.

구글은 이러한 실험적 마인드셋과 지속적 학습의 순환 고리를 통해, '가장 정확하고 유용한 정보'를 제공하는 검색 엔진으로 자리매김할 수 있었다. 이는 어떤 혁신적인 아이디어도 한 번의 성공으로 끝나지 않고, 끊임없는 개선과 학습을 통해 완성된다는 것을 보여주었다.

혁신적 아이디어의 체계적 발굴

혁신적 아이디어는 갑자기 하늘에서 떨어지지 않는다. 체계적인 발굴 과정과 적절한 환경이 있어야 탄생한다. AI는 이 과정에서 강력한 촉매 역할을 한다. 패턴 인식 능력을 통해 숨겨진 기회를 찾아내고, 무한한 조합 가능성을 탐색하며, 인간의 상상력을 자극한다.

아이디어 발굴의 출발점은 관찰이다. 일상의 불편함, 시장의 빈틈, 기술의 한계를 면밀히 관찰하는 것부터 시작한다. AI는 체계적으로 접근하고, 소셜 미디어의 고객 피드백, 센서 데이터의 이상 패턴, 경쟁사 동향 분석 등을 통해 인간이 놓칠 수 있는 시그널을 포착한다.

트렌드 분석이 미래의 기회를 보여준다. AI는 방대한 뉴스, 논문, 특허 데이터를 분석해 떠오르는 트렌드를 조기에 감지한다. 기술, 사회, 경제 트렌드의 교집점에서 새로운 비즈니스 기회를 발견한다. 인간은 이런 트렌드의 의미를 해석하고, 실제 적용 가능성을 판단한다.

크로스 오버 사고가 혁신의 원천이다. 다른 산업, 기술, 문화의 아이디어를 결합하면 놀라운 혁신이 탄생한다. AI는 언뜻 관련 없어 보이는 분야들 사이의 연결고리를 찾아낸다. 생물학적 메커니즘을 엔지니어링에 적용하거나, 게임 이론을 비즈니스 전략에 접목하는 식이다.

사용자 중심 접근이 아이디어의 방향을 잡아준다. 기술의 가능성보다는 사용자의 니즈에서 출발하는 것이 성공 확률을 높인다. AI는 사용자 행동 데이터를 분석해 명시되지 않은 니즈를 파악한다. 사용자가 말하지 않지만 행동으로 드러나는 불편함이나 욕구를 찾아낸다.

브레인스토밍의 진화도 필요하다. 전통적 브레인스토밍은 한 장소에서 제한된 시간 동안 진행됐다. 하지만 AI 지원 브레인스토밍은 시공간 제약을 뛰어넘는다. 24시간 언제든지 아이디어를 제출할 수 있고, AI가 실시간으로 관련 정보와 유사 사례를 제공한다.

다양성이 아이디어의 폭을 넓힌다. 같은 배경을 가진 사람들끼리 모이면 비슷한 아이디어만 나온다. 나이, 성별, 전공, 경험, 문화가 다른 구성원들이 모여야 창의적 마찰(Creative Friction)이 일어난다. AI도 다양한 모델과 관점을 활용해야 한다.

서양(개인의 자유)의 AI와 동양(집단의 조화)의 AI, 기술 중심 AI와 인문학 중심 AI가 만나면 더 풍부한 아이디어가 나온다. AI 기술이 가진 보편성과는 별개로, 이를 바라보고 적용하는 문화적, 학문적 관점의 차이가 서로 결합될 때 더 큰 시너지가 발생한다는 의미이다.

실험적 검증이 아이디어를 현실화한다. 좋은 아이디어라도 실제로 작동하지 않으면 의미가 없다. 프로토타이핑, 파일럿 테스트, A/B 테스트를 통해 아이디어의 실현 가능성을 확인한다. AI는 이런 실험 과정에서 변수 통제와 결과 분석을 지원한다.

지적 재산권 관리도 중요하다. 혁신적 아이디어는 기업의 경쟁 우위 원천이다. 어떤 아이디어를 특허로 보호할지, 어떤 것을 오픈 소스로 공개할지 전략적으로 판단해야 한다. AI는 기존 특허와의 중복성을 검토하고, 특허 출원 전략을 수립하는 데 도움을 준다.

아이디어 포트폴리오 접근법[3]이 필요하다. 모든 아이디어를 동시에 추진할 수는 없다. 혁신성과 실현 가능성, 시장성을 고려해 우선순위를 매겨야 한다. 일부는 즉시 실행하고, 일부는 기술 발전을 기다리며, 일부는 시장 상황 변화를 지켜본다.

IBM은 모든 아이디어를 특허화하는 대신, '아이디어 포트폴리오 접근법'을 적용했다. IBM의 핵심 AI 알고리즘이나 독점적 경쟁력을 제공하는 기술은 특허로 강력하게 보호했다. 반면, AI 기술의 대중화를 돕고 생태계를 확장하는 데 필요한 S/W나 기반 기술은 공개했다.

---

3) 포트폴리오 접근법(Portfolio Approach)은 하나의 대상에 모든 자원을 집중하는 대신, 여러 대안에 자원을 분산하여 위험을 관리하고 전체적인 성과를 최적화하는 전략을 의미한다. 이는 주로 투자 분야에서 사용되는 용어지만, 비즈니스 전략, 프로젝트 관리 등 다양한 분야에 적용할 수 있다.

결국, 전 세계 개발자들이 IBM의 기술을 활용하게 만들었고, IBM 기술을 기반으로 한 거대한 생태계를 형성하는 데 기여했다. IBM은 이러한 포트폴리오 관리를 통해 혁신의 속도를 늦추지 않으면서도 기업의 지적 재산권을 효과적으로 관리할 수 있었다.

현실의 실행 전략과 변화 관리

훌륭한 아이디어도 실행되지 않으면 의미가 없다. 창의적 문제 해결의 마지막 단계는 아이디어를 현실로 만드는 실행 전략과 변화 관리다. AI 시대의 실행은 속도와 유연성이 핵심이다. 빠르게 변하는 환경에서 계획을 수정하고 적응해야 한다.

오픈 AI의 샘 앨트만, 테슬라의 일론 머스크, 엔비디아의 젠슨 황 등 글로벌 혁신가들은 자신의 아이디어를 실행으로 옮기는데 매우 속도감이 있었다. 전광석화처럼 빠른 시대에 좌고우면하면 기회를 놓친다. 오늘 실행한 계획은 내일의 완벽한 계획보다 낫다는 교훈도 있다.

실행 계획의 수립부터 다르다. 전통적 계획은 상세하고 고정적이었다. 하지만 AI 시대의 실행 계획은 유연해야 한다. 핵심 목표는 명확히 하되, 실행 방법은 상황에 따라 조정할 수 있도록 여지를 남겨둔다. AI는 실시간 데이터를 바탕으로 계획 수정을 지원한다.

애자일 방법[4]론의 적용이 효과적이다. 큰 프로젝트(Sprint)를 작은 단위

---

[4] 애자일 방법론(Agile Methodology)은 소프트웨어 개발 방식의 하나로, 정해진 계획에 따라 순차적으로 진행하기보다 변화에 유연하게 대응하면서 빠르게 결과물을 만들어내는 접근법이다.

로 나누고, 짧은 주기로 결과를 확인하며 개선한다. 스프린트마다 목표를 설정하고, 회고를 통해 학습한다. AI는 각 스프린트의 성과를 분석하고, 다음 스프린트의 개선 방향을 제시한다.

아마존의 물류 네트워크는 전 세계 수많은 주문을 처리하는 거대한 유기체와 같습니다. 전통적인 방식으로는 이처럼 복잡하고 방대한 시스템을 효율적으로 관리할 수 없다. 아마존은 AI를 활용해 고정된 계획 대신 실시간으로 변화하는 유연한 실행 계획을 수립한다.

아마존의 물류 시스템은 큰 계획을 여러 개의 작은 단위로 나누어 실행하고 실시간으로 성과를 확인하는 애자일 방식으로 운영된다. AI는 각 배송의 성과를 분석하여 '이번 배송에서 어떤 경로가 효율적이었는지'를 학습하고, 이 데이터를 바탕으로 다음 계획을 개선한다.

이해관계자 참여가 성공의 열쇠다. 변화의 영향을 받는 모든 사람들이 실행 과정에 참여해야 한다. 일방적 통보보다는 쌍방향 소통이 필요하다. AI는 이해관계자별 관심사와 우려사항을 분석하고, 맞춤형 커뮤니케이션 전략을 제안한다.

저항 관리가 변화의 성공을 좌우한다. 혁신적 아이디어일수록 저항이 클 수 있다. 저항의 원인을 파악하고, 적절한 대응 전략을 마련해야 한다. 정보 부족에서 오는 저항은 교육으로, 기득권 침해에서 오는 저항은 인센티브 재설계로 해결한다.

역량 개발이 변화의 기반이다. 새로운 아이디어의 실행에는 새로운 역량이 필요하다. 기술적 스킬뿐만 아니라 마인드셋의 변화도 중요하다. AI

리터러시, 디지털 협업 능력, 불확실성 대응 능력 등을 체계적으로 개발해야 한다. AI 기반 개인 맞춤형 학습이 효율성을 높인다.

문화 변화가 지속성을 보장한다. 제도와 프로세스를 바꾸는 것만으로는 부족하다. 구성원들의 행동과 사고방식이 바뀌어야 진정한 변화가 일어난다. 실험을 장려하고, 학습을 중시하며, 협업을 촉진하는 문화를 만들어가야 한다. 리더의 솔선수범이 문화 변화의 시작점이다.

성과 측정과 피드백이 방향을 잡아준다. 정량적 지표와 정성적 평가를 균형 있게 활용한다. 매출이나 비용 같은 재무적 성과뿐만 아니라, 고객 만족도, 직원 참여도, 학습 속도 등도 측정한다. AI는 다양한 데이터를 통합 분석하고, 성과 개선 포인트를 식별한다.

한 번의 성공으로 만족하지 않고, 계속해서 더 나은 방법을 찾는다. 고객 피드백, 시장 변화, 기술 발전을 반영해 지속적으로 혁신한다. AI는 개선 기회를 조기에 포착하고, 최적화 방안을 제안한다. 변화는 일회성 프로젝트가 아니라 지속적인 여정이다.

[출처_wikipedia.org]

마크 안드리슨
Marc Andreessen (a16z Co-founder & General Partner)

AI는 범용 문제 해결자다.
우리 앞의 수많은 난제를 풀 도구다.

"AI is best thought of as a universal problem solver."

| 제15장

조직 디지털 트랜스포메이션(DX)과 개선

Altelling

디지털 트랜스포메이션은 단순한 기술 도입이 아니다. 조직의 DNA를 디지털 중심으로 재편하는 근본적 변화다. 성공적인 디지털 전환은 기술, 프로세스, 문화의 삼위일체 변화를 요구한다. 그 핵심은 기존 프로세스를 근본적으로 재설계하는 것이다. 단순히 아날로그를 디지털로 바꾸는 것이 아니라, 디지털의 특성을 살려 완전히 새로운 방식으로 일하는 것이다.

조직의 디지털 전환 전략

디지털 트랜스포메이션은 단순한 기술 도입이 아니다. 조직의 DNA를 디지털 중심으로 재편하는 근본적 변화다. AI는 이 변화의 핵심 동력이자 방향을 결정하는 나침반 역할을 한다. 성공적인 디지털 전환은 기술, 프로세스, 문화의 삼위일체 변화를 요구한다.

사티아 나델라가 CEO로 취임하기 전, 마이크로소프트는 성공적이었지만, 성장이 둔화되고 정체된 기업이라는 평가를 받았다. 모바일과 클라우드라는 새로운 기술 흐름을 제대로 잡지 못하고 내부적으로는 부서 간 경쟁이 심한 사일로 조직의 문제점을 안고 있었다.

이러한 진단을 바탕으로 M/S는 기술, 프로세스, 문화의 세 가지 축을 중심으로 근본적인 디지털 전환을 시작했다. 기술 변화(기존의 윈도우(Windows) 중심 전략에서 '클라우드 퍼스트(Cloud-First)' 전략으로), 프로세스 변화(사일로를 허물고 유연한 협업 방식)를 시도했다.

또한 문화 변화('모든 것을 배우려는 자(Learn-it-all)' 자세, 실패를 두려워하지 않고 끊임없이 도전하는 분위기) 등 총체적인 변화를 통해 멈춰 있던 성장의 동력을 다시 얻었고, 단순한 S/W 기업을 넘어 AI와 클라우드 시대를 선도하는 기업으로 성공적으로 재탄생했다.

전략 수립의 출발점은 현재 상태 진단이다. 조직의 디지털 성숙도를 객관적으로 평가해야 한다. 기술 인프라, 데이터 활용 수준, 직원 역량, 디지털 문화 등을 종합적으로 분석한다. AI는 이런 진단 과정에서 벤치마킹 데이터를 제공하고, 개선 우선순위를 제안한다.

AI는 산업 트렌드와 경쟁사 분석을 통해 도전적인 비전과 목표 설정을 지원한다. 디지털 전환을 통해 무엇을 달성하고자 하는가? 고객 경험 향상인가, 운영 효율성 증대인가, 새로운 비즈니스 모델 창출인가? 목표에 따라 전략과 실행 방법이 달라진다.

한꺼번에 바꾸려 하면 조직에 큰 충격을 준다. 핵심 영역부터 시작해서 점진적으로 확산하는 것이 안전하다. 파일럿 프로젝트로 성공 사례를 만들고, 이를 바탕으로 전사로 확대한다. AI는 각 단계의 성과를 모니터링하고 다음 단계 진행 여부를 판단하는 데 도움을 준다.

리더십의 변화가 성공을 좌우한다. CEO와 임원진의 디지털 리더십 역량이 전사 변화의 속도와 깊이를 결정한다. 디지털 기술을 이해하고, 데이터 기반 의사결정을 하며, 실패를 학습 기회로 받아들이는 리더십이 필요하다. AI는 리더십 역량 강화에 도움을 준다.

사일로 조직(Silo Organization)은 부서 간의 경계가 매우 뚜렷하고, 서로 정보나 자원을 공유하지 않은 채 각자의 업무만 수행하는 구조이다. 빠르게 변화하는 현대 비즈니스 환경, 특히 AI와 같은 기술 융합이 중요한 시대에는 큰 걸림돌이다.

조직 구조의 재설계도 필요하다. 전통적인 사일로Silo) 조직으로는 디지털 시대에 대응하기 어렵다. 크로스펑셔널 팀, 애자일 조직, 네트워크형 구조 등을 도입해 유연성과 속도를 높여야 한다. 새로운 역할과 책임을 정의하고, 권한과 의사결정 구조를 조정한다.

레거시 시스템[1]은 기업의 디지털 전환을 방해하는 주요 원인 중 하나로 꼽힌다. 따라서 많은 기업이 마이크로서비스 아키텍처[2](Microservices Architecture)나 클라우드 컴퓨팅과 같은 최신 기술로 레거시 시스템을 현대화(Modernization)하는 작업을 진행하고 있다.

기술 아키텍처의 현대화가 기반을 마련한다. 레거시 시스템의 한계를 극복하고, 클라우드, AI, IoT 등 신기술을 효과적으로 통합할 수 있는 아키텍처가 필요하다. 확장성, 보안성, 상호 운용성을 고려한 설계가 중요하다. 전면 교체보다는 점진적 현대화 전략이 현실적이다.

데이터 전략이 디지털 전환의 핵심이다. 데이터는 디지털 시대의 석유라고 불린다. 데이터의 수집, 저장, 가공, 활용에 대한 종합적 전략이 필요하다. 데이터 거버넌스, 품질 관리, 보안 체계를 구축해야 한다. AI를 통해 데이터의 가치를 극대화한다.

파트너십과 생태계 구축이 역량을 보완한다. 모든 것을 자체 개발할 수는 없다. 기술 파트너, 컨설팅 파트너, 스타트업과의 협력을 통해 부족한 역량을 보완하고 혁신 속도를 높인다. 오픈 이노베이션과 플랫폼 전략을 통해 외부 생태계와 연결된다.

변화 관리와 커뮤니케이션이 저항을 최소화한다. 디지털 전환은 모든 구성원에게 영향을 준다. 변화의 필요성과 방향을 명확히 소통하고, 구성

---

1) 레거시 시스템(Legacy System)은 오래된 기술이나 방식으로 구축되어 현재의 기술 및 환경과 잘 맞지 않는 시스템을 의미한다. 이 용어는 주로 기업의 전산 시스템이나 소프트웨어에 사용되며, '과거의 유산'이라는 뜻을 가진다.
2) 마이크로서비스 아키텍처(Microservices Architecture)는 하나의 거대한 애플리케이션을 여러 개의 작고 독립적인 서비스들로 나누어 개발하는 소프트웨어 개발 방식이다. 이 작은 서비스들은 각자 고유한 기능을 수행하며, 서로 독립적으로 배포, 확장, 수정될 수 있다.

원들의 우려를 경청하며, 참여를 유도해야 한다. 교육훈련, 역량개발, 인센티브 체계를 조정해 변화를 촉진한다.

프로세스 혁신과 자동화

디지털 트랜스포메이션의 핵심은 기존 프로세스를 근본적으로 재설계하는 것이다. 단순히 아날로그를 디지털로 바꾸는 것이 아니라, 디지털의 특성을 살려 완전히 새로운 방식으로 일하는 것이다. AI는 이런 프로세스 혁신에서 핵심적 역할을 한다.

반복적 업무를 자동화(Repetitive Task Automation)하고, 의사결정을 지능화(Intelligent Decision Making)하며, 예외 상황을 예측(Exception Prediction)한다. 이 세가지 가치는 서로 유기적으로 연결되고, 선순환 구조를 만들어낸다.

현재 프로세스의 분석부터 시작한다. 어떤 단계에서 시간이 많이 걸리는가? 어디에서 오류가 자주 발생하는가? 어떤 부분에서 고객이 불편을 겪는가? 프로세스 마이닝 기술[3](Process Mining)을 활용하면 실제 업무 흐름을 객관적으로 분석할 수 있다.

병원에 입원한 환자의 행정 절차를 예로 들어보면, 전통적인 방식으로는 환자 입원부터 퇴원까지의 시간이 오래 걸린다는 문제는 알지만, 그 원

---

3) 프로세스 마이닝(Process Mining)은 실제 업무 프로세스의 데이터를 분석하여, 실제 프로세스가 어떻게 진행되고 있는지 파악하고 개선하는 기술이다. 이는 기업의 정보 시스템(ERP, CRM 등)에 기록된 이벤트 로그(event log) 데이터를 활용하여 숨겨진 비효율성을 찾아내는 데 중점을 둔다.

인은 추측에 의존할 수밖에 없다. 프로세스 마이닝 적용하면 병원 IT 시스템의 이벤트 로그를 분석한다.

환자가 '혈액 검사를 요청'한 시점부터 '검사 결과가 시스템에 입력'되는 시점 사이에 예상치 못한 긴 지연이 있음을 발견한다. 이는 혈액 검사를 담당하는 부서의 인력 부족이나 특정 장비의 노후화와 같은 숨겨진 문제를 객관적으로 진단할 수 있는 근거가 된다.

가치 중심의 재설계가 핵심이다. 고객에게 직접적 가치를 주지 않는 단계는 과감히 제거한다. 승인과 검토가 여러 번 반복되는 불필요한 단계, 정보 전달만을 위한 중간 단계들을 간소화한다. 가치 흐름 분석을 통해 진짜 중요한 활동에 집중한다.

자동화 대상의 선별이 중요하다. 모든 업무를 자동화할 필요는 없고, 할 수도 없다. 반복성이 높고, 규칙이 명확하며, 대량 처리가 필요한 업무부터 자동화한다. RPA(Robotic Process Automation)는 기존 시스템을 그대로 두고 로봇이 인간을 대신해 작업을 수행한다.

지능형 자동화가 다음 단계다. 단순 반복이 아니라 판단이 필요한 업무도 AI가 처리할 수 있다. 문서에서 정보를 추출하고, 내용을 분류하며, 적절한 담당자에게 배정하는 등의 업무가 가능하다. 기계학습을 통해 정확도가 지속적으로 향상된다.

인간은 예외 상황이나 복잡한 판단이 필요한 경우에만 개입한다. 예를 들어, 의료분야에서 AI는 의료 영상을 분석하여 잠재적 질병을 1차적으로 진단하고, 인간 의사는 AI가 식별한 '예외적인' 경우에만 개입하여 최종적인 판단과 치료 계획을 수립한다.

인간-AI 협업 프로세스의 설계가 필수다. 완전 자동화가 어려운 영역에서는 인간과 AI의 역할을 명확히 구분한다. AI가 1차 처리하고 인간이 검토하는 방식, 인간이 판단하고 AI가 실행하는 방식 등 각자의 강점을 살리고 약점을 보완하는 다양한 협업 모델을 적용한다.

실시간 모니터링과 최적화가 성과를 높인다. 디지털 프로세스는 모든 단계가 데이터로 기록된다. 처리 시간, 오류율, 고객 만족도 등을 실시간으로 모니터링한다. 문제가 발생하면 즉시 파악하고 조치를 취한다. AI는 패턴 분석, 문제 발생 예측, 예방 조치를 제안한다.

예외 상황 처리 메커니즘도 중요하다. 표준 프로세스로 처리할 수 없는 특수한 상황이 반드시 발생한다. 이런 예외 상황을 어떻게 처리할지 미리 정의해둬야 한다. 에스컬레이션 룰[4](Escalation Rule), 대안 프로세스, 수동 개입 절차 등을 체계화한다.

연속적 개선이 경쟁력을 유지한다. 프로세스 혁신은 일회성이 아니라 개선 기회를 지속적으로 발굴하는 활동이다. 시장 환경, 고객 니즈, 기술 발전에 따라 프로세스도 계속 진화해야 한다. 작은 개선들이 누적되어 큰 경쟁 우위를 만든다.

변화 관리가 성공을 보장한다. 아무리 좋은 프로세스라도 사람들이 따르지 않으면 의미가 없다. 새로운 프로세스의 장점을 명확히 전달하고, 교육과 훈련을 통해 역량을 개발한다. 초기에는 혼란이 있을 수 있지만, 지속적인 지원과 피드백을 통해 안정화시킨다.

---

4) 에스컬레이션 룰(Escalation Rule)은 문제가 적절한 시간 내에 해결되지 않거나, 특정 기준을 초과할 때 자동으로 또는 수동으로 문제를 '격상(escalate)'시켜 더 높은 수준의 권한이나 전문성을 가진 사람이 개입하도록 한다. 이는 문제 해결의 효율성을 높이고, 중요 문제에 대한 신속한 대응을 가능하게 한다.

기술의 전략적 선택과 적용

디지털 트랜스포메이션에서 기술은 목적이 아니라 수단이다. 기술 자체의 화려함에 현혹되지 말고, 비즈니스 목표 달성에 도움이 되는 기술을 선별해야 한다. AI를 포함한 신기술들이 빠르게 발전하고 있지만, 모든 기술을 다 도입할 필요는 없다.

모든 최신 기술을 도입하려면 막대한 비용과 시간, 인력이 필요하다. 조직의 핵심 목표와 무관한 기술에 자원을 쏟으면, 효율성이 떨어지고 핵심 사업에 집중할 수 없다. 따라서 조직의 상황과 필요에 맞는 기술을 전략적으로 선택하고 단계적으로 적용하는 것이 현명하다.

나이키는 단순히 최신 기술을 도입하는 대신, '소비자 직접 판매(Direct-to-Consumer, DTC)'를 강화하기 위한 기술을 선별적으로 도입했습니다. 이는 모든 기술을 무분별하게 수용하는 것이 아니라, 전략적 필요에 따라 단계적으로 기술을 적용한 대표적인 사례이다.

나이키는 모든 유행하는 기술(예: 메타버스, 블록체인 등)에 섣불리 투자하는 대신, '소비자와의 직접적인 관계 구축'이라는 명확한 핵심 목표에 부합하는 기술을 선별하고, 이를 단계적으로 적용함으로써 디지털 전환을 성공적으로 이끌었다.

기술 평가의 기준을 명확히 해야 한다. 비즈니스 임팩트, 기술적 성숙도, 구현 복잡성, 비용 대비 효과를 종합적으로 고려한다. 혁신성만 보고 미성숙한 기술을 성급히 도입하면 실패 위험이 크다. 반대로 너무 보수적이면 경쟁에서 뒤처질 수 있다. 균형이 관건이다.

가술검증[5](Proof of Concept) 단계의 중요성을 인식해야 한다. 본격 도입 전에 작은 규모로 기술의 효과를 검증한다. 이론적 가능성과 실제 적용성은 다를 수 있다. POC를 통해 기술적 이슈, 운영상 문제점, 사용자 반응 등을 미리 파악한다.

통합과 상호 운용성을 고려한 선택이 필요하다. 개별 기술의 성능도 중요하지만, 기존 시스템과의 호환성이 더 중요할 수 있다. 데이터 형식, 인터페이스 규격, 보안 정책 등이 일치하지 않으면 통합 비용이 기하급수적으로 증가하기 때문에 주의를 요한다.

표준 기반의 기술을 우선적으로 고려하고, 특정기업(벤더)에 얽매이지 않고, 누구나 사용할 수 있는 개방된 표준 기술 표준을 채택하기 위해 벤더 종속성을 최소화해야 한다. 벤터 종속성은 높은 전환 비용, 낮은 유연성, 가격 협상력 상실을 초래하기 때문에 피해야 한다.

급진적 변화보다는 단계적 도입 전략이 위험을 관리한다. 모든 기능을 한 번에 구현하려 하지 말고, 핵심 기능부터 우선 적용한다. 안정성을 확보한 후에 추가 기능을 단계적으로 확장한다. 사용자들이 새로운 기술에 점진적으로 적응할 수 있는 시간을 제공한다.

아무리 좋은 기술이라도 이를 활용할 수 있는 인재가 없으면 무용지물이다. 인재 확보와 역량 개발이 핵심이다. 신기술에 대한 이해와 경험을 가진 인재를 영입하거나, 기존 직원들을 교육시켜야 한다. 외부 전문가의 도움을 받되, 내부 역량도 병행해서 키워나간다.

---

[5] POC POC(Proof of Concept)는 '개념 증명'이라는 뜻으로, 새로운 아이디어나 기술이 실제로 작동하고, 기술적으로 구현 가능한지를 증명하는 초기 단계의 활동이다. 이는 아이디어가 이론적으로 가능한지를 확인하는 과정이므로, '기술 검증'과 같은 의미로 사용된다.

보안과 컴플라이언스를 처음부터 고려해야 한다. 신기술 도입 시 보안은 항상 취약점이 된다. 새로운 공격 경로가 생기고, 기존 보안 체계로는 대응하기 어려운 위협이 등장한다. 기술 도입 계획 단계부터 보안 전문가가 참여해야 한다.

성과 측정 체계를 미리 설계한다. 기술 도입의 효과를 객관적으로 평가할 수 있는 지표를 정의한다. 정량적 지표와 정성적 지표를 균형 있게 활용한다. 기술적 지표뿐만 아니라 비즈니스 지표로도 성과를 측정한다. 측정 결과를 바탕으로 지속적으로 개선하고 최적화한다.

실패에 대한 대비책도 중요하다. 모든 기술 도입이 성공할 수는 없다. 실패했을 때의 롤백 계획, 대안 기술, 위험 완화 방안을 미리 준비한다. 실패를 숨기거나 무시하지 말고, 학습의 기회로 활용한다. 실패 경험이 축적되면 다음 기술 도입의 성공률이 높아진다.

성과 측정과 지속적 개선

디지털 전환의 성과를 정확히 측정하는 것은 쉽지 않다. 전통적인 재무 지표만으로는 디지털 전환의 진정한 가치를 포착하기 어렵다. 고객경험 향상, 운영 효율성 증대, 혁신역량 강화 등 무형의 성과들을 어떻게 측정할 것인가? 적절한 측정 체계가 있어야 개선할 수 있다.

핵심 성과 지표들 간의 상관관계를 분석하고, 균형잡힌 성과 지표의 설계가 첫 단계다. 재무적 성과, 고객 관점, 내부 프로세스, 학습과 성장 등 다양한 관점에서 지표를 설정한다. 단기 성과와 장기 성과, 선행 지표와 후행 지표를 적절히 조합한다.

디지털 전환의 성과를 측정하는 것은 단순히 매출 증가만으로는 부족하다. 고객 경험, 운영 효율성 등 무형의 가치까지 포함하는 균형 잡힌 측정 체계가 필요하다. 이러한 접근법으로 성공적인 전환을 이룬 대표적인 사례는 스타벅스(Starbucks)이다.

스타벅스는 '사이렌 오더'라는 모바일 주문 시스템과 리워드 프로그램을 도입하며 디지털 전환을 시작했다. 이들은 단순한 매출 증감을 넘어, 다음과 같은 다각적인 지표(고객관점, 내부 프로세스, 학습과 성장, 재무적 성과)를 활용해 성과를 측정했다.

스타벅스는 이처럼 재무적 지표와 비재무적 지표를 결합하여 단기적 매출 증가뿐만 아니라, 장기적인 브랜드 가치와 운영 효율성 향상이라는 무형의 성과까지 체계적으로 측정했습니다. 이는 디지털 전환의 진정한 가치를 포착하는 균형 잡힌 성과 측정의 모범 사례이다.

실시간 모니터링 체계의 구축이 필요하다. 월말이나 분기말에 성과를 확인하는 것으로는 늦다. 디지털 시대에는 실시간으로 성과를 추적하고 문제를 조기에 발견해야 한다. 대시보드를 통해 핵심 지표의 현황을 한눈에 파악하고, 이상 징후가 감지되면 즉시 알림을 받는다.

데이터 품질 관리가 측정의 정확성을 좌우한다. 잘못된 데이터로 측정하면 잘못된 결론을 얻는다. 데이터의 완전성, 정확성, 일관성, 시의성을 지속적으로 관리해야 한다. 자동화된 데이터 검증 프로세스를 구축하고, 이상 데이터를 실시간으로 탐지한다.

벤치마킹을 통한 상대적 평가도 중요하다. 절대적 성과 수치만으로는 좋고 나쁨을 판단하기 어렵다. 동일 업계 선도 기업이나 Best Practice와 비교해야 현재 수준을 객관적으로 파악할 수 있다. 외부 벤치마킹 데이터베이스를 활용하고, 정기적으로 경쟁사 분석을 실시한다.

성과 분석의 깊이가 개선 방향을 결정한다. 표면적 지표만 보고 성급한 결론을 내리면 안 된다. 통계적 기법과 AI 분석을 활용해, 성과 변화의 근본 원인을 깊이 있게 분석해야 한다. 상관관계와 인과관계를 구분하고, 외부 요인과 내부 요인을 분리한다.

지속적 개선 프로세스의 체계화가 필요하다. 측정만 하고 개선하지 않으면 의미가 없다. 성과 분석 결과를 바탕으로 개선 과제를 도출하고, 우선순위를 정해 체계적으로 추진한다. PDCA(Plan-Do-Check-Act) 사이클을 빠르게 돌리며 지속적으로 개선한다.

예측적 분석을 통한 선제적 대응이 경쟁력을 높인다. 과거와 현재의 데이터만 보는 것이 아니라, 미래를 예측하고 미리 대응한다. AI는 복잡한 변수들의 상호작용을 모델링하고, 트렌드 분석, 시나리오 플래닝, 예측 모델링을 통해 앞으로 일어날 상황을 대비한다.

조직 전체의 성과 관리 문화 정착이 핵심이다. 일부 관리자만 성과를 관리하는 것이 아니라, 모든 구성원이 자신의 업무 성과를 스스로 모니터링하고 개선하는 문화를 만들어야 한다. 성과 데이터에 대한 접근성을 높이고, 데이터 분석 도구 사용법을 교육한다.

성과 커뮤니케이션의 효과성도 중요하다. 아무리 좋은 성과 정보라도 적절히 전달되지 않으면 의미가 없다. 대상에 따라 다른 형태로 성과 정보를 제공한다. 경영진에게는 요약된 핵심 지표를, 현장 직원에게는 구체적이고 실행 가능한 정보를 명확히 제공한다.

[출처_wikipedia.org]

다리오 아모데이
Dario Amodei (Anthropic CEO)

위험 능력이 드러난 AI는 배포하지 않는다.
단계별 안전 게이트가 답이다.

*"If an AI shows dangerous capabilities,
we will not deploy it."*

| 제16장

AI 미래 기술의
게임 체인저 탐색

> **AItelling**
>
> 미래를 정확하게 예측하는 것은 불가능하지만, 기술 발전의 방향을 읽고 준비하는 것은 가능하다. 신기술 도입의 성공은 기술 자체의 우수성보다 조직의 준비 상태에 더 크게 좌우된다. 아무리 혁신적인 기술이라도 조직이 받아들일 준비가 되어 있지 않으면 실패한다. 학습 조직의 기술 수용 역량, 변화 관리 능력, 학습 문화 등을 종합적으로 평가해야 한다.

기술 트렌드의 모니터링 체계화

미래를 정확하게 예측하는 것은 불가능하지만, 기술 발전의 방향을 읽고 준비하는 것은 가능하다. AI 혁신 리더는 기술의 현재를 정확히 파악하고, 미래의 가능성을 탐색하여, 조직이 나아갈 방향을 명확하게 설정해야 한다. 신기술은 기회이자 동시에 위협이다.

"패스트 팔로워(Fast Follower)가 아니라 퍼스트 무버(First Mover)가 되라"는 말이 있다. 퍼스트 무버는 시장을 개척하는 선구자이고, 패스트 팔로워는 빠르게 따라가는 추격자이다. 먼저 준비하는 조직은 선점 효과를 누리지만, 뒤처지는 조직은 생존 자체가 어려워진다.

기술 트렌드 모니터링의 체계화가 출발점이다. 즉흥적인 정보 수집으로는 의미 있는 인사이트를 얻기 어렵다. 기술 동향을 지속적으로 추적하고 분석하는 시스템이 필요하다. 학술 논문, 특허 출원, 스타트업 투자, 기업 R&D 동향 등 다양한 소스에서 정보를 수집한다.

약한 신호(Weak Signal)의 포착이 경쟁 우위를 만든다. 기술이 완전히 성숙한 후에는 이미 늦다. 잠재력이 큰 기술들을 조기에 발견해야 한다. 대학 연구실의 초기 연구 결과, 작은 스타트업의 혁신적 아이디어, 미적용 기술 등에서 미래의 게임 체인저를 찾을 수 있다.

상호작용과 시너지 효과 측면에서 기술 융합의 관점을 주목해야 한다. 개별 기술의 발전도 중요하지만, 여러 기술이 결합될 때 더 큰 임팩트가 나타난다. AI와 로보틱스의 결합, IoT와 블록체인의 만남, VR과 햅틱 기술의 융합 등이 새로운 가능성을 열어준다.

기술 융합의 시너지를 가장 잘 보여주는 대표적인 사례는 아마존(Amazon) 물류 창고의 AI와 로봇 기술 결합이다. 이 사례는 개별 기술의 발전도 중요하지만, 여러 기술이 결합될 때 훨씬 더 큰 임팩트를 낸다는 것을 명확히 증명한다.

로봇 기술(Robotics): 아마존 창고에서 물건을 옮기는 주황색 로봇들은 사람 대신 무거운 상품 선반 전체를 들어 올려 포장하는 직원에게 직접 가져준다. 이 기술 덕분에 직원이 상품을 찾으러 창고를 돌아다닐 필요가 없어졌다.

인공지능: 로봇 기술만으로는 효율성에 한계가 있다. AI가 이 로봇들을 제어하는 두뇌 역할을 한다. AI는 실시간 데이터를 바탕으로 주문량을 예측하고, 로봇들의 최적 이동 경로를 계산하며, 가장 많이 팔리는 상품을 포장 직원과 가까운 위치에 미리 배치한다.

결론적으로, 로봇은 그저 물건을 옮기는 기계일 뿐이고, AI는 그저 복잡한 계산을 하는 알고리즘일 뿐이다. 하지만 두 기술이 결합되면서 아마존의 물류 창고는 유기적으로 작동하는 거대한 자동화 시스템으로 변모했다. 기술의 결합으로 시너지를 창출한 성공적인 사례이다.

각 시기별로 시간축을 고려한 기술 로드맵 작성이 필요하다. 모든 기술이 동시에 성숙하지는 않는다. 기술별로 실용화까지의 시간이 다르고, 시장 수용성도 다르다. 단기(1-2년), 중기(3-5년), 장기(5-10년)로 구분해 기술 발전 시나리오를 그려본다.

하이프 사이클(Hype Cycle)[1]의 이해가 합리적 판단을 돕는다. 신기술은

---

1) 하이프 사이클은 새로운 기술이나 개념이 등장하여 시장에서 성숙해지는 과정을 다섯 단계

과도한 기대와 실망의 과정을 거쳐 안정적 성숙 단계에 도달한다. 미디어의 과장된 보도에 현혹되지 말고, 기술의 진짜 현재 위치와 한계를 객관적으로 평가하고, 적절한 타이밍에 투자해야 한다.

산업별 임팩트 분석이 전략 수립을 지원한다. 같은 기술이라도 산업에 따라 영향의 정도와 속도가 다르다. 제조업과 서비스업, B2B와 B2C, 규제 산업과 자유로운 산업에서 기술 도입 패턴이 다르다. 자신의 산업 특성을 고려해 기술의 적용 가능성과 시기를 판단해야 한다.

경쟁사와 선도 기업의 기술 전략 분석도 중요하다. 다른 기업들이 어떤 기술에 집중하고 있는지, 어떤 방향으로 투자하고 있는지 파악한다. 경쟁사를 따라 하는 것이 아니라, 차별화 포인트를 찾기 위해서다. 남들이 주목하지 않는 틈새 기술에서 기회를 찾을 수도 있다.

기술 생태계의 성숙도도 고려 요소다. 아무리 훌륭한 기술이라도 생태계가 형성되지 않으면 실용성이 떨어진다. 개발 도구, 표준, 인재 풀, 파트너 네트워크 등이 충분히 발달했는지 확인해야 한다. 생태계가 미성숙한 기술은 높은 위험을 감수해야 한다.

조직 전체 역량과 준비도 평가

신기술 도입의 성공은 기술 자체의 우수성보다 조직의 준비 상태에 더 크게 좌우된다. 아무리 혁신적인 기술이라도 조직이 받아들일 준비가 되어 있지 않으면 실패한다. 조직의 기술 수용 역량, 변화 관리 능력, 학습 문

(기술 촉발, 기대 부풀리기 절정, 환멸, 계몽, 생산성 안정)로 시각화한 모형이다.

화 등을 종합적으로 평가해야 한다.

기술 역량 현황 진단이 첫 번째 단계다. 현재 조직이 보유한 기술 역량의 수준과 범위를 객관적으로 평가한다. IT 인프라, 데이터 관리 능력, 소프트웨어 개발 역량, 보안 체계 등을 점검한다. 신기술 도입에 필요한 전제 조건들이 갖춰져 있는지 확인한다.

인재 역량과 스킬 갭 분석도 중요하다. 신기술을 이해하고 활용할 수 있는 인재가 충분한지 평가한다. 기술적 스킬뿐만 아니라 학습 능력, 변화 적응력, 창의적 사고력 등도 중요하다. 개인별 역량 프로파일을 작성하고, 조직 전체의 역량 지도를 그려본다.

역량 지도(Competency Map)는 조직이 보유한 인재들의 기술과 역량을 시각적으로 파악하고 분석하는 도구이다. 이는 단순히 개개인의 능력을 나열하는 것을 넘어, 조직 전체의 현재 역량 수준과 미래에 필요한 역량 간의 격차(Skill Gap)를 파체적으로 보여준다.

개인별 프로파일을 모두 취합하여 조직 전체의 역량 지도를 시각화한다. 이는 다음과 같은 형태로 구현될 수 있다. 히트맵(Heatmap): 정의된 역량 요소들을 X축과 Y축에 두고, 각 직원의 역량 수준을 색상 농도로 표시하여 한눈에 강점과 약점을 파악할 수 있도록 한다.

스킬 맵 차트는 특정 프로젝트나 팀에 필요한 역량을 중심으로 구성원들의 역량 수준을 막대그래프로 보여주어, 팀 내에 어떤 스킬이 부족한지 쉽게 알 수 있도록 한다. 작성된 역량지도는 스킬 갭 분석, 인재 배치 최적화, 인재 채용 전략수립 등의 의사결정에 활용된다.

조직 문화의 개방성을 측정해야 한다 경직된 조직은 기술도입의 걸림돌이다. 새로운 기술을 수용하고 실험하는 문화가 있는지 점검한다. 실패를 두려워하는 문화에서는 혁신적 기술 도입이 어렵다. 위험 감수 성향, 학습 지향성, 협업 문화, 의사결정 속도 등을 평가한다.

리더십의 디지털 역량도 중요한 평가 요소다. 최고 경영진과 중간 관리자들이 새로운 기술을 얼마나 이해하고 지원하는지 확인한다. 리더가 기술에 대한 이해 없이 의사결정을 하면 잘못된 방향으로 갈 수 있다. 리더십 차원에서의 디지털 리터러시 향상이 필요하다.

프로세스의 유연성과 적응력을 평가한다. 규정과 절차가 너무 복잡하거나 까다로우면 혁신이 위축된다. 신기술 실험을 위한 별도 프로세스가 있는지, 빠른 의사결정이 가능한지, 실패해도 학습할 수 있는 여지가 있는지 점검한다.

외부 협력 네트워크의 활용도도 측정한다. 대학, 연구소, 스타트업, 기술 벤더와의 협력 관계가 얼마나 활발한지 평가한다. 오픈 이노베이션 역량이 조직의 기술 흡수 능력을 크게 좌우한다. 외부와의 네트워킹과 파트너십 구축 능력을 강화해야 한다.

자원 배분의 우선순위를 점검한다. 신기술 투자에 할당되는 예산과 인력이 충분한지 확인한다. 기존 시스템 유지보수에만 치중하고 혁신 투자를 소홀히 하면 미래 경쟁력이 약화된다. 포트폴리오 관점에서 안정성과 혁신성의 균형을 맞춰야 한다.

위험 관리 체계의 정비도 필요하다. 신기술 도입에는 항상 위험이 따른다. 기술적 실패, 보안 위협, 규제 변화 등에 대비한 위험 관리 체계가 있는지 점검한다. 위험을 회피하기보다는 적절히 관리하면서 혁신을 추진하는 능력이 중요하다.

측정과 학습 시스템의 구축 상태를 확인한다. 신기술 도입의 효과를 어떻게 측정할 것인지, 실패에서 어떻게 학습할 것인지, 시스템이 마련되어 있는지 점검한다. 지속적 개선과 학습이 없으면 기술 도입 역량이 향상되지 않는다.

변화에 민첩한 조직 전략 수립

미래 기술에 대한 적응은 단순히 기술을 도입하는 것이 아니라, 조직 전체가 변화에 민첩하게 대응할 수 있는 역량을 기르는 것이다. 예측할 수 없는 기술 변화에 대비해 유연성과 적응력을 높이는 전략이 필요하다. 빠르게 학습하고 적용할 수 있는 조직을 만들어야 한다.

적응형 조직 구조의 설계가 기본이다. 전통적인 계층적 조직은 변화에 둔감하다. 네트워크형, 매트릭스형, 홀라크라시(Holacracy)[2] 같은 유연한 조직 형태를 도입한다. 팀 구성을 프로젝트 기반으로 유동적으로 운영하고, 권한과 책임을 하위로 위임한다.

역량 기반 인재 관리로 전환해야 한다. 직무 중심이 아니라 역량 중심으로 인사 제도를 재설계한다. 특정 기술이나 업무에 국한되지 않고, 학습 능

---

[2] 홀라크라시(Holacracy) 조직은 전통적인 위계 질서를 없애고, 권한과 의사결정을 분산시킨 새로운 형태의 조직 운영 체제를 말한다. 이는 마치 유기체처럼 스스로 움직이는 '자기조직화' 팀들로 구성되어 있다.

력, 적응력, 창의성 등 메타 역량을 중시한다. T자형 인재(한 분야 깊이 + 다분야 넓이)를 육성하고, 지속적 학습을 지원한다.

실험 중심의 혁신 문화를 조성한다. 완벽한 계획을 세우고 실행하기보다는, 빠른 실험과 학습을 통해 방향을 찾아간다. 작고 빠른 실패를 통해 큰 실패를 예방한다. 실험 예산을 따로 편성하고, 실패에 대한 관용적 분위기를 만든다. 성공만큼 실패에서도 많은 것을 배운다.

플랫폼 사고를 도입한다. 개별 기술을 독립적으로 도입하기보다는, 다양한 기술을 수용할 수 있는 플랫폼을 구축한다. API 기반의 마이크로서비스 아키텍처, 클라우드 네이티브 설계[3], 모듈러 시스템[4] 등을 통해 새로운 기술을 빠르게 통합할 수 있는 기반을 만든다.

우버(Uber)는 플랫폼 사고를 통해 핵심 사업을 확장하고 새로운 시장을 창출한 대표적인 사례이다. 우버는 단순한 차량 공유 앱을 넘어, 모든 서비스를 통합할 수 있는 하나의 플랫폼을 구축했다. 처음부터 마이크로서비스 아키텍처를 기반으로 시스템을 설계했다.

이는 차량 호출, 경로 탐색, 결제, 요금 산정 등 각 기능이 독립적인 서비스로 존재하고, API를 통해 서로 연동하도록 만들었다. 이러한 모듈형 설계 덕분에, 우버는 새로운 서비스를 신속하게 추가할 수 있었다. 우버의 기술 플랫폼은 매우 유연하다.

---

[3] 라우드 네이티브 설계는 클라우드 환경의 이점을 최대한 활용할 수 있도록 애플리케이션을 처음부터 설계하고 개발하는 접근 방식이다. 단순히 기존의 애플리케이션을 클라우드에 옮겨놓는 것(Lift and Shift)과는 다르다.
[4] 모듈러 시스템(Modular System)은 전체 시스템을 독립적인 기능 단위인 '모듈(Module)'로 나누어 설계하는 방식을 말한다. 각 모듈은 그 자체로 완전한 기능을 수행하며, 필요에 따라 다른 모듈과 쉽게 결합하거나 교체할 수 있다. 건물을 지을 때, 벽돌이나 창문, 문 등을 미리 만들어 현장에서 조립하는 것과 비슷한 개념이다.

예를 들어, 새로운 도시에서 서비스를 시작할 때, 기존의 결제 시스템과 평점 시스템 등을 그대로 활용하고 해당 지역의 지도 API만 통합하면 된다. 이는 서비스 확장에 필요한 시간과 비용을 획기적으로 줄여주었다. 이는 다양한 사업으로 진출하는 기반이 되었다.

파트너십 생태계를 확장한다. 자체 역량만으로는 모든 기술 변화에 대응하기 어렵다. 다양한 외부 파트너와의 전략적 제휴를 통해 역량을 보완한다. 스타트업과의 협력을 통해 신기술을 빠르게 실험하고, 대학과의 공동 연구를 통해 미래 기술을 선점한다.

시나리오 기반 전략 수립을 한다. 미래에 대한 단일 예측보다는 다양한 시나리오를 상정하고 각각에 대한 대응 전략을 마련한다. 낙관적, 비관적, 중간적 시나리오 등을 설정하고, 각 상황에서 취할 행동 계획을 미리 준비한다. 불확실성을 전략적으로 관리한다.

지속적 스캐닝 시스템을 구축한다. 환경 변화를 지속적으로 모니터링하고 조기 경보 시스템을 만든다. 기술 트렌드, 시장 변화, 경쟁사 동향, 규제 변화 등을 실시간으로 추적한다. AI를 활용해 약한 신호를 감지하고, 변화의 조짐을 빠르게 포착한다.

옵션 포트폴리오 접근을 취한다. 한 가지 기술에 모든 것을 거는 것이 아니라, 여러 기술에 작은 투자를 하면서 가능성을 탐색한다. 성공 가능성이 높아지면 투자를 늘리고, 그렇지 않으면 빠르게 철수한다. 실옵션 이론을 적용해 위험을 관리하면서 기회를 포착한다.

학습 조직으로의 진화가 필수다. 개인과 조직이 지속적으로 학습하고 성장하는 시스템을 만든다. 지식 관리 시스템, 교육 프로그램, 멘토링, 커뮤니티 활동 등을 통해 학습을 촉진한다. 외부 학습 기회도 적극 활용하고, 학습 결과를 조직 전체와 공유한다.

지속적 진화와 혁신의 메카니즘

미래 기술에 대한 대비는 일회성 프로젝트가 아니라 지속적인 여정이다. 기술은 계속해서 진화하고, 새로운 가능성이 끊임없이 등장한다. 조직도 이런 변화 속도에 맞춰 지속적으로 진화해야 한다. 멈추는 순간 뒤처지게 되는 것이 디지털 시대의 현실이다.

지속적 진화 역량이 미래 생존의 열쇠다. 미래의 생존은 얼마나 많은 지식을 가지고 있는지가 아니라, 얼마나 빠르게 새로운 지식을 습득하고 변화에 적응할 수 있는지에 달려 있다. 조직은 학습하는 조직으로 구축하고, 개인은 평생 학습의 태도를 가져야 한다.

무작정 변화하는 것이 아니라, 명확한 비전과 방향성을 가지고 진화해야 한다. 조직이 추구하는 가치와 목표에 부합하는 방향으로 기술을 활용하고 발전시킨다. 외부 환경 변화에 반응하되, 핵심 정체성과 강점은 유지한다. 변화와 불변의 균형을 맞춘다.

진화 주기의 단축화가 필요하다. 과거에는 몇 년에 한 번씩 큰 변화를 했다면, 이제는 지속적이고 점진적인 변화가 일상이다. 분기별, 월별, 심지어 주별로도 개선과 혁신이 이뤄진다. 작은 변화들이 누적되어 큰 혁신을 만들어낸다. 변화의 리듬을 조직 문화로 체화시킨다.

실험 기반 진화 메커니즘을 구축한다. 가설을 세우고, 실험하고, 검증하고, 학습하는 사이클을 빠르게 돌린다. 성공한 실험은 확대하고, 실패한 실험에서는 교훈을 얻는다. 실험의 범위와 규모를 조절하면서 위험을 관리한다. 조직 전체가 거대한 실험실이 되어야 한다.

'실험 기반 진화 메커니즘'을 체계적으로 구축하고 성공적으로 운영하는 기업 중의 하나는 아마존(Amazon)다. 아마존은 조직 전체를 거대한 실험실로 보고, 끊임없이 데이터를 기반으로 가설을 검증하며 발전해 나갔다. 아마존은 새로운 기능을 모두에게 적용하지 않았다.

대신, 한정된 사용자 그룹에게만 신기능을 노출하고(A 그룹), 나머지 사용자에게는 기존 기능을 유지한 채(B 그룹), 두 그룹의 행동 데이터를 비교 분석한다. 만약 새로운 기능이 고객의 구매율이나 만족도를 높인다는 명확한 증거가 나오면, 비로소 전체 사용자에게 적용한다.

아마존의 창업자 제프 베이조스는 "실패는 혁신을 위해 필수적인 요소"라고 강조했다. 아마존은 이러한 반복적인 '실험 → 검증 → 학습'의 순환 고리를 통해 기업 전체의 혁신 속도를 극대화하고, 고객에게 최적의 경험을 제공하는 시스템을 구축할 수 있었다.

다양성이 진화의 연료다. 동질적인 조직은 비슷한 아이디어만 나온다. 다양한 배경, 경험, 관점을 가진 구성원들이 모여야 창의적 아이디어가 충돌하고 융합된다. 나이, 성별, 전공, 문화의 다양성뿐만 아니라 사고방식의 다양성도 중요하다. 다양성이 곧 전략적 자산이다.

조직 내부만 보면 시각이 제한된다. 고객, 파트너, 경쟁사, 학계, 정부 등 다양한 외부 이해관계자와 활발히 연결하고 소통한다. 외부의 시각과 피드백이 내부의 맹점을 보완해준다. 오픈이노베이션, 크라우드소싱, 해커톤 등을 통해 외부 지식을 흡수한다.

실패에서 배우는 역량을 기른다. 진화 과정에서 실패는 불가피하다. 중요한 것은 실패를 어떻게 활용하느냐다. 실패 사례를 체계적으로 분석하고 교훈을 정리한다. 같은 실패를 반복하지 않고, 실패 경험을 공유하는 문화를 만들고, 조직 지식으로 축적한다.

미래 역량 개발에 투자한다. 현재 필요한 역량뿐만 아니라 미래에 필요할 역량도 미리 개발한다. 신기술 트렌드를 바탕으로 미래 스킬 맵을 그리고, 선제적으로 미래 투자인 인재를 육성한다. 내부 교육, 외부 연수, 산학협력 등을 통해 미래 역량을 축적한다.

혁신은 고립된 개인이나 부서에서 나오지 않는다. 조직 전체가 혁신을 지원하고 촉진하는 생태계를 만들어야 한다. 아이디어가 자유롭게 흐르고, 실험이 장려되며, 협업이 활발한 환경을 조성한다. 물리적 공간, 디지털 플랫폼, 제도적 지원이 모두 혁신을 위해 설계된다.

지속가능성을 고려한다. 단기적 성과만 추구하면 장기적 진화 역량이 훼손될 수 있다. 경제적 지속가능성, 환경적 지속가능성, 사회적 지속가능성을 모두 고려한 진화 전략을 수립한다. 현재와 미래, 조직과 사회의 균형을 맞추는 것이 진정한 리더십이다.

[출처_wikipedia.org]

무스타파 술레이만
Mustafa Suleyman (Microsoft AI CEO; DeepMind Co-founder)

다가오는 파도는 AI와 합성생물학이 만든다.
길들이기가 우리의 과제다.

"The coming wave is
defined by AI and synthetic biology.
Taming it is our challenge."

Trengthen AI
Collaboration and Scale

PART 05

AI로
협업과 확장을 강화한다

미래는 예측할 수 없다. 하지만 확실한 준비해야만 개인과 조직이 성장할 수 있다. 무엇보다 함께 성장하고 함께 성공하려는 협력 정신을 바탕에 두고, 이에 대한 다각적이고 확장적인 노력을 배가해야 한다. 이것이 AI 시대에 리더가 갖춰야 할 진짜 역량이다.

Part 5에서는 AI 협업과 확장에 대한 것을 다룬다. AI 대전환시대에 요구되는 글로벌 협력과 네트워킹, 위기에 대한 대응과 회복력, 지속가능한 미래를 위한 준비, 차세대 AI기술과 리더십 패러다임, AI 뉴리더십의 미래 비전과 준비를 체계적으로 살펴본다.

Artifical Intelligence
New
Leadership

| 제17장

글로벌 협력과
네트워킹 체계 구축

AItelling

　AI는 국경을 초월하는 기술이다. 한 국가나 기업의 AI 발전이 전 세계에 영향을 미친다. 글로벌 AI 리더는 자국이나 자사의 이익만 고려해서는 안 된다. AI의 영향력이 커질수록 거버넌스의 중요성도 증대한다. 개별 국가나 기업의 노력만으로는 AI의 글로벌한 영향을 관리하기 어렵다. 모든 이해관계자가 참여하여 AI 거버넌스 체계를 구축해야 한다.

글로벌 협력 체계 구축

AI는 국경을 초월하는 기술이다. 한 국가나 기업의 AI 발전이 전 세계에 영향을 미친다. 글로벌 AI 리더는 자국이나 자사의 이익만 고려해서는 안 된다. 경쟁과 협력의 적절한 균형을 통해 모두가 인류 전체의 번영을 위한 협력이 필요하다. 대립보다는 협력이 미래의 열쇠다.

양자 협력만으로는 복잡한 글로벌 이슈를 해결하기 어렵다. UN, G7, G20, OECD 등 기존 국제기구를 활용하고, 필요시 새로운 AI 전용 국제기구를 설립한다. 정부, 기업, 학계, 시민사회가 모두 참여하는 포괄적 거버넌스 체계를 만든다.

가치의 공유가 신뢰의 기반이 되고, 신뢰가 협력을 가능하게 한다. 문화와 정치 체제가 다르더라도 AI에 대한 기본적 가치는 공유할 수 있다. 인간 존중, 안전성, 투명성, 공정성 등 보편적 원칙에 합의한다. 이런 원칙을 바탕으로 구체적인 협력 방안을 모색한다.

표준화와 호환성 확보에 협력한다. 각국이 서로 다른 AI 표준을 사용하면 상호 운용성이 떨어진다. 기술 표준, 데이터 포맷, 평가 지표 등에서 국제적 조화를 이룬다. ISO, ITU, IEEE[1] 등 국제 표준화 기구를 통해 공통 표준을 개발한다.

---

1) ISO (International Organization for Standardization, 국제표준화기구) 는 산업, 상업, 과학 분야 등 광범위한 영역에서 국제 표준을 제정하고 보급하는 비정부 기구이다. 가장 잘 알려진 표준으로는 품질경영시스템인 ISO 9001과 환경경영시스템인 ISO 14001 등이 있다. ITU ((nternational Telecommunication Union, 국제전기통신연합)는 유엔(UN) 산하의 전문 기구로, 국제 전기통신 분야의 표준화를 담당한다. 통신망, 위성 통신, 무선 주파수 관리 등 국가 간 통신과 관련된 규칙과 표준을 정한다. IEEE (Institute of Electrical and Electronics Engineers, 전기전자학회)는 전기, 전자, 컴퓨터 공학 분야의 전문가들이 모인 학술 단체이다. 국제 표준을 제정하기도 하지만, 학술 연구 발표, 기술 개발 및 교육 등 광범위한 활동을 한다.

연구개발의 국제 협력을 확대한다. 기초 과학과 원천 기술은 인류 공동의 자산이다. 국제 공동 연구 프로젝트를 확대하고, 연구 결과를 공유한다. 대형 과학 프로젝트는 한 국가의 역량만으로는 추진하기 어렵다. 인력과 자원을 모아 더 큰 성과를 만든다.

데이터 공유와 활용 체계를 마련한다. AI 발전에는 양질의 데이터가 필수적이다. 개인정보 보호를 전제로 한 안전한 데이터 공유 메커니즘을 구축한다. 팬데믹, 기후변화 등 글로벌 이슈 해결을 위해서는 국경을 넘나드는 데이터 협력(주권과 공유의 균형점)이 필요하다.

인재 교류와 교육 협력을 활성화한다. AI 인재는 글로벌하게 이동한다. 학생 교환, 연구자 교류, 산업 인턴십 등을 통해 국제적 네트워크를 구축한다. 온라인 교육 플랫폼을 활용해 전 세계 누구나 최고 수준의 AI 교육을 받을 수 있게 한다.

윤리와 거버넌스의 글로벌 조화를 추진한다. AI 윤리는 문화적 상대성과 보편적 가치의 균형이 중요하다. 각국의 문화적 특수성을 인정하면서도 인류 보편의 가치를 공유한다. 국제 AI 윤리 가이드라인을 개발하고, 상호 학습과 모니터링 체계를 구축한다.

AI FOR ALL. 디지털 격차 해소를 위해 연대한다. AI의 혜택이 선진국에만 집중되면 글로벌 불평등이 심화된다. 개발도상국의 AI 역량 구축을 지원하고, 기술 이전과 교육을 제공한다. 국제개발협력 차원에서 AI를 활용한 사회 문제 해결에 협력한다.

'모두를 위한 AI'라는 목표는 단순한 기술 제공을 넘어, 글로벌 불평등을 해소하는 중요한 과제이다. 이러한 목표를 달성하기 위한 구체적인 방안과 성공 사례는 이미 국제사회와 다양한 기술 기업들에 의해 다양하게 실행되고 있다.

AI의 혜택이 선진국에만 머무르지 않게 하려면, 단순히 기술을 '주는' 것이 아니라 현지 사회가 스스로 AI를 개발하고 활용할 수 있도록 지원해야 한다. 현지 데이터 및 인프라 구축 지원, 기술 이전 및 현지 인력 양성, 오픈소스 기반의 협력 등의 3대 전략이 있다.

아프리카 의료 시스템 개선 프로젝트는 개발도상국의 의료 접근성 문제를 해결하기 위해 AI가 어떻게 활용될 수 있는지 보여주는 대표적인 사례이다. 이는 기술 이전, 현지 인력 양성, 그리고 사회 문제 해결이 결합된 성공적인 모델이다.

아프리카의 농촌 지역은 의료 시설과 전문 인력이 부족해 전염병 진단이나 예방에 어려움을 겪고 있다. 특히 의사나 전문가가 없는 곳에서 진단이 늦어져 병이 확산되는 경우가 많았다. 국제 보건 기구와 기술 기업이 협력하여 AI 기반의 '원격 진료 보조 시스템'을 구축했다.

이 프로젝트는 단순히 AI 기술을 제공하는 데 그치지 않았다. 현지 보건 인력들에게 AI 시스템 사용법을 교육하고, 시스템이 수집한 데이터를 바탕으로 지역 사회에 만연한 질병 패턴을 파악하여 선제적 대응을 가능하게 했다.

위기 대응에서의 협력 체계를 구축한다. 팬데믹, 자연재해, 사이버 테러 등 글로벌 위기 상황에서 AI 기술을 활용한 공동 대응이 필요하다. 평상시 협력 관계를 구축해 두어야 위기 시 신속한 공조가 가능하다. 위기는 협력의 필요성을 더욱 명확히 보여준다.

상호문화 이해와 소통 존중

AI가 전 세계로 확산되면서 서로 다른 문화와 만난다. 서구 중심으로 개발된 AI가 다른 문화권에서 어떻게 받아들여질까? 각 문화의 가치관과 사고방식이 AI에 어떻게 반영되어야 할까? 글로벌 AI 리더는 문화적 다양성을 이해하고 존중해야 한다.

문화적 다양성에 대한 깊은 이해가 전제다. 동서양의 사고방식 차이, 개인주의와 집단주의의 차이, 종교와 철학의 차이가 AI 활용에 어떤 영향을 미치는지 연구한다. 프라이버시에 대한 인식, 권위에 대한 태도, 의사결정 방식의 차이를 이해한다.

현지화(Localization)를 넘어선 문화화(Culturalization)를 추진한다. 단순히 언어를 번역하는 수준을 넘어 문화적 맥락을 이해하고 반영한다. 서구의 개인주의 문화와 동양의 집단주의 문화를 이해해야 한다. 같은 기능이라도 문화에 따라 다르게 구현해야 할 수 있다.

함께 일해야 한다. 글로벌 팀을 구성할 때 지역적, 문화적 다양성을 적극 고려한다. 현지 파트너와의 협력을 통해 문화적 인사이트를 얻는다. 다양성이 혁신의 원동력이 된다는 것을 경험적으로 확인한다. 문화적 차이를 다양한 관점에서 존중하고 활용해야 한다.

문화적 편향을 인식하고 완화한다. 자신의 문화적 배경이 절대적 기준이 아님을 인정한다. AI 시스템에 내재된 서구 중심적 편향을 점검하고 수정한다. 다양한 문화권의 사용자 테스트를 실시하고, 문화적 적합성을 검증한다.

소통 방식의 차이를 존중한다. 직접적 소통과 간접적 소통, 고맥락 문화와 저맥락 문화의 차이를 이해한다. 같은 메시지라도 문화에 따라 다르게 전달해야 효과적이다. 비언어적 소통의 중요성도 고려한다. 문화적 소통 방식에 맞는 인터페이스와 상호작용을 설계한다.

종교적 신념이 AI 활용에 미치는 영향을 이해한다. 이슬람의 할랄, 불교의 자비, 유교의 인(仁) 등이 AI 시스템 설계에 어떻게 반영되어야 하는지 연구한다. 종교적 금기나 민감한 주제를 피하고, 각 종교의 가치와 조화로운 AI 활용 방안을 모색한다.

이슬람 금융에서는 AI가 샤리아(Sharia) 율법을 위반하지 않는 투자 상품을 추천하거나, 이자(Riba)와 같이 금지된 거래를 걸러내는 데 활용될 수 있다. 또한, 이슬람권 소비자를 위한 AI 챗봇이 종교적 금기를 위반하는 제품의 '할랄' 인증과정을 추적하는 데 사용될 수 있다.

불교 명상 앱은 AI가 사용자의 심박수와 호흡 패턴을 분석하여 명상 효과를 극대화하는 맞춤형 가이드라인을 제공함으로써 사용자의 정신적 평화에 기여할 수 있다. AI 로봇이 고령자, 취약 계층을 지원하는 서비스에 활용되는 것도 '자비'의 가치를 반영하는 일이다.

AI는 유교의 '인'을 바탕으로 사회적 조화를 증진하는 데 기여할 수 있다. 예를 들어, AI 기반 교육 시스템은 학생 개개인의 학습 속도와 특성을 존중하며 맞춤형 교육을 제공할 수 있다. 또한, AI가 허위 정보나 혐오 표현을 걸러내어 건전한 커뮤니티를 유지할 수 있다.

언어적 다양성을 보장한다. 영어만으로는 전 세계 사용자를 만족시킬 수 없다. 주요 언어는 물론이고 소수 언어까지 지원하려 노력한다. 기계 번역의 품질을 높이고, 다국어 AI 모델을 개발한다. 언어는 단순한 소통 수단이 아니라 사고와 문화의 틀임을 인식한다.

교육과 인식 개선에 투자한다. 문화 간 이해는 하루아침에 이루어지지 않는다. 지속적인 교육과 노출을 통해 문화적 감수성을 기른다. 직원들에게 다문화 교육을 제공하고, 해외 경험 기회를 확대한다. 문화적 멘토링 프로그램을 운영하고, 상호 학습을 촉진한다.

갈등 해결과 중재 메커니즘을 구축한다. 서로 다른 문화가 만나면 갈등이 불가피하다. 중요한 것은 갈등을 건설적으로 해결하는 메커니즘을 갖추는 것이다. 문화적 중재자 역할을 할 수 있는 인재를 양성하고, 갈등 상황에서의 대화와 타협 절차를 마련한다.

문화적 혁신을 장려한다. 다른 문화의 관점에서 새로운 아이디어와 해법을 찾는다. 서구적 접근법과 동양적 접근법이 만나 새로운 혁신을 창출할 수 있다. 문화 융합형 AI 서비스를 개발하고, 글로벌 베스트 프랙티스를 만들어간다. 다양성이 혁신의 씨앗이 된다.

기술 표준화와 상호 운용성

글로벌 AI 생태계의 건전한 발전을 위해서는 기술 표준화가 필수적이다. 각자 다른 방식으로 AI를 개발하면 상호 운용성이 떨어지고, 비효율이 발생하며, 혁신이 저해된다. 동시에 지나친 표준화는 오히려 다양성과 창의성을 크게 억압할 수 있다.

표준화의 우선 영역을 식별한다. 모든 것을 표준화할 필요는 없다. 상호 운용성이 중요한 핵심 영역부터 표준화를 추진한다. 데이터 포맷, 인터페이스 규격, 평가 지표, 보안 프로토콜 등이 우선 대상이다. 표준화로 인한 이익과 비용을 분석하여 효과적인 영역에 집중한다.

오픈 표준개발을 원칙으로 한다. 특정 기업이나 국가에 종속되지 않는 개방형 표준을 추구한다. 다양한 이해관계자가 참여하는 투명한 과정을 통해 개발한다. IEEE, ISO, W3C[2] 등 국제 표준화 기구의 역할을 활용하고, 새로운 AI 전용 표준화 기구 설립도 고려한다.

오픈 표준 개발은 특정 기업이나 국가의 독점적 기술에 의존하지 않고, 모든 이해관계자가 참여하여 투명하게 AI 기술의 규칙을 만드는 과정이다. 이는 AI 기술의 공정성을 확보하는 데 매우 중요하다. 다양한 이해관계자 참여, 투명한 프로세스, 비독점성을 원칙으로 한다.

호환성 테스트와 인증 체계를 구축한다. 표준을 만드는 것만으로는 부족하다. 실제로 표준을 준수하는지 검증하는 체계가 필요하다. 호환성 테스트 도구를 개발하고, 인증 프로그램을 운영한다. 상호 운용성을 입증하는 인증제품들이 우대받을 수 있는 환경을 조성한다.

와이파이(Wi-Fi) 얼라이언스는 Wi-Fi 기술의 상호 운용성을 보장하고, 시장을 성공적으로 확대한 대표적인 사례이다. 1999년에 설립된 이 비영리 단체는 IEEE 802.11이라는 기술 표준을 기반으로 제품들이 실제로 호환되는지 검증하고 인증하는 프로그램을 운영하였다.

2) W3C는 월드 와이드 웹 컨소시엄(World Wide Web Consortium)의 약자로, 웹 기술의 표준을 제정하고 발전시키는 국제 비영리 단체(웹의 표준화 기관)이다. 인터넷 사용자들이 어떤 브라우저나 기기를 사용하더라도 웹을 동일하게 이용할 수 있도록 하기 위해 웹의 기본 규칙을 만드는 역할을 한다.

Wi-Fi 기술의 초기에는 제조사마다 독자적인 방식으로 무선 인터넷 기능을 구현했다. 이로 인해 A사 공유기와 B사 노트북이 서로 연결되지 않는 등 호환성 문제가 자주 발생했다. 이 기구는 모든 제조사들이 사용할 수 있는 자동화된 호환성 테스트 도구를 개발했다.

테스트를 통과한 제품에는 'Wi-Fi CERTIFIED'라는 공식 인증 마크를 부여했다. 이 마크는 소비자들이 어떤 제조사의 제품이든 서로 잘 연결될 것이라고 믿고 구매할 수 있는 기준이 되었다. 이 체계 덕분에 소비자들은 Wi-Fi 로고만 보고 제품을 구매할 수 있게 되었다.

단계적 표준화 접근을 취한다. 처음부터 완벽한 표준을 만들려 하지 말고, 점진적으로 발전시킨다. 초기 버전을 출시하고 피드백을 받아 개선한다. 기술 발전에 따라 표준도 함께 진화시킨다. 경직된 표준보다는 적응적 표준이 혁신을 더 잘 지원한다.

경쟁과 협력의 균형을 유지한다. 표준화는 협력의 영역이지만, 표준 위에서는 경쟁할 수 있다. 기본적인 상호 운용성은 보장하되, 차별화된 기능과 성능에서는 경쟁을 허용한다. 표준화가 혁신의 발목을 잡지 않도록 적절한 경쟁 공간을 남겨둔다.

신흥국과 개발도상국의 참여를 보장한다. 선진국 중심의 표준화는 글로벌 수용성을 떨어뜨린다. 다양한 국가와 지역의 요구사항을 반영한 포용적 표준을 개발한다. 기술적 역량이 부족한 국가들에 대한 지원과 교육을 제공하여 표준화 과정부터 참여할 수 있게 한다.

특허와 지적재산권 이슈를 해결한다. 표준에 필수적인 특허(SEP: Standard Essential Patents)를 둘러싼 분쟁을 예방한다. FRAND(Fair,

Reasonable, And Non-Discriminatory) 원칙[3]에 따른 라이선스 정책을 확립한다. 표준화가 특허 독점수단이 되지 않도록 견제한다.

레거시 시스템과의 호환성을 고려한다. 새로운 표준이 기존 시스템과 완전히 단절되면 도입이 어렵다. 하위 호환성(Backward Compatibility)을 최대한 보장하고, 점진적 전환이 가능한 마이그레이션 경로[4]를 제시한다. 기존 투자보호와 신 기술의 발전을 도모한다.

표준화 교육과 인식 제고에 투자한다. 표준의 가치와 중요성에 대한 인식이 부족하면 표준 채택이 저조할 수 있다. 개발자, 기업, 정책 담당자를 대상으로 한 표준화 교육을 실시한다. 성공적인 표준화 사례를 홍보하고, 표준 참여의 이익을 구체적으로 제시한다.

지속적 모니터링과 개선 체계를 운영한다. 표준을 만든 후 방치하면 안 된다. 시장에서의 수용도, 기술 발전 상황, 새로운 요구사항 등을 지속적으로 모니터링한다. 필요시 표준을 개정하거나 새로운 표준을 개발한다. 표준의 생명주기 관리를 체계적으로 수행한다.

---

3) FRAND(Fair, Reasonable, And Non-Discriminatory) 원칙은 특허권을 가진 기업이 해당 특허를 사용하고자 하는 다른 기업에게 공정하고, 합리적이며, 차별 없이 특허 사용을 허가해야 한다는 원칙이다. 이는 주로 통신 기술과 같은 표준 필수 특허(Standard Essential Patents)에 적용된다.
4) 마이그레이션 경로는 기존 시스템이나 데이터를 새로운 시스템으로 옮기는 과정에서 발생하는 단계와 순서를 의미한다. 이는 단순히 데이터를 이동시키는 것을 넘어, 시스템을 전환하는 전체적인 전략과 계획을 포괄한다. 마이그레이션 경로는 전면 교체, 단계적 전환, 병렬 운영의 방식이 있다.

글로벌 AI 거버넌스[5] 참여

AI의 영향력이 커질수록 거버넌스의 중요성도 증대한다. 개별 국가나 기업의 노력만으로는 AI의 글로벌한 영향을 관리하기 매우 어렵다. 모든 이해관계자가 참여하여 규제와 혁신, 안전과 발전의 균형을 추구하는 AI 거버넌스 체계를 구축해야 한다.

다양한 이해관계자의 참여를 보장한다. 정부만의 거버넌스로는 한계가 있다. 기업, 학계, 시민사회, 국제기구가 모두 참여하는 다중 이해관계자 모델(견제와 균형의 건전한 거번넌스)을 추구한다. 각각의 관점과 전문성을 존중하면서도 공통의 목표를 추구한다.

소프트 로(Soft Law) 접근[6]을 활용한다. 강제적 규제보다는 자발적 준수를 기반으로 한 접근이 효과적일 수 있다. 가이드라인, 모범사례, 행동강령 등을 통해 바람직한 방향을 제시한다. 점진적으로 신뢰를 쌓고 합의를 확대하여 필요시 구속력 있는 규범으로 발전시킨다.

지역별 특성을 인정하는 유연성을 확보한다. 일률적인 글로벌 규칙은 현실적이지 않다. 각 지역의 문화, 법체계, 발전 수준의 차이를 인정한다. 공통의 원칙 하에서 지역별 특수성을 반영한 차별적 접근을 허용한다. 최소한의 공통분모를 유지하면서도 다양성을 존중한다.

---

[5] 인공지능(AI) 기술이 전 세계적으로 책임감 있고 안전하며 윤리적으로 개발되고 사용될 수 있도록 국제적인 차원에서 마련하는 규범, 정책, 협력 체계를 의미한다.

[6] 소프트 로(Soft Law) 접근은 법적 구속력은 없지만, 사람들의 행동이나 기업의 관행에 영향을 미치는 규범, 지침, 원칙 등을 활용하는 접근 방식이다. '강제성 있는 법(Hard Law)'과 대비되는 개념으로, 정부의 권위나 법적 제재 없이 자율적인 행동 변화를 유도하는 것을 목표로 한다.

기술 중립적 원칙을 견지한다. 특정 기술이나 기업에 유리한 규칙을 만들지 않는다. 기술의 발전 속도를 고려해 원칙 중심의 규제를 추구한다. 구체적인 기술적 요구사항보다는 달성해야 할 목표와 결과에 집중한다. 혁신을 저해하지 않으면서도 필요한 보호 장치를 마련한다.

능력 구축과 기술 지원을 연계한다. 개발도상국의 거버넌스 역량을 지원한다. 교육, 훈련, 기술 이전을 통해 AI 거버넌스 능력을 기른다. 일방적인 규칙 전파가 아니라 상호 학습과 역량 강화를 통한 참여형 거버넌스를 만든다.

투명성과 책임성을 확보한다. 거버넌스 과정과 결과를 투명하게 공개한다. 의사결정 과정에서 누가, 어떤 근거로, 어떤 결정을 내렸는지 명확히 한다. 정기적인 평가와 검토를 통해 거버넌스의 효과성을 점검한다. 시민사회의 비판을 받아들이는 열린 자세를 유지한다.

위기 대응과 긴급 상황 관리 체계를 구축한다. AI와 관련된 글로벌 위기 상황에 대비한 대응 체계를 마련한다. 조기 경보 시스템, 정보 공유 메커니즘, 공동 대응 절차를 구축한다. 평상시 협력 관계가 위기 시 효과적 대응의 기반이 된다.

지속적 진화와 학습 체계를 내장한다. AI 기술과 사회의 변화에 맞춰 거버넌스도 진화해야 한다. 정기적인 검토와 개선을 통해 거버넌스의 적실성을 유지한다. 새로운 도전과 기회에 대한 학습을 거버넌스 발전에 반영한다. 적응하는 살아있는 거버넌스를 만든다.

실효성 있는 집행 메커니즘을 고민한다. 아름다운 원칙만으로는 부족하다. 실제로 작동하는 집행 체계가 필요하다. 인센티브와 제재를 적절히 조합하여 자발적 준수를 유도한다. 이름과 망신 주기(Naming and Shaming), 시장 압력, 평판 메커니즘 등을 활용한다.

'실효성 있는 집행 메커니즘'은 법적인 강제력 없이도 원칙과 규범이 실제로 지켜지도록 만드는 체계를 의미한. 이는 인센티브와 불이행 시의 불이익을 결합하여 작동한다. 이러한 메커니즘은 시장과 소비자의 힘을 활용하기 때문에 훨씬 강력한 집행력을 가질 수 있다.

국제 공정 노동 협회(FLA)는 기업들의 해외 공장이 노동 기준을 준수하도록 유도하는 대표적인 비영리 단체이다. 법적 강제력이 없음에도 불구하고, 효과적인 집행 메커니즘을 통해 글로벌 기업들의 노동 환경 개선에 큰 영향을 미쳤다.

나이키(Nike) 등 글로벌 의류 및 신발 기업들이 개발도상국 공장의 열악한 노동 환경으로 인해 비난을 받자, 스스로 행동 강령을 만들고 FLA와 같은 제3자 기관에 감시를 요청했다. 기업이 노동 기준을 준수하면 좋은 평판을 얻고, 위반하면 망신을 당한다.

[출처_일리야 수츠케버 X]

일리야 수츠케버
Ilya Sutskever (Former OpenAI Chief Scientist)

초지능 정렬은 어렵다.
지금의 모델과 다를 것이기에 연구도 더 까다롭다.

"Aligning superintelligence is hard
because it will be different from current models."

| 제18장

AI 시대의
위기관리 대응과 회복력

> **Altelling**
>
> 회복력은 평시에 쌓인다. 예행연습과 백업 점검, 실패의 기록이 위기의 비용을 낮춘다. 철저한 대비가 습관이 되면 충격은 작아진다. 훈련은 결과가 아니라 오직 과정의 반복이다. 신호는 늘 미리 온다. 즉 시스템의 이상 징후나 잠재적 문제가 발생하기 전에, 미리 변화를 감지할 수 있는 지표들이 반드시 존재한다. 책임이 명확할수록 문제 해결 속도가 붙는다.

AI의 위기 유형과 대응 방안

위기는 데이터에서 시작된다. 데이터가 어떤 경로로 오가는지 모르면, 문제가 생겼을 때 어떻게 해결해야 할지 전혀 알 수 없다. 평소에 데이터의 위치를 명확히 지도에 표시하고, 누가 그 데이터를 수집하고 이동시킨 사람의 책임과 권한의 소재도 분명히 해야한다.

AI가 엉뚱한 정보를 진짜처럼 말하거나(환각), 스스로를 과하게 믿어 잘못된 결정을 내리면, 그 실수는 정상적인 절차로 포장되어 의사결정 과정에 스며들게 된다. 중요한 결정은 AI에게만 맡기지 말고, 사람이 직접 확인하고 개입할 수 있는 안전장치를 마련해야 한다.

AI를 학습시키는 데이터에 특정 집단이 충분히 반영되지 않거나, 데이터에 오류가 있으면 AI는 차별적인 결과를 내놓게 된다. AI의 영향을 가장 많이 받는 소외되거나 취약한 집단에 대한 보고서를 정기적으로 만들어 AI가 모두에게 공정한지 넓은 시각으로 살펴보아야 한다.

AI 모델에 대한 공격은 적대적 입력, 프롬프트 삽입, 데이터 오염의 종류가 있다. 방어는 절차가 아니라 일상적인 습관에서 나온다. 반복 검증과 탐지 규칙이 일상의 방패가 된다. 반복 검증과 탐지규칙을 세우고, 시그니처 및 행위 기반 탐지[1]를 함께 운용해 빈틈을 줄인다

공급망이 단절되면 서비스가 멈춘다. 외부 API, 모델 호스팅, 키 관리가 한 점에 묶일수록 취약해진다. 단일 실패지점은 확률이 아니라 구조의

---

1) 시그니처 기반 탐지 (Signature-based Detection): 이미 알려진 공격 패턴을 데이터베이스에 저장해두고, 이와 일치하는 패턴이 나타나면 즉시 탐지하는 방식이다. 행위 기반 탐지 (Behavior-based Detection): 정상적인 사용자나 시스템의 '일반적인 행동'을 학습한 후, 이와 다른 비정상적인 행동이 감지되면 위험 신호를 보내는 방식이다. AI 시스템의 보안을 철저히 하라는 의미이다.

문제다. 대체 경로와 축적된 캐시가 회복의 보험이다. 다중 벤더 계약과 SLA(Service Level Agreement) 계층[2]을 미리 설계한다.

브랜드는 신뢰는 오랜 시간 쌓아 올린 노력의 총합이다. 특히 AI가 부정확한 응답, 부적절한 콘텐츠를 확산시켰을 때, 이 신뢰는 한순간에 무너진다. 이때 단순한 사과를 넘어, 신뢰 회복을 위한 3가지(메시지, 증거, 일정 로드맵) 핵심요소를 한 세트로 발표해야 한다.

지식 유출은 내부에서 생긴다. 프롬프트로 비밀이 빠져나가고, 샘플이 경쟁자가 된다. 금지 목록과 차단 규칙이 기본선이다. 내부 교육과 로그 모니터링이 최후의 울타리다. 사후대응보다 사전예방에 중점을 둔 '민감 태그 자동 감지[3]'로 업로드 단계에서 막아야 한다.

모델은 변하고 세계도 변한다. 드리프트(Drift)가 조용히 정확도를 갉아먹는다. AI 모델의 성능이 점진적으로 저하된다. 입력분포가 바뀌면 과거의 기준선이 무용해진다. 경보없는 변동은 운영의 착각을 부른다. 표본검정과 슬라이딩 윈도[4]를 도입해 추세를 조기에 포착한다.

---

2) 다중 벤더 계약과 SLA 계층을 미리 설계한다는 것은 여러 공급업체(벤더)와 협력할 때 발생할 수 있는 문제에 대비하여, 계약 내용과 서비스 수준 협약(SLA)을 사전에 체계적으로 준비하는 것을 말한다. 이는 특히 클라우드나 IT 서비스와 같이 여러 업체가 복합적으로 얽혀 있는 환경에서 필수적인 전략이다.
3) 민감 태그 자동 감지는 인공지능(AI)을 활용하여 부적절하거나 유해한 콘텐츠를 자동으로 식별하고 분류하는 기술이다. 이는 사람이 직접 콘텐츠를 검토하는 대신, AI가 이미지, 영상, 텍스트 등을 분석하여 '민감한' 요소가 포함되어 있는지 찾아내는 방식이다. 이 기술은 소셜 미디어, 검색 엔진, 온라인 커뮤니티 등 방대한 양의 콘텐츠가 실시간으로 생성되는 플랫폼에서 사용자 보호 및 규제 준수를 위해 필수적으로 사용된다.
4) 데이터 분석 기법인 '슬라이딩 윈도(Sliding Window)'는 전체 데이터 스트림을 고정된 크기의 '창문(window)'으로 나누어 분석하는 기법이다. 데이터의 현재 상태와 변화를 실시간으로 파악하여, 신속한 의사결정을 돕는 강력한 도구이다.

AI 서비스 운영 시 예상치 못한 비용도 관리해야 한다. 갑자기 사용자가 몰리거나(트래픽 스파이크), AI에게 불필요한 요청이 반복되면(비효율 호출), 서비스 이용료가 폭발적으로 증가한다. 마치 수도꼭지를 틀어놓고 신경 쓰지 않으면 수도세가 폭탄처럼 나오는 것과 같다.

이러한 비용 폭탄을 막기 위한 안전장치로 정해진 예산을 넘어서지 않도록 한도를 설정하는 '예산 가드레일', 비용이 급증할 때 자동으로 서비스를 일시 중단시키는 '서킷브레이커', AI 호출 횟수(쿼터)를 제한하고, 자주 쓰는 정보를 미리 저장해두는(캐시) 방식이 있다.

AI 시대의 새로운 전쟁은 콘텐츠 안전이다. 유해·불법·저작권 침해가 자동 생성을 통해 새 경로로 유포된다. 차단은 정확·신속·설명 가능해야 한다. 잘못 막는 실수로 신뢰를 깬다. AI와 사람이 교차 심사를 하고, 사용자의 이의를 제기해 복구하는 절차를 마련해야 한다.

소프트웨어 개발에서 오픈소스는 돈과 시간을 아껴주는 귀중한 자산이지만, 동시에 보안 취약점이라는 위험을 가져오는 의무이다. 우리가 사용하는 대부분의 프로그램은 오픈소스라는 공개된 부품들을 가져와 만든다. 개발 속도를 높여주지만, 보안상 취약점이 높다.

마치 남의 집에서 가져온 조립식 가구의 나사가 부실해 전체 가구가 흔들리는 것과 같다. 이 문제는 프로그램이 배포되는 모든 과정(파이프라인)을 통해 조용히 퍼져나가게 된다. 따라서 개발 속도만 중요하게 생각할 것이 아니라, 안전 절차를 꼭 지켜야 한다.

이러한 안전 장치의 절차로 우리가 만든 프로그램에 어떤 오픈소스 부품들이 사용되었는지 목록(성분표)을 만들고, 부품의 약점을 고치는 수정파일(패치)을 빠르게 적용하고, 전문가의 도움을 받아 위험한 약점이나 라이선스 문제가 없는지를 미리 확인해야 한다.

조작된 입력이 판단을 흐린다. 프롬프트와 컨텍스트가 의도적으로 오염되면, 시스템은 쉽게 위협을 작동한다. 무해성 검증과 실행 전 검토가 마지막 과정이 된다. 입력 위생 필터(Input Sanitation Filter)와 임계 검토 단계[5](Threshold Review Stage)를 상시화한다.

법무 리스크도 중요한 요소이다. 저작권, 인격권, 소비자 보호가 점진적으로 케이스로 쌓인다. 판례의 부적절한 적용이 제품의 방향을 예상치 못하게 바꿀 수 있다. 위험 목록을 투명하게 공개하고 책임 경계를 선명히 한다. 사전 법무 리뷰와 보존 정책을 함께 운용한다.

사내 거버넌스가 흔들리면 작은 이슈가 위기로 확장될 수 있다. 승인선, 역할, 응답 시간의 공백이 업무에 혼선을 초래한다 결정이 늦을수록 비용은 올라간다. 간결한 규칙이 오히려 속도감을 낼 수 있다. 결재 지연 시 자동 에스컬레이션[6]을 의무화해야 한다.

인력 리스크는 곧 시스템 리스크다. 핵심 인력 이탈과 조직원의 피로 누적이 업무 활성화를 약화시킨다. 근무 교대제와 업무 문서화가 조직 역량을 강화시킨다. 한 사람의 기억에 기대지 않는 구조가 필요하다. 직무 이중화와 휴가 백필(Vacation Backfill)[7]을 제도로 고정한다.

---

5) 인공지능(AI) 시스템에 들어오는 데이터를 항상 깨끗하게 정제하고, 중요한 결정이 내려지기 전에 반드시 검토 하는 과정을 일상적인 절차로 만든다는 의미이다. 이는 AI 시스템의 안전성과 신뢰성을 유지하기 위한 필수적인 방어 전략이다.
6) 어떤 서류나 요청에 대한 결재가 정해진 시간 내에 처리되지 않을 경우, 그 결재 요청을 자동으로 다음 단계의 상급자에게 전달하도록 만드는 시스템을 의미한다. 이는 서류가 한 곳에 머물러 업무가 지연되는 것을 막기 위한 필수적인 규칙이다.
7) 조직의 핵심 업무가 특정 인재의 부재로 인해 멈추지 않도록 체계적인 안전망을 만드는 것

AI 기반 위기 예측과 조기 경보

문제가 생기기 전에 미리 알려주는 이상 징후는 반드시 존재한다. 먼저, 평소에 시스템이 아무 문제 없이 잘 작동할 때의 기준을 정확히 정해둬야 한다. 그래야만 평소와 다른 수상한 움직임을 빠르게 잡아낼 수 있다. 명확하게 정해놓을수록, 경고음이 더 정확해진다.

AI의 예측 정확도가 서서히 떨어지는 '드리프트(Drift)' 현상을 놓치지 않고 감시하는 것이 중요하다. AI에게 들어오는 데이터, AI가 내놓는 결과, 그리고 그 결과의 정확도를 계속해서 살펴봐야 한다. 변화의 속도와 방향을 파악하고, 왜 그런 변화가 생겼는지 배경을 분석한다.

문제를 한 가지 방법으로만 감지하는 것은 위험하다. 여러 겹의 탐지 시스템을 함께 사용해야 안전하다. 미리 정해둔 규칙에 따라 탐지하는 시스템, 데이터의 통계적 특징을 분석해서 탐지하는 시스템, 그리고 AI가 학습해서 문제를 찾아내는 시스템을 한 번에 가동한다.

시스템에 남는 모든 기록(로그)에는 중요한 이야기가 담겨있다. 누가(주체), 무엇을(라벨), 어떤 상황에서(맥락) 했는지 상세하게 기록해야 한다. 이렇게 기록된 디테일들이 모여 사건의 전체적인 모습을 정확하게 보여준다. 민감한 개인 정보는 '가명화' 기술을 이용한다.

대시보드는 단순히 데이터를 나열하는 곳이 아니라, 시스템의 현재 상태와 중요한 경보를 보여주는 종합 상황판이다. 데이터의 변화 흐름과 경

을 의미한다. 이는 단순히 임시로 누군가에게 일을 맡기는 것을 넘어, 공식적인 회사 제도로 만들어 업무 연속성을 확보하겠다는 뜻이다.

보가 어떤 경로로 발생했는지 한눈에 파악할 수 있도록 시각화해야 한다. 이는 데이터를 이해하는 데 걸리는 시간을 줄여준다.

AI 시스템의 경보 기준은 한 가지 값으로 고정해두면 안 된다. 마치 날씨에 따라 감기 경보 기준을 바꾸는 것처럼, 상황에 맞춰 유연하게 조절해야 효과적이다. '히스테리시스'와 '시간 가중' 같은 기술을 적용해, 순간적으로 튀는 값에 오작동하지 않도록 한다.

컴퓨터로 가상의 실패 상황을 만들어 실제 경보 시스템이 제대로 작동하는지 시험해본다. 가상의 사고를 통해 얻은 교훈은 실제 사고를 막는 데 큰 도움이 되기 때문이다. 이 시뮬레이션을 위한 시나리오 목록을 꾸준히 최신 상태로 유지하는 것이 중요하다.

사람들의 개인정보를 지키면서도 시스템을 모니터링해야 한다. 여러 명의 데이터를 합치거나(집계), 개인을 특정할 수 없게 정보들을 바꾸고(가명화), 데이터의 전체적인 특징만 활용하는(차등 프라이버시) 방법으로 시스템을 설계한다. 보안으로 속도가 느려서는 안 된다.

레드팀(Red Team)은 시스템의 허점을 찾기 위해 실제 공격자처럼 행동하는 가상의 공격팀이다. 이들은 의도적으로 시스템의 취약점을 공격하며, 경보 시스템이 그 공격을 제대로 감지하고 막아내는지 시험한다. 방어 시스템은 실제와 같은 훈련을 통해서만 강해질 수 있다.

과거에 일어났던 모든 사고의 유형과 그에 대한 대응 방안을 체계적으로 정리하여, 조직 전체가 함께 배우고 공유하는 지식 창고로 만들어야 한다. 중요한 것은 이 정보들이 필요할 때 바로 꺼내서 쓸 수 있도록 만들어야 한다는 것이다. 현장에서 실행이 중요하다.

사고지휘체계와 의사결정 우선순위

사고지휘체계를 빠르게 세우고, 각 팀원의 역할, 책임, 그리고 발언권을 명확히 정해둔다. 다양한 의견을 수렴하되, 결정은 단숨에 신속하게 내린다. 책임이 명확해야 문제 해결 속도가 붙는다. 지휘권을 넘겨받을 사람과 그 기준을 미리 문서로 준비해두어야 한다.

위기 상황에서는 정해진 규칙에 따라 체계적으로 움직여야 한다. 상태보고, 행동점검, 외부소통 같은 핵심 활동들의 시간표를 구체적으로 정한다. 모두가 같은 시계를 보며 동기화한다. 회의는 짧고 핵심만 다루고, 결정과 행동의 기록은 상세하고 길게 남겨야 한다.

모든 결정은 기록으로 남겨야 한다. 위기 상황에서 내린 모든 결정은 그 가설, 근거, 그리고 고려했던 다른 대안들을 포함해 요약한다. 결정 시점과 누가 결정했는지 명확하게 표시해 신뢰를 높인다. 과거의 기록은 현재와 미래의 길잡이가 된다. 명확한 기록이 신뢰를 만든다.

문제가 생긴 부분을 격리해서 피해 확산을 막는다. 시스템의 특정 기능을 비활성화하고, 트래픽을 효율적으로 통제하며, 권한을 줄여 확산을 즉시 막아내야 한다. 문제가 생긴 부분을 빠르게 '무해한 모드'로 전환해 복구할 시간을 번다. 늦은 차단은 차단이 아니다.

롤백(Rollback)은 주저함이 없어야 한다. 문제가 발생하기 직전의 마지막 정상 상태로 망설이지 말고 되돌아간다. 데이터의 무결성과 고객 서비스의 연속성을 동시에 고려해 피해를 최소화한다. 시스템에 되돌릴 수 없는 영구적인 변화는 미리 막아야 한다.

킬스위치(Kill Switch)[8]는 인간의 권한이다. 모든 자동화 시스템 위에 사람이 최종적으로 수동 중단을 결정할 수 있는 버튼을 둔다. 기술이 아닌 인간이 내리는 결정의 책임을 피하지 않는다. 시스템의 안전은 궁극적으로 사람의 신중한 선택에서 나온다.

킬스위치의 필요성을 극적으로 보여준 사례는 2010년 5월 6일에 발생한 '플래시 크래시(Flash Crash)'이다. 이는 기술이 인간의 통제에서 벗어났을 때 어떤 일이 벌어지는지를 증명했다. 이날 미국 주식 시장에서 단 몇 분 만에 다우존스가 1,000포인트 가까이 폭락했다.

이로 인해 수십억 달러의 자산이 순식간에 사라졌습니다. 시장의 폭락을 촉발한 것은 사람이 아니라, 순식간에 수많은 거래를 실행하는 초고속 자동매매(HFT) 알고리즘이었다. 한 알고리즘이 내린 잘못된 결정이 다른 알고리즘들의 연쇄적인 반응을 불러일으켰다.

플래시 크래시 이후, 미국 증권거래위원회(SEC)는 시장을 안정시키기 위한 강력한 안전장치를 도입했다. 바로 '서킷브레이커(Circuit Breaker)'이다. 이는 주식 가격이 특정 기준 이상으로 급락할 경우, 거래를 자동으로 일시 중단시켜 추가적인 손실을 막는 제도이다.

이 서킷브레이커가 바로 자동화된 시스템의 폭주를 막는 '킬스위치' 역할이다. 인간이 직접 버튼을 누르지 않더라도, 시스템이 미리 정해진 위험 경계선에 도달하면 스스로 작동을 멈춘다. 위 사례는 최종적인 판단과 통제는 꼭 인간에게 남겨야 한다는 교훈을 남겼다.

---

8) 킬스위치(Kill Switch)**는 긴급 상황이 발생했을 때 시스템이나 기기를 즉시 완전히 정지시키는 장치나 기능을 말한다. 이는 사람이 최종적으로 통제권을 가지고 위험을 막을 수 있도록 만든 최후의 비상 정지 버튼이라고 생각하면 이해하기 쉽다.

고객 소통은 위기 대응의 절반이다. 위기 상황에 대한 사실은 정확하고 투명하게 전달하며, 메시지는 일관성을 유지해야 한다. 불확실한 상황은 솔직하게 알리되, 확인되지 않은 추측은 절대로 삼가야 한다. 시간이 지나면 결국 진심이 신뢰로 이어진다.

법무와 규제 기관으로 가는 통로를 미리 열어두어야 한다. 법적 통지 의무나 정부 보고 기한 등을 사전에 파악해서 위기 대응 일정에 포함한다. 서류 형식이 위기 대응의 속도를 늦출 수 있으니, 미리 합의된 양식을 준비해 두고 즉시 활용할 수 있게 한다.

미디어는 정보의 빈 공간을 싫어한다. 위기 상황이 발생하면 공식 채널과 대변인을 정해 일관된 메시지를 전달해야 한다. 미디어가 질문하기 전에 먼저 사실 관계를 적극적으로 내놓는다. 소셜 미디어의 불필요한 소동은 선제적인 정보 제공으로 주도권을 확보해야 한다.

자원 배분은 오직 현장의 필요에 맞춰 이루어져야 한다. 실제 병목 지점을 빠르게 찾아내고, 그곳에 지원과 우선순위를 신속하고 집중적으로 조절해야 한다. 한 명의 영웅에게 의존하기보다, 교대 근무와 적절한 도구가 훨씬 지속 가능하다. 피로는 또 다른 종류의 위험이다.

국경을 넘는 협업은 시차를 자산으로 바꾼다. 업무 인계를 위한 핸드오프(Handoff) 절차[9]를 표준화하고, 야간 호출을 예외가 아닌 규칙으로 만든다. 24시간 연속으로 운영하는 것이 속도의 비밀이 된다. 인계는 핵심만 담아 한 페이지로 충분해야 한다.

---

9) 핸드오프(Handoff) 절차는 한 사람이 맡고 있던 업무나 책임이 다른 사람에게 끊김 없이 매끄럽게 인수인계되도록 미리 정해 놓은 규칙과 과정이다. 이는 단순히 "다음에 이어서 해"라고 말하는 것이 아니라, 업무의 핵심 내용, 현재 진행 상황, 남아 있는 문제, 그리고 다음 단계에서 필요한 조치까지 명확하게 전달하는 것을 의미한다.

사고의 심각도는 행동의 우선순위를 정한다. 등급별(치명적, 심각, 경미)로 명확한 SLA(서비스 수준 협약)와 의사결정 권한을 명시한다. 작은 불씨가 대형 산불로 번지지 않게 초기에 진압해야 한다. 경보의 색(빨간색, 노란색)이 우선순위를 말해준다.

티켓, 상태판, 채팅, 문서 등 핵심적인 도구들을 묶는 최소한의 세트를 고정한다. 복잡한 도구를 배우느라 귀중한 시간을 낭비하지 않도록 한다. 위기 상황에서는 익숙함과 일관성이 경쟁력이다. 주 통신 채널이 마비될 경우에 대비해 백업 채널과 오프라인 절차도 준비한다.

새로운 공격 유형이 파악되면, 차단 규칙과 프롬프트 가드가 신속히 업데이트된다. 하지만 임시방편이 영구적인 규칙이 되지 않도록 반드시 기록한다. 임시 조치의 수명은 짧아야 한다. 임시로 규칙이나 조치는 반드시 정해진 시간이 지나면 자동으로 사라지도록 만든다.

외부 파트너와의 경계는 생명선과 같다. 협력사 지원이 필요하면, 계약된 공식 채널을 통해 요청하고 로그와 증거 자료를 안전하게 공유한다. 비공식적인 경로는 혼란을 만들고 책임 소재를 불분명하게 만든다. 단일 창구를 통해 소통해야 한다.

상황이 종료되면 즉시 안전을 확보해야 한다. 임시로 부여했던 모든 권한을 회수하고, 예외적으로 설정했던 시스템을 원래대로 되돌려 놓는다. 이는 다음 사고의 원인이 될 수 있는 재발의 씨앗을 제거하는 중요한 작업이다. 잠정 조치의 잔여물이 다음 사고를 부를 수 있다.

사고지휘체계와

01 사고지휘체계 구축
- 각 팀원의 역할, 책임, 발언권 명확화
- 다양한 의견 수렴 후 신속한 결정
- 지휘권 이양 기준 미리 문서화

02 체계적 움직임
- 상태보고, 행동점검, 외부소통 시간표
- 모두가 같은 시계로 동기화
- 회의는 짧고 핵심만, 기록은 상세하게

03 결정 기록
- 가설, 근거, ⋯
- 과거 기록이 ⋯
- 명확한 기록 ⋯

06 킬스위치(Kill Switch)
- 인간이 최종적으로 수동 중단 결정 버튼
- 기술이 아닌 인간이 내리는 최종 결정
- 시스템 안전은 인간의 신중한 선택에서 비롯됨

07 사례: 2010년 5월 6일 플래시 크래시
- 다우존스 1,000포인트 근접 폭락
- 초고속 자동매매(HFT) 알고리즘의 연쇄 반응
- SEC 서킷브레이커(Circuit Breaker) 도입
- 가격 급락 시 거래 자동 일시 중단

08 고객소통
- 사실을 정확
- 메시지 일관
- 불확실한 상 ⋯

11 자원 배분
- 실제 병목 지점에 집중적 지원
- 교대 근무와 적절한 도구가 영웅보다 지속가능
- 피로는 또 다른 종류의 위험

12 국경 간 협업
- 시차를 자산으로 활용
- 핸드오프(Handoff) 절차 표준화
- 24시간 연속 운영이 속도의 비밀
- 핵심만 담아 한 페이지로 인계

13 사고 심각
- 등급별 SLA
- 치명적, 심각
- 작은 불씨가 ⋯ 초기 진압

16 외부 파트너 협력
- 계약된 공식 채널을 통한 요청
- 로그와 증거 자료 안전한 공유
- 비공식적 경로는 혼란과 책임 소재 불분명

17 상황 종료 후 안전 확보
- 임시 부여 권한 회수
- 예외적 시스템 설정 원래대로 복구
- 잠정 조치의 잔여물이 다음 사고를 부를 수 있음

의사결정 우선순위

04 격리 및 피해 확산 방지
- 문제 부분 격리로 피해 확산 차단
- 시스템 기능 비활성화, 트래픽 통제
- '무해한 모드'로 전환하여 복구 시간 확보

05 롤백(Rollback) 전략
- 문제 발생 직전 마지막 정상 상태로 되돌아가기
- 데이터 무결성과 고객 서비스 연속성 동시 고려
- 되돌릴 수 없는 영구적 변화 미리 차단

09 법무와 규제 기관 대응
- 법적 통지 의무와 정부 보고 기한 파악
- 미리 합의된 양식으로 즉시 활용

10 미디어 대응
- 공식 채널과 대변인 지정
- 선제적 정보 제공으로 주도권 확보
- 소셜 미디어 소동 방지

14 핵심 도구 세트
- 티켓, 상태판, 채팅, 문서 분류 최소화
- 익숙함과 일관성이 경쟁력
- 백업 채널과 오프라인 절차 준비

15 새로운 공격 유형 대응
- 차단 규칙과 프롬프트 가드 신속 업데이트
- 임시방편이 영구적 규칙이 되지 않도록 기록
- 임시 조치는 정해진 시간 후 자동 사라짐

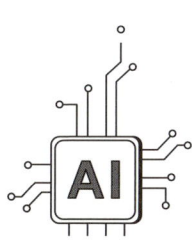
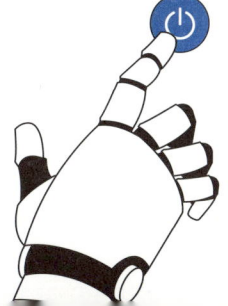

위기 이후 복원 설계와 정책 반영

회복은 단순히 "다 끝났습니다"라고 선언하는 것이 아니다. 장애가 끝난 후, 서비스, 데이터, 그리고 고객의 신뢰를 되찾는 구체적인 순서대로 복원 계획을 설계한다. 고객의 관점에서 '정상 상태'의 기준을 우선순위에 따라 다시 정의하는 것이 매우 중요하다.

사후 분석은 특정 개인의 실수를 비난하는 자리가 아니다. 시스템 자체를 객관적으로 분석해야 한다. 사실(Fact), 원인(Cause), 교훈(Lesson), 조치(Action)의 흐름을 따른다. 개인의 실수가 아닌 시스템의 문제에 초점을 맞춰야 한다. 솔직함은 문제를 해결하는 지름길이다.

문제의 원인은 단순히 하나가 아니다. 기술적인 문제, 일하는 방식의 문제, 그리고 조직 문화의 문제로 나누어 봐야 한다. 단 한 가지 이유로 모든 것을 설명하려는 생각을 경계해야 한다. 얕은 진단은 결국 똑같은 사고를 반복해서 부른다. 증거가 바탕이 되어야 한다.

모든 후속 조치는 살아 있는 문서다. 누가(책임자), 언제까지(기한), 어떻게 확인할지(검증 방법)를 구체적으로 명시한다. '완료'의 기준을 숫자로 명확히 정의한다. 후속 점검이 약속을 실제 결과로 바꾼다. 만약 조치 항목이 지연되면, 재배정되도록 시스템을 구축해야 한다.

회복력은 시스템을 어떻게 만들었는지에 달려 있다. 예비 자원, 격리 시스템, 이중화(중복)를 통해 시스템의 내성을 키워야 한다. 시스템이 실패할 수 있다고 가정하면 오히려 더 안정적이 된다. 단단함보다 유연함이 위기에 더 오래 견딘다.

카오스 실험[10]은 담력을 키운다. 통제된 환경에서 일부러 작은 충격이나 실패를 유발해 복구 경로가 제대로 작동하는지 검증한다. 작은 충격을 자주 경험하면 큰 충격에 흔들리지 않는 법이다. 이 실험은 팀의 실제 대응 능력을 위한 실전 연습이다.

백업은 실제로 복구될 때만 의미가 있다. 데이터 복제 주기와 목표 복구 시간(RTO)을 실제 복구 훈련으로 확인해야 한다. 문서 속의 백업 계획이 아닌, 실제로 복구하는 데 걸린 시간이 진실을 말해준다. 복구 연습은 시스템 보험의 효력을 증명한다. 모

오류를 고치는 패치 관리는 항상 해야 할 과제다. 발견된 보안 약점의 존재 기간과 외부 노출 가능성을 줄여야 한다. 늦은 패치는 사실상 시스템이 무방비 상태라는 뜻이다. 자동화된 시스템이 패치 지연이라는 나쁜 습관을 없애준다. 복구 계획을 항상 함께 준비해둔다.

기술 부채 레지스터[11]는 조직의 실수를 막는다. 임시 조치와 기술 부채를 목록화하고 지속적으로 관리한다. 숨기지 않고 드러내야만 비로소 해결할 수 있다. 이 빚을 갚아나가는 계획이 다음 위기를 줄인다. 위험도, 비용, 그리고 효과를 기준으로 해결 우선순위를 정한다.

교육은 반복으로 완성된다. 새로 들어온 직원, 보직이 바뀐 직원, 핵심 역할을 맡은 사람들을 위한 맞춤형 교육을 운영한다. 잊어버리기 전에 반

---

10) 카오스 실험(Chaos Engineering)은 시스템의 잠재적인 취약점을 찾아내고 회복력을 높이기 위해, 시스템에 의도적으로 실패나 장애를 주입하는 실험이다. 이는 실제 사고가 발생하기 전에 시스템의 약점을 미리 파악하고 대응 능력을 강화하는 데 목적이 있다.
11) 기술 부채(Technical Debt)는 급하게 일을 처리하거나 임시방편으로 해결해서 나중에 반드시 고쳐야 할 기술적인 문제들을 말한다. 당장은 편하지만, 시간이 지날수록 시스템을 더 복잡하고 불안정하게 만드는 빚과 같다. 레지스터(Register)는 이러한 부채들을 기록해 놓은 '목록' 또는 '장부'이다. 마치 가계부처럼 어떤 부채가 있고, 언제 생겼으며, 왜 생겼는지 등을 상세히 적어놓는 곳이다.

복해서 복습하는 것이 중요하다. 일상에 녹아든 교육이 실제 위기 상황에서 자연스럽게 나오게 된다.

위기를 겪으며 교훈을 정책에 반영한다. 사고를 통해 발견된 규칙의 빈틈을 메우고, 불필요하거나 과도한 조항은 없애야 한다. 문서와 현실이 일치할 때 조직은 빠르게 움직인다. 정책의 생명력은 얼마나 자주 업데이트되느냐에 달려 있다. 적용 일정을 투명하게 관리한다.

보험과 준비금은 재무적인 방패다. 위기 상황에 대비해 가입한 보험의 보장 범위와 면책 조항을 실무 언어로 쉽게 이해되도록 정리한다. 충격을 흡수할 수 있는 재정적 완충재를 미리 쌓아두어야 한다. 위험 허용도와 목표 잔액을 정해 재정적 안정성을 확보해야 한다.

브랜드 회복은 행동과 이야기로 이뤄진다. 피해를 본 고객을 어떻게 지원했는지, 재발 방지를 위해 어떤 구체적인 증거를 가지고 있는지 공개한다. 시간이 지나도 증거가 신뢰를 회복하는 핵심이다. 외부 평판 지표를 지속적으로 추적해서 회복의 성과를 객관적으로 확인한다.

모든 이해관계자와의 관계를 적극적으로 다시 묶는다. 고객, 규제 기관, 외부 파트너와 함께 정기적인 후속 브리핑을 진행한다. 불편하고 어려운 질문을 먼저 꺼내야 투명성이 확보된다. 약속과 이행 과정을 모두가 볼 수 있도록 같은 공간에 남겨 신뢰를 쌓는다.

평균 복구 시간(MTTR), 고객 영향 시간, 재발률 같은 지표로 회복의 성과를 측정한다. 이 숫자들은 다음에 무엇을 개선해야 할지 우선순위를 정해준다. 지표는 단순한 자랑거리가 아니라, 더 나아지겠다는 약속이다. 목표와 현재의 지표를 나란히 공개해야 한다.

투자는 경험을 바탕으로 이루어져야 한다. 가장 큰 손실을 낳았던 취약점을 메우는 데 우선적으로 예산을 배정한다. 예산은 과거의 문제를 고치는 데 사용되는 것이 아니라, 미래의 위험을 막는 데 쓰여야 한다. 위기에서 얻은 교훈이 전략의 방향을 결정한다.

[출처_wikipedia.org]

얀 르쿤
Yann LeCun (Meta Chief AI Scientist)

AGI는 아직 멀었다.
10년 이상, 어쩌면 20년 안의 문제일 수 있다.

"AGI is probably more than 10 years, maybe within 20."

제19장

지속가능한 미래를 위한 AI 뉴리더십

> **AItelling**
>
> AI 리더는 기술의 환경 영향을 심각하게 고려해야 한다. 지속가능한 AI는 선택 아닌 필수다. 환경과 기술 조화가 미래 세대에 대한 책임이다. AI 리더는 기술 성취만큼 사회적 영향에 관심 가져야 한다. 포용적 AI는 모두를 위한 AI다. 다양성과 공정성이 보장돼야 진정한 혁신이 가능하다. 미래를 내다보고 기술·환경·사회적 유산을 고려한 의사결정이 필요하다.

환경 친화적 개발과 AI 도구 활용

AI는 디지털 기술이지만 물리적 자원을 많이 쓴다. 거대한 데이터 센터와 서버, 막대한 전력이 그림자다. 기후 변화 시대, AI 리더는 기술의 환경 영향을 심각하게 고려해야 한다. 지속가능한 AI는 선택 아닌 필수다. 환경과 기술 조화가 미래 세대에 대한 책임이다.

데이터 센터의 전력 효율성을 나타내는 PUE(Power Usage Effectiveness)라는 지표가 있다. PUE 수치 1.67은 전체 사용 전력 중 서버를 가동하는 데 1만큼의 전력이, 냉각 및 기타 용도에 0.67만큼의 전력이 사용된다는 의미이다.

이 경우 냉각 및 기타 용도의 전력이 전체의 약 40%를 차지하게 된다. 이처럼, 40%라는 수치는 비효율적인 데이터 센터의 경우 충분히 나올 수 있는 수치이며, 냉각이 데이터 센터의 주요 전력 소비원이라는 사실을 보여주는 지표로 자주 인용된다.

구글은 2016년 자사의 AI 부문인 딥마인드(DeepMind)의 AI 기술을 데이터 센터의 냉각 시스템에 적용했다. AI가 수천 개의 센서 데이터를 분석해 냉각 팬, 환기 장치, 펌프 등을 실시간으로 제어함으로써 에너지 효율을 최적화했다.

그 결과, 냉각 전력 소비를 평균 40% 줄였으며, 이는 데이터 센터 전체 전력 소비를 15% 절감하는 효과로 이어졌다. 이 사례는 AI가 에너지 효율을 혁신적으로 개선할 수 있다는 것을 증명한 대표적인 성공 사례로 기록되었다.

AI의 탄소 발자국 측정이 출발점이다. 보이지 않는다고 없는 건 아니다. AI 모델 훈련, 추론, 데이터 과정에서 발생하는 에너지 소비와 배출량을 측정해야 한다. 생명주기 평가(LCA)를 적용해 전체적 영향을 파악한다. 측정되지 않는 건 관리될 수 없다.

AI 시스템은 막대한 양의 전력을 소비한다. 이는 AI 발전이 기후 변화와 같은 환경적 문제로 이어질 수 있다는 우려를 낳는다. SK하이닉스는 미래 세대에 대한 책임을 다하기 위해, '친환경 반도체' 개발이라는 장기적인 목표를 세웠다.

SK하이닉스는 AI 시스템의 두뇌 역할을 하는 고성능 메모리 반도체를 개발하면서, 전력효율을 극대화하는 기술을 적용했다. 기존 제품보다 전력 소비량을 줄인 저전력 메모리를 개발하고 생산 공정에서 발생하는 온실가스 배출량을 줄이기 위한 혁신 기술을 도입했다.

SK하이닉스는 업계 최초로 국제 반도체 장비 재료 협회(SEMI)로부터 '탄소·물 발자국 인증'을 획득했다. 이는 단기적인 생산량 증대에 집중하기보다, 장기적인 환경 지속가능성을 고려한 의사결정의 결과다. 미래 세대가 겪을 환경적 부담을 줄이려는 책임 있는 자세이다.

에너지 효율성 최적화가 핵심이다. 같은 성능을 더 적은 에너지로 달성하는 것이 목표다. 알고리즘 최적화, 모델 압축, 효율적 하드웨어로 연산량을 줄인다. 불필요한 연산을 제거하고, 캐싱(caching)[1]을 통해 중복을 방지한다. 클라우드 최적화로 자원 활용률을 높인다.

---

1) 자주 사용되는 데이터나 계산 결과를 임시 저장소(캐시)에 보관하여, 동일한 요청이 다시 들어왔을 때 불필요한 재작업을 하지 않도록 막는다. 캐싱은 시스템의 효율을 높이고, 불필요한 중복 작업을 제거하여 성능을 최적화하는 매우 중요한 기술이다.

에너지 효율만으론 한계가 있기 때문에 재생에너지 전환을 추진한다. 사용하는 에너지 자체를 친환경적으로 바꿔야 한다. 태양광, 풍력으로 운영되는 데이터 센터를 선택한다. 자체 발전 시설을 구축하고 장기적으로 100% 재생에너지 목표를 설정한다.

구글은 이 분야에서 앞선 기업 중 하나이다. 단순한 에너지 절약을 넘어, 데이터 센터를 비롯한 전 세계 모든 운영에 필요한 전력을 100% 재생에너지로 대체하겠다는 목표를 세웠다. 이 사례는 에너지 자체를 친환경적으로 바꾸는 녹색 전환을 가속화할 수 있음을 보여준다.

개발 단계부터 환경 영향을 고려하는 그린 AI 개발 방법론을 도입한다. 모델 크기와 성능의 균형을 찾는다. 과도하게 큰 모델보다 효율적이고 실용적인 모델을 추구한다. 전이 학습 등 기법으로 훈련 비용을 줄인다. 환경 친화적 개발이 새로운 혁신을 이끌 수 있다.

LG AI연구원은 이 문제에 주목했다. 이들은 초거대 멀티모달 AI인 '엑사원(EXAONE)'을 개발하며, 그 성능만큼이나 환경에 미치는 영향을 최소화하는 방법을 고민했다. 모델의 크기가 커질수록 훈련과 운영에 필요한 전력량이 기하급수적으로 늘어나기 때문이다.

이는 기업의 비용 부담은 물론, 탄소 배출량 증가로 이어져 지속가능성 목표에 걸림돌이 된다. LG AI연구원은 모델의 성능을 높이면서도 환경 영향을 줄이는 '책임 있는 AI(Respo nsible AI)' 개발 방법론(훈련 과정 최적화와 경량화 알고리즘)을 도입했다.

순환경제 원칙을 적용한다. 선형적 모델에서 벗어나 순환적 접근을 한다. 하드웨어 수명을 연장하고, 재사용과 재활용을 촉진한다. 모듈러 설계로 부분 업그레이드가 가능하게 한다. 클라우드 컴퓨팅으로 자원 활용률을 높인다. 폐기물 최소화와 자원 효율성을 추구한다.

환경 성과를 지속적으로 추적하고 개선한다. 에너지 소비량, 탄소 배출량 등 핵심 지표를 정기적으로 측정한다. 목표 설정과 달성 현황을 투명하게 공개한다. 환경 경영 시스템을 구축하고, 제3자 검증을 받는다. 이해관계자들과 성과를 공유한다.

혁신을 통한 환경기여를 추구한다. AI를 환경문제 해결의 도구로 활용한다. 에너지 효율향상, 재생에너지 최적화, 기후변화 예측 등에 AI를 적용한다. 스마트 그리드, 정밀 농업 등 녹색 전환을 가속화한다. 환경에 미치는 부정적 영향을 상쇄할 긍정적 기여를 목표로 한다.

글로벌 환경 이니셔티브에 참여한다. 기후 변화는 전 지구적 문제이므로 협력이 필수다. 파리 기후협약 등 국제 이니셔티브에 적극 참여한다. 업계 표준 수립과 모범 사례 공유로 전체 산업의 환경 성과를 높인다. 경쟁사와도 환경 분야에서는 협력한다.

AI for ALL (모두를 위한 인공지능)

'AI 아버지라 불리는 위르겐 슈미트후버 교수는 1991년 트랜스포머 모델을 연구하고, 1997년 인공지능 딥러닝의 중요한 모델 중 하나인 LSTM(장단기 기억 모델)을 개발했다. 그의 제자들이 딥마인드 공동창업자 및 AI분야에서 활발한 활동을 하고 있다.

그는 UCAI 포럼 창립식[2]에서 'AI for ALL'이란 주제, 기조강연에서 "AI는 이미 인간의 삶을 행복하게 만들고 있다"며 "10년마다 AI비용은 100분의 1 수준으로 떨어지고, 모든 사람이 저렴하고 강력한 AI를 소유하고 다양한 방식으로 삶을 개척할 것이다"고 강조한 바 있다.

AI의 혜택이 소수에게 집중되면 사회적 갈등과 불평등이 심화된다. 기술 과실을 더 많은 사람이 공유해야 한다. AI 리더는 기술 성취만큼 사회적 영향에 관심 가져야 한다. 포용적 AI는 모두를 위한 AI다. 다양성과 공정성이 보장돼야 진정한 혁신이 가능하다.

디지털 격차 해소가 우선 과제다. AI 기술 접근성이 사회적 지위에 따라 달라지면 안 된다. 경제적, 지리적, 교육 수준 관계없이 누구나 AI 혜택을 누려야 한다. 저비용 솔루션, 인프라 확충, 교육으로 격차를 줄인다. 특히 소외계층과 개발도상국에 대한 배려가 필요하다.

정부는 모든 국민이 AI와 디지털 기술을 배우고 활용할 수 있도록 다양한 교육 프로그램을 운영한다. 과학기술정보통신부 주관으로 전국 곳곳에 '디지털배움터'를 설치해, 고령자, 장애인 등 디지털 취약 계층을 위한 맞춤형 교육을 무료로 제공한다.

여기서는 키오스크 사용법, 스마트폰 활용법 같은 실생활과 밀접한 교육부터 AI 기초 코딩까지 다양한 내용을 가르친다. 누구나 교육을 받을 수

---

[2] 2023년 1월 30일, 전경련 컨퍼런스홀에서 사용자중심 인공지능 창립식이 개최되었다. UCAI (User Centric Artificial Intelligence)는 사용자 중심의 목적을 달성하는, 사용자 중심으로 통합된, 사용자 정보를 보호하는 인공지능을 의미한다. 빅테크 중심 인공지능 개발에 따른 독점과 격차 심화 문제를 해소하는데 중점을 둔다. 머신러닝의 선구자인 위르겐 교수는 UCAI 포럼의 공동의장이다.

있도록 온라인 교육 콘텐츠를 제공하고, 지방자치단체와 협력해 각 지역 특성에 맞는 교육 프로그램을 개발한다.

도덕적 의무이자 혁신의 원동력인 다양성과 대표성을 확보한다. AI 개발팀 구성이 AI 관점을 결정한다. 성별, 인종, 나이 등 다양성이 보장돼야 편견 없는 AI를 만든다. 채용과 승진에서 다양성을 고려하고, 포용적 문화를 조성한다. 소외된 목소리를 찾아 듣고 반영한다.

네이버는 AI 윤리 원칙 중 하나로 '다양성과 공정성'을 명시한다. 이는 AI가 모든 사용자를 포용하고, 특정 그룹에 대한 편향을 갖지 않도록 개발 단계부터 노력하는 것을 의미한다. 네이버는 이를 위해 AI 개발팀에 다양한 배경을 가진 인력을 고르게 배치한다.

특정 관점에 치우치지 않고, 사회 전체를 아우르는 AI 모델을 만든다. 예를 들어, 챗봇의 답변이나 AI 추천 시스템이 특정 성별이나 연령대에게만 유리하게 작동하는 편향을 막기 위해, 다양한 목소리를 담은 데이터를 학습시키고 개발 과정에서 지속적으로 검증한다.

접근성을 고려한 설계를 한다. 장애인, 고령자도 AI 서비스를 쉽게 이용해야 한다. 유니버설 디자인을 적용해 모두가 사용할 수 있는 인터페이스를 만든다. 음성 인식, 텍스트 변환 등 보조 기술과 호환성을 보장한다. 접근성은 기본권이자 비즈니스 기회다.

정부는 디지털 접근성을 보장하기 위한 법적·물리적 기반을 마련했다. 누구나 인터넷에 접속할 수 있도록 주민센터 등 공공장소에 무료 와이파이 인프라를 확대하고 있다. 디지털포용법을 제정하여, AI·디지털 기술 혜택을 차별 없이 누릴 수 있도록 법적 근거를 마련했다.

SKT는 AI 스피커 '누구(Nugu)'를 활용한 'AI 돌봄 서비스'를 통해 이를 실현하고 있다. 이 서비스는 복잡한 조작 없이 음성만으로 작동하기 때문에 스마트폰 사용이 어려운 고령자에게 매우 유용하다. "아리아, 살려줘"라고 말하면 119에 자동으로 신고하는 절차를 밟는다.

편향 방지와 공정성 확보에 집중한다. AI 시스템이 특정 집단에 불이익을 주지 않도록 주의한다. 훈련 데이터 편향성을 점검하고, 다양한 집단에 대한 성능을 검증한다. 공정성 지표를 개발하고, 정기적으로 모니터링한다. 편향이 발견되면 즉시 수정하고 재배포한다.

사회적 취약계층을 우선 고려한다. AI 혜택이 이미 혜택받는 사람에게만 더해지면 불평등이 심화된다. 도움이 필요한 사람들을 우선 고려한다. 의료 AI를 농촌에 먼저 보급하고, 교육 AI를 저소득층에 무료 제공한다. 사회적 가치와 비즈니스 가치를 동시에 추구한다.

지역사회와 협력을 강화한다. AI 기업이 있는 지역사회에 대한 책임을 진다. 지역 인재 채용, 교육, 사회 공헌으로 상생한다. 지역의 문화·특성을 존중하고, 문제 해결에 AI를 활용한다. 글로벌 기업이라도 로컬 커뮤니티의 일원이라는 인식을 가진다.

투명성과 참여를 보장한다. AI가 사회에 미치는 영향에 대해 시민들이 알 권리가 있다. AI 작동 원리·영향을 쉽게 설명한다. 정책 결정 과정에 시민 참여 기회를 제공하고, 피드백을 수용한다. 정기적 사회적 영향 보고서를 발간하고 개선 계획을 공개한다.

지속가능한 미래를 위해 미래 세대에 대한 책임을 진다. 오늘의 AI 결정이 미래 세대 삶을 좌우한다. 단기 이익보다 장기적 가치를 우선한다. 교육에 투자해 미래 AI 인재를 기른다. 환경과 사회에 부정적 영향을 최소화하고, 긍정적 유산을 남기려 노력한다.

성과 측정과 개선을 지속한다. 좋은 의도만으론 충분치 않다. 사회적 영향을 객관적으로 측정하고 평가한다. 포용성, 접근성, 공정성 지표를 개발하고 추적한다. 정기적 사회적 영향 평가를 실시하고, 개선할 부분을 파악한다. 이해관계자들과 더 나은 방향을 모색한다.

경제적 지속가능성과 가치 창출

AI 리더십은 단기적 성과만 추구하면 안 된다. 오히려 장기적으로 지속가능한 비즈니스 모델과 가치 창출이 반드시 필요하다. 기술의 화려함에 현혹돼 경제 기반을 소홀히 하면 지속될 수 없다. 경제적 지속가능성은 환경적, 사회적 지속가능성의 핵심적인 전제 조건이다.

가치 기반 비즈니스 모델을 구축한다. 기술 자체 아닌 기술이 창출하는 가치에 집중한다. 고객의 진짜 문제 해결, 명확한 가치를 제공하는 솔루션을 개발한다. 비용 절감, 효율성 등 측정 가능한 가치를 명확히 제시한다. 가치 없는 기술은 시장에서 외면받는다.

수익성과 성장성의 균형을 맞춘다. 빠른 성장을 위해 수익성을 무시하면 지속 불가능하다. 반대로 단기 수익만 추구하면 성장 동력을 잃는다. 적절한 투자와 회수로 건전한 성장을 추구한다. 현금 흐름을 안정적으로 관리하고, 재무 건전성을 유지한다.

다각화된 포트폴리오를 운영한다. 한 가지 기술이나 시장에만 의존하면 위험하다. 다양한 기술, 제품, 시장으로 포트폴리오를 다각화한다. 일부 어려움이 있어도 다른 분야에서 보완할 수 있다. 위험 분산으로 안정성을 높이고, 새로운 기회를 탐색한다.

삼성전자는 본래 전자제품 제조 기업으로 시작했지만, 특정 제품에만 머물지 않았다. 반도체, 스마트폰, TV, 가전제품 등 서로 다른 시장에서 강력한 영향력을 가진 사업 부문을 구축했다. 포트폴리오 다각화 전략의 가장 대표적인 국내 사례는 삼성전자다.

삼성전자의 다각화는 단순히 여러 사업을 벌이는 것이 아니라, 핵심 기술 역량(특히 반도체)을 바탕으로 시너지를 내며 확장하는 방식으로 이루어진다. 예를 들어, 스마트폰에 필요한 모바일 애플리케이션 프로세서와 메모리 반도체를 개발하고 생산해 경쟁력을 높였다.

이러한 다각화 전략은 시장환경이 변할 때 안정성을 크게 높여준다. 반도체 시장이 불황일 때, 스마트폰이나 가전 판매가 이를 보완해 전체 실적을 방어한다. TV 시장이 침체되어도, 메모리 반도체나 디스플레이 부문에서 높은 수익을 올려 전체의 성장을 유지할 수 있다.

플랫폼과 생태계 전략을 추진한다. 개별 제품보다 플랫폼을 구축해 생태계를 조성한다. 다른 기업들이 플랫폼 위에서 가치를 창출하게 한다. 네트워크 효과로 경쟁 우위를 강화한다. 파트너들과 함께 성장하는 상생 모델을 만든다. 혼자 가면 빠르지만, 함께 가면 멀리 간다.

아마존은 온라인 쇼핑몰을 운영하며 축적한 인프라를 AWS라는 플랫폼으로 만들어 다른 기업들에게 제공했다. 이제 AWS는 클라우드 컴퓨팅 분야의 독보적인 플랫폼이 되었다. 수많은 스타트업과 대기업들이 서버, AI 모델 등 복잡한 인프라를 직접 구축할 필요 없어졌다.

AWS 위에서 자신들의 서비스와 제품을 쉽게 만들고 운영한다. AWS는 기업들에게 필요한 인프라를 제공해 혁신을 돕고, 기업들은 AWS를 사용하며 더 많은 데이터를 쌓아 AWS 플랫폼의 가치를 높인다. 인프라를 제공하는 기업이 함께 성장하는 대표적인 사례다.

카카오톡은 단순한 메시저 앱을 넘어, 거대한 생활 플랫폼으로 진화했다. 카카오는 거대한 사용자 기반을 활용해 외부 파트너들이 참여할 수 있는 생태계를 구축했다. 카카오페이, 카카오택시, 카카오맵 등 다양한 서비스가 카카오톡이라는 플랫폼 위에서 작동한다.

외부 기업들은 카카오톡의 사용자들을 기반으로 금융, 모빌리티, 쇼핑 등 새로운 서비스를 제공하며 가치를 창출한다. 사용자는 카카오톡 안에서 모든 것을 해결할 수 있어 편의성이 높아지고, 파트너들은 안정적인 고객 기반을 확보해 사업을 확장할 수 있다.

지적재산권 전략을 수립한다. AI 시대엔 지적재산이 핵심 자산이다. 핵심 기술 특허를 확보하고, 브랜드 가치를 구축한다. 타사 특허 침해 위험도 관리한다. 오픈소스와 독점 전략을 조합한다. 지적재산을 통한 수익 창출 모델을 개발한다.

인재 확보와 유지에 투자한다. AI 우수 인재는 희소하고 경쟁이 치열하다. 경쟁력 있는 보상, 성장 기회를 제공한다. 일과 삶의 균형, 의미 있는 업무, 긍정적 문화로 인재를 끌어들인다. 내부 육성과 외부 영입을 균형 있게 추진한다. 사람이 곧 경쟁력이다.

운영 효율성을 지속적으로 개선한다. AI 기업도 기본적인 운영 효율성을 간과하면 안 된다. 프로세스 자동화, 비용 최적화, 품질 개선으로 기반을 강화한다. 자체 AI 기술로 내부 업무를 효율화한다. 작은 개선들이 누적돼 큰 경쟁 우위를 만든다.

글로벌 시장 진출을 준비한다. AI는 태생적으로 글로벌 기술이다. 국내 시장만으론 규모의 경제를 달성하기 어렵다. 현지화 전략, 파트너십 등으로 해외 시장에 진출한다. 각 시장 규제 환경을 이해하고 적응한다. 글로벌 브랜드로 성장하는 것이 장기 목표다.

위기 대응 능력을 구축한다. AI 산업은 변화가 빠르고 불확실성이 크다. 예상치 못한 위기에 대비한 대응 능력을 미리 구축한다. 시나리오 플래닝, 위기 관리 체계를 수립한다. 충분한 현금 보유로 재무적 완충장치를 마련한다. 위기를 기회로 전환할 민첩성을 기른다.

AGI 시대를 대비한 미래세대 교육

앞으로 다가올 AGI(Artificial General Intelligence:범용 인공지능) 시대는 AI가 인간의 지능과 동등하거나 그 이상으로 광범위한 지적 능력을 발휘하는 시기이다. 이는 단순히 계산이나 정보 처리를 넘어, 추론, 창의성, 비판적 사고와 복잡한 문제 해결 능력까지 포괄한다.

예를 들어, 현재의 AI는 훌륭한 시를 쓰거나 이미지를 생성할 수 있지만, 왜 그런 결과물을 만들었는지에 대한 '이해'는 없다. 그러나 AGI는 시를 쓰는 과정에서 인간의 감정을 이해하고, 과학 논문을 읽으며 새로운 가설을 세우는 등 지식과 지혜를 유연하게 결합한다.

리더는 AGI가 가져올 사회적, 경제적 시스템의 근본적인 변화에 대비해야 한다. 이것은 단순한 혁명을 넘어 새로운 문명의 전환이다. AI 에이전트가 발전하면서 AI는 단순한 도구가 아닌, 인간의 지능을 보완하고 확장하는 '하이브리드 지능'의 형태로 더욱 진화할 것이다.

노동 환경의 변화 측면에서 단순 반복 업무뿐만 아니라, 의사 결정, 전략 수립 등 인간의 지적 노동까지 AI가 상당 부분 대체하거나 보완하나. AI가 해결하지 못했던 난제를 해결하고, 인류의 창의성을 극대화하여 혁신을 가속화되고 복잡한 윤리적 논쟁이 대두될 것이다.

현재의 AI는 효율적인 도구라면, AGI는 인류의 지능을 확장하는 새로운 형태의 협업의 파트너가 될 것이다. 닥쳐 올 AI 파도 위기에서 미래 세대 교육을 어떻게 해야할까. 중대한 문제이다. 단순한 입시교육의 전통적 방식을 벗어나 AI 네이티브형 미래 교육이 필요하다.

오늘의 선택이 결국 미래 세대의 운명을 결정한다. AI 리더는 당장 성과뿐 아니라 10, 20년 후를 내다보고 경영해야 한다. 미래 세대가 더 나은 세상 속에서 살도록 투자하는 게 현재 세대의 가장 큰 책임이다. 기술·환경·사회적 유산을 고려한 의사결정이 필요하다.

교육과 인재 육성이 최우선이다. 미래 주인공은 현재 학생들이다. AI 시대에 필요한 역량 교육 시스템에 투자한다. STEM 교육[3]은 물론 창의성, 비판적 사고, 윤리적 판단력도 기른다. 산학협력으로 실무 경험을 제공하고, 평생 학습 체계를 구축한다.

---

3) 과학(Science), 기술(Technology), 공학(Engineering), 수학(Mathematics) 네 가지 분야를 융합하여 가르치는 교육 방식을 뜻한다. 이 용어는 2000년대 초 미국 국립과학재단(NSF)에서 처음 사용되었다.

미래 인재 육성의 대표적인 국내 사례는 삼성전자가 운영하는 삼성 청년 소프트웨어 아카데미(SSAFY)이다. 이는 대학 교육과 실무 현장의 격차를 줄이고, AI 시대에 필요한 역량을 갖춘 인재를 직접 양성하는 청년을 위한 1년간 무상으로 제공하는 사회 공헌 프로그램이다.

이론 강의에 그치지 않고, 기업 현장에서 직접 활용되는 코딩 언어, AI 기술을 가르친다. 참가자들은 실제 기업과 유사한 환경에서 프로젝트를 수행하며 실무 경험을 쌓는다. 이는 AI 시대에 필수적인 문제 해결 능력과 실용적 기술을 기르는 데 최적화된 방식이다.

대학이 제공하기 어려운 심화 실무 교육을 기업이 직접 제공함으로써 산학협력의 성공적인 모델을 보여준다. 또한, 취업 준비를 위한 프로그램(면접 코칭, 포트폴리오 강화 등)을 통해 교육이 직업으로 연결되는 평생 학습 체계를 구축했다.

교육은 단순한 학위취득이 아니라, 현실적인 역량 향상과 커리어 개발로 이어져야 한다는 철학을 반영한다. SSAFY는 기업이 인재육성의 주체가 되어, AI 시대에 필요한 지식과 기술은 물론, 창의적 사고, 윤리적 판단력까지 아우르는 복합적 인재를 길러내는 혁신 사례다.

기초 연구와 장기 R&D에 투자한다. 당장 수익 없어도 미래를 위한 기초 연구는 필수다. 대학과 공동 연구, 장기 프로젝트로 혁신의 씨앗을 뿌린다. 양자컴퓨팅 등 미래 기술과 AI의 융합을 탐색한다. 실패를 두려워하지 않는 도전적 연구를 장려한다.

인프라 구축에 장기적으로 투자한다. 미래 AI 발전의 기반이 되는 인프라를 구축한다. 고속 통신망, 데이터센터 등 물리적 인프라와 함께 데이터,

알고리즘에도 투자한다. 개방형 플랫폼으로 미래 혁신가들이 활용할 자원을 제공한다.

환경 복원과 보전에 기여한다. 기후 변화는 미래 세대가 직면할 가장 큰 도전이다. AI를 활용해 환경 문제 해결에 적극 나선다. 탄소 포집, 재생에너지 최적화, 생태계 복원 등에 AI를 적용한다. 환경 기술 스타트업에 투자하고, 그린테크 혁신을 지원한다.

사회적 문제 해결에 기술을 활용한다. 빈곤, 질병, 교육 불평등 등 인류 과제에 AI를 활용한다. 의료 AI로 질병 정복, 교육 AI로 학습 기회 확대, 농업 AI로 식량 안보를 강화한다. 사회적 임팩트와 비즈니스 가치를 동시에 추구하는 모델을 개발한다.

국제 협력과 지식 공유를 확대한다. 인류 공동 과제는 국가를 초월한 협력으로만 해결된다. 국경 초월 연구, 기술 공유, 표준 개발에 적극적으로 참여한다. 개발도상국의 AI 역량 구축을 함께 돕는다. 기술을 독점 않고 인류의 공동 발전을 위해 공유한다.

윤리적 AI 문화를 정착시킨다. 기술 발전과 함께 윤리적 기반도 튼튼해야 한다. AI 윤리 교육, 연구, 실천으로 책임감 있는 AI 문화를 만든다. 미래 AI 개발자가 윤리적 소양을 갖추도록 한다. 윤리적 딜레마에 대한 사회적 토론을 활성화하고 합의를 이룬다.

다양성과 포용성의 가치를 심는다. 미래 사회는 더욱 다양해질 것이다. 성별, 인종, 문화의 다양성을 존중하고 포용한다. 소외되기 쉬운 집단에 더 많은 관심과 지원을 제공한다. 다양성이 혁신 원동력이라는 인식을 확산시킨다. 차이를 차별 아닌 자산으로 인식한다.

장기적 관점의 의사결정 체계를 구축한다. 분기별 실적에 매몰되지 않고 장기적으로 본다. 미래 세대 대표를 의사결정 과정에 참여시키고, 장기적 영향을 평가한다. 세대 간 형평성 고려한 정책을 수립한다. 오늘의 편의를 위해 미래를 저당잡지 않는다.

지속적 학습과 적응 문화를 만든다. 미래는 예측 불가능하나 변화에 적응할 순 있다. 조직과 개인이 지속 학습하고 진화하는 문화를 만든다. 실패에서 배우고, 새로운 시도를 장려한다. 미래 세대에게 가장 좋은 선물은 스스로 길을 찾을 능력을 주는 것이다.

[출처_wikipedia.org]

제프 베이조스
Jeff Bezos (Amazon Founder & Executive Chair)

우리는 분명한 거대한 흐름 속에 있다.
바로 머신러닝과 AI다.

"We're in the middle of an obvious one right now: machine learning and AI."

| 제20장

혁신 리더와
AI 뉴리더십 미래 전망

AItelling

 AI 혁신 리더는 인간과 AI의 역할 분담을 명확히 하고, 기술 능력과 인간을 이끄는 지혜를 모두 갖춰야 한다. 변화를 두려워 않기보다 기회로 만드는 게 이러한 새 리더십의 핵심이다. AI 혁신 리더는 기술 성취와 함께 사회적 책임도 져야 한다. AI 영향력이 커질수록 리더의 사회적 책임도 무거워진다. 사회적 신뢰 없이는 기술 혁신도 지속될 수 없다.

새로운 직업과 리더십 패러다임 전환

AGI(범용 인공지능) 시대가 오면, 많은 직업이 사라지거나 형태가 변하고, 동시에 새로운 직업이 생겨날 것으로 전망된다. AGI는 단순 반복 작업뿐만 아니라, 복잡한 인지 능력이 필요한 영역까지 대체할 가능성이 높기 때문이다.

AGI는 복잡한 데이터 분석, 패턴 인식, 예측을 뛰어난 속도로 처리할 수 있다. 따라서 정해진 규칙과 패턴에 따라 반복적으로 수행되는 업무를 가진 직업들은 AGI에게 대체될 가능성이 높다. 사무직 및 행정직, 생산직 및 단순 노동자, 전문직 일부가 해당될 수 있다.

정형화된 업무는 AGI가 더 효율적으로 처리하고, AGI가 탑재된 로봇은 복잡한 조립, 검사, 물류 관리를 수행하며 생산성을 극대화할 수 있다. 데이터 분석가, 금융 트레이더, 초보 변호사, 의료 진단 보조 등 '데이터를 기반으로 결론을 도출하는' 일부 전문직이 대체된다.

AGI는 도구가 될 뿐, 인간 고유의 영역을 완전히 대체하긴 어렵다. 따라서 인간 고유의 능력과 AGI를 결합하는 직업이 각광받을 것이다. AI 트레이너/AGI 조련사, AI 윤리 및 거버넌스 전문가, 창의성 및 감성 관련 직업, 인간 중심 서비스직이 새로 생겨날 직업군이다.

결론적으로, AGI는 '정해진 답을 찾는' 일은 인간보다 훨씬 잘할 것이고, '새로운 질문을 던지는' 일은 여전히 인간의 몫으로 남겨둘 것이다. 미래의 직업은 AGI를 도구로 활용해 인간 고유의 가치를 극대화하는 방향으로 발전할 것으로 본다.

위와 같은 직업의 변화에 따라 AGI 시대의 리더십은 과거와 근본적으로 다를 것이다. AI가 많은 업무를 대체하며 리더의 역할도 재정의된다. 미래 AI 혁신 리더는 기술 능력과 인간을 이끄는 지혜를 모두 갖춰야 한다. 변화를 기회로 만드는 게 이러한 새 리더십의 핵심이다.

인간 중심 리더십으로의 회귀가 반드시 필요하다. 기술 발전할수록 인간적 가치는 더 중요해진다. AI가 할 수 없는 공감, 창의성, 윤리적 판단이 바로 리더 핵심 역량이다. 기계적 관리에서 벗어나 구성원 성장과 행복에 진정으로 관심을 가져야 한다.

적응형 리더십이 생존의 열쇠다. 불확실성이 일상인 시대에는 유연성과 적응력이 필수다. 과거 성공 공식을 고집 말고, 새로운 접근법을 찾아야 한다. 계획대로 안 될 때 빠르게 방향을 수정하는 민첩성을 기른다. 완벽한 계획보다 빠른 학습과 적응이 더 중요하다.

분산형 리더십 모델을 도입한다. 한 사람이 모두 결정하는 시대는 지났다. 전문성과 상황에 따라 리더십을 분산시킨다. 네트워크형 조직에서는 누구나 리더가 될 수 있다. 공식 권위보다 전문성·영향력 기반 리더십이 더 효과적이다. 리더를 키우는 것이 곧 조직의 경쟁력이다.

학습 지향적 리더십을 체화한다. 기술 발전이 빨라 지속적 학습이 필수다. 리더가 먼저 학습하는 모습을 보여야 구성원들도 배운다. 모르는 것을 솔직히 인정하고 함께 배우는 자세를 갖는다. 실패를 학습 기회로 활용하고, 새로운 시도를 장려한다.

데이터 기반 의사결정과 직관의 조화를 이룬다. AI는 데이터 분석에 뛰어나다. 하지만 데이터만으론 파악 못할 미묘한 맥락이 있다. 데이터 정보와 인간 직관·경험을 결합한다. AI 도움을 받되, 최종 판단은 인간 몫이라는 걸 잊지 않는다.

윤리적 리더십의 중요성이 커진다. AI 힘은 선용·악용될 수 있다. 기술 가능성과 윤리적 타당성을 균형 있게 고려하는 판단력이 필요하다. 단기 이익보다 장기 가치를, 개인 성공보다 사회적 책임을 우선한다. 올바른 선택을 위한 도덕적 용기가 필요하다.

협업과 연결을 중시하는 리더십으로 진화한다. 다양한 전문가와 네트워크를 형성하고, 집단 지성을 활용하는 능력이 중요하다. 경쟁보다 협업을, 소유보다 공유를, 독점보다 개방을 추구한다. 에코시스템을 조성하고 선순환 구조를 만드는 게 21세기 리더 역할이다.

글로벌 관점과 지역적 감수성을 동시에 갖춘다. AI는 국경 초월 기술이나, 적용 맥락은 지역마다 다르다. 문화적 다양성을 인정하고, 다른 관점을 수용하는 포용성을 기른다. Think Global, Act Local을 실천하는 글로컬 리더십이 필요하다.

미래 지향적 비전과 현실 감각의 균형을 맞춘다. 장기적 비전 제시하며 현재 현실을 직시한다. 이상과 현실 사이 격차를 인정하고, 단계적 접근으로 목표에 다가간다. 구성원에게 희망 주며 실현 가능한 계획을 제시한다. 꿈꾸는 현실주의자가 되어야 한다.

인간-AI 협업 모델과 역량강화

하이브리드 조직은 인간의 강점과 AI의 강점을 결합해 시너지를 창출하는 조직 모델을 뜻한다. 인간-AI 협업은 AI를 단순한 도구가 아니라 업무의 파트너로 활용하는 것을 의미한다. 이는 AI가 인간의 업무를 대체하는 것이 아니라, 보조하고 강화하는 방식이다.

인간-AI 협업 모델을 구체적으로 제시하는 게 리더의 역할이다. AI는 단순 도구가 아닌 하나의 협업 파트너다. 인간의 창의성과 직감, AI의 분석력을 어떻게 조화시킬 것인가? 각자 강점 살리고 약점 보완하는 시너지를 만드는 것이 가장 중요한 새로운 도전이다.

인간과 AI의 역할 분담을 명확히 한다. 무작정 협업보다 각자 강점을 파악해 최적의 역할을 배정한다. AI는 데이터 처리, 반복 업무에 활용하고, 인간은 창의적 사고, 소통, 윤리적 판단에 집중한다. 상황에 따라 유연하게 역할을 조정할 체계를 구축한다.

협업 프로세스와 워크플로를 구체적으로 설계한다. 인간-AI가 언제, 어떻게 협업할지 명확한 방법을 정의한다. 순차, 병렬 협업, 피드백 루프를 체계적으로 구성한다. AI 결과물을 인간이 검토·보완하고, 인간 아이디어를 AI가 구체화하는 과정을 반드시 체계화한다.

의사소통과 상호작용 방식을 개선한다. 인간 간 소통과 인간-AI 소통은 다르다. AI와 효과적으로 소통하는 방법을 교육한다. 명확한 지시, 구체적 피드백, 적절한 맥락 제공이 중요하다. 동시에 AI 한계를 이해하고, 과도한 기대나 맹신을 하지 않도록 가이드한다.

신뢰 관계 구축에 노력한다. 인간이 AI를 불신하거나 맹목적으로 따르는 것 모두 문제다. 적절한 신뢰를 구축해야 한다. AI 작동 원리·한계를 투명하게 공개하고, 지속적 성능 검증으로 신뢰성을 확보한다. 상호 보완적 관계임을 강조한다.

학습과 적응 문화를 조성한다. 인간-AI 협업은 아직 초기다. 시행착오로 최적의 방식을 찾아가야 한다. 실험을 장려하고, 실패를 학습 기회로 활용한다. 지속적 피드백과 개선으로 협업 질을 높인다. 완벽보다 계속 발전하는 협업을 추구한다.

윤리적 고려사항을 통합한다. AI와의 협업에서도 윤리 기준을 놓치지 않는다. AI 편향성, 프라이버시 침해, 인간 소외 위험을 점검한다. 인간 존엄성과 가치를 존중하는 범위 내에서 협업을 추진한다. AI가 인간을 대체 아닌 더 인간답게 만드는 방향으로 활용한다.

성과 측정과 평가 체계를 재설계한다. 개별 성과보다 협업 성과를 중시하는 평가 체계로 전환한다. 인간-AI 팀의 전체 성과, 시너지, 상호 보완성 등을 측정한다. 정량적 지표와 정성적 평가를 균형 있게 활용한다. 협업을 장려하는 인센티브 구조를 만든다.

미래 역량 개발에 투자한다. 인간-AI 협업 역량은 새로운 스킬이다. 구성원이 AI와 효과적으로 협업할 역량을 기르도록 지원한다. 기술 이해력, 비판적 사고, 문제해결력을 종합적으로 개발한다. 평생학습 관점에서 지속적 역량 개발을 지원한다.

조직 구조와 문화를 혁신한다. 인간-AI 협업에 맞는 새로운 조직과 문화를 만든다. 계층보다 네트워크형 구조가 협업에 유리하다. 실험과 혁신을 장려하는 문화, 다양성과 포용성을 중시하는 문화를 조성한다. 변화를 두려워하지 않는 적응형 조직을 구축한다.

네트워크형 구조는 부서의 경계를 허물고 프로젝트별로 유연하게 팀을 구성한다. 데이터와 아이디어가 수평적으로 자유롭게 흘러가며, 인간과 AI가 협력해 문제를 해결하는 데 유리하다. 이는 AI가 제공하는 통찰력을 빠르게 실행에 옮길 수 있는 민첩한 조직을 만든다.

조직은 '무조건 성공'을 요구하기보다, '빠르게 실패하고, 실패에서 배우는' 문화를 만들어야 한다. 실패를 처벌의 대상이 아닌, 더 나은 해결책을 찾는 과정의 일부로 인정해야 한다. 이러한 문화 속에서 직원들은 새로운 AI 기술을 두려움 없이 시도하고 창의성이 발휘된다.

사회적 영향을 고려한다. 인간-AI 협업이 사회에 미치는 영향을 책임 있게 관리한다. 일자리 변화에 대한 우려를 이해하고, 건설적 해결책을 제시한다. 협업 이익이 소수에게 집중되지 않도록 포용적 접근을 취한다. 기술과 사회적 가치 조화를 추구한다.

AI 기술의 발전은 기존의 많은 직업을 대체하거나 변화시킬 것이다. 이에 대한 우려를 외면하기보다, 건설적인 해결책을 제시하는 것이 중요하다. 정부와 기업은 사라지는 직업을 가진 사람들이 새로운 직무를 배울 수 있도록 직업 훈련 프로그램을 마련해야 한다.

AI가 창출하는 막대한 경제적 이익이 소수의 기업이나 개인에게만 집중되면 사회적 불평등이 심화될 수 있다. AI로 인한 생산성 향상의 이익을 사회 전체에 분배할 방법을 모색해야 한다. 보편적 공공 서비스 강화, AI 기술의 비영리적 활용 지원 등이 그 예가 될 수 있다.

지속가능한 혁신 생태계 조성

AI 혁신 리더의 목표는 단발적 성공 아닌 장기적으로 지속가능(환경적, 경제적, 사회적 차원)한 혁신 생태계다. 씨앗을 심어 울창한 숲 만들듯, 혁신의 씨앗이 자생적으로 성장할 환경을 조성해야 한다. 개별 프로젝트 성공보다 전반적인 생태계 건강성을 추구한다.

획일적 환경에선 진정한 혁신이 어렵다. 다양한 배경, 관점, 전문성을 가진 사람이 자유롭게 상호작용할 환경을 만든다. 대기업과 스타트업, 기술자와 인문학자가 만나는 교차점을 만든다. 우연한 만남과 예상치 못한 조합에서 혁신이 탄생한다.

개방성과 투명성을 확보한다. 폐쇄적 시스템보다 개방적 플랫폼이 더 많은 혁신을 낳는다. 지식·정보를 공유하고, 외부 아이디어를 적극 수용한다. 오픈소스 정신을 확산시키고, 협업·공유를 장려한다. 투명한 의사결정과 공정한 기회 제공으로 신뢰를 구축한다.

리눅스는 1991년 리누스 토르발스가 개발한 운영체제 커널을 누구나 볼 수 있고, 수정할 수 있도록 코드를 공개하면서 시작되었다. 이는 마이크로소프트의 윈도우처럼 소스 코드를 철저히 비밀로 유지하는 기존 기업들과는 정반대의 전략이었다.

전 세계 개발자들은 리눅스의 코드를 자유롭게 검토하고, 오류를 수정하며, 새로운 기능을 추가했다. 단 한 명의 개발자나 한 회사의 아이디어에만 의존하지 않고, 외부 아이디어를 적극적으로 받아들여 끊임없이 발전했다. 이러한 개방성은 네트워크 효과를 불러왔다.

실험과 실패를 허용하는 문화를 조성한다. 혁신은 본질적으로 불확실하다. 실패를 두려워하면 진정한 혁신은 불가능하다. 작은 실험을 장려하고, 빠른 실패·학습으로 점진적 개선한다. 실패에서 얻은 교훈을 공유하고, 다음 시도의 밑거름으로 쓴다.

장기적 관점을 유지한다. 단기 성과에 매몰되지 않고 장기적 가치 창출에 집중한다. 당장 수익 없어도 미래 성장 동력될 기술·인재에 투자한다. 분기별 실적보다 5년, 10년 후를 내다보는 전략을 수립한다. 지속가능성은 긴 호흡으로 접근해야 달성할 수 있다.

순환경제 원칙을 적용한다. 선형적 성장 모델 벗어나 순환적 발전을 추구한다. 자원의 효율적 활용, 재사용, 재활용으로 환경 부담을 줄인다. 경제적 가치와 환경적 가치를 동시에 추구하는 비즈니스 모델을 개발한다. 지구의 한계를 인정하는 범위 내에서 발전을 모색한다.

교육과 인재 육성에 지속 투자한다. 생태계 지속성은 인재에 달려 있다. 현재뿐 아니라 미래에 필요한 인재를 기른다. 평생학습 체계를 구축하고, 변화에 적응할 수 있는 적응력을 기른다. 지식·기술 전수뿐 아니라 가치관·철학 계승도 중요하다.

파트너십과 협력 네트워크를 확장한다. 혼자 못하는 일도 함께하면 가능하다. 다양한 파트너와 제휴로 상호보완 관계를 구축한다. 경쟁사와도 필요한 영역에서는 협력한다. Win-Win 넘어 All-Win할 수 있는 구조를 만든다. 네트워크 힘이 개별 역량의 합을 넘어선다.

사회적 가치 창출을 통합한다. 경제 이익만 추구하는 혁신은 지속가능하지 않다. 사회 문제 해결을 혁신의 동력으로 활용한다. 임팩트 큰 영역에서 기회를 찾고, 기술로 더 나은 세상을 만든다. 이윤과 목적의식을 조화시키는 것이 지속가능 혁신의 열쇠다.

측정과 평가 체계를 정교화한다. 생태계 건강성을 측정할 다차원적 지표를 개발한다. 경제적 성과와 함께 환경적, 사회적 성과도 측정한다. 정량적 지표와 정성적 평가를 균형 있게 활용한다. 이해관계자들과 성과를 투명히 공유하고, 개선에 활용한다.

AI 혁신 리더의 사회적 책임

AI 영향력이 커질수록 리더의 사회적 책임도 무거워진다. 기술은 중립적일 수 있으나, 그것을 활용하는 사람은 중립일 수 없다. AI 혁신 리더는 기술 성취와 함께 사회적 책임도 져야 한다. 권력에는 책임이 따른다. 사회적 신뢰 없이는 기술 혁신도 지속될 수 없다.

공익을 우선하는 가치관(법적의무를 넘어선 윤리적 의무)을 확립한다. 기업 이익과 사회 이익 충돌 시 어떤 선택을 할 것인가? 단기 수익보다 장기 사회 가치를, 주주 이익보다 이해관계자 전체 이익을 고려한다. 기업 시민으로서의 역할과 책임을 자각하고 노력한다.

투명성과 책임성을 제도화한다. AI 시스템 작동 원리·의사결정 과정을 투명히 공개한다. 왜, 무엇을, 어떻게 하는지 이해관계자들에게 설명할 의무가 있다. 정기적 사회적 영향 보고서를 발간하고 제3자 검증을 받는다. 잘못이 있다면 솔직히 인정하고 개선 조치한다.

포용적 접근을 실천한다. AI 혜택이 소수에게 집중되지 않도록 한다. 사회적 약자·소외계층을 우선 배려하고, 디지털 격차 해소에 기여한다. 접근성을 고려한 설계를 하고, 다양한 사용자 니즈를 반영한다. 기술의 민주화로 더 많은 사람이 혜택을 누리게 한다.

미래 세대에 대한 책임을 진다. 오늘의 선택이 미래 세대 삶에 미치는 영향을 신중히 고려한다. 환경적, 경제적, 사회적 지속가능성을 모두 추구한다. 단기 이익 위해 미래를 저당잡지 않는다. 미래 세대가 더 나은 세상에서 살도록 하는 것이 의무다.

교육과 인식개선에 투자한다. AI에 대한 사회적 이해를 높이고, 올바른 활용법을 알린다. 디지털 리터러시 교육을 지원하고, AI 윤리 의식을 확산시킨다. 과도한 두려움이나 맹신을 없애고, 합리적 판단을 할 역량을 기른다. 지식 공유와 교육으로 사회 전체 역량을 높인다.

과학기술정보통신부는 국민 누구나 AI를 배우고 활용할 수 있도록 'AI 허브(AI Hub)' 같은 공공 플랫폼에 투자하고 있다. 이곳은 AI 기술 개발에 필요한 데이터와 컴퓨팅 자원을 제공할 뿐만 아니라, AI 윤리 교육을 포함한 다양한 온라인 학습 자료를 무료로 제공한다.

정부는 전국 초·중·고등학교에 'AI 윤리교육'을 의무화하고, AI 시대에 필요한 역량을 가르치는 '디지털 리터러시 교육'을 지원한다. 또한, 소외계층을 대상으로 한 '찾아가는 디지털 교육'을 통해 AI에 대한 접근성을 높이고, 합리적인 판단을 할 수 있는 역량을 길러준다.

글로벌 협력과 연대에 참여한다. AI 도전과 기회는 전 인류가 공유한다. 국경을 넘는 협력으로 공동 문제를 해결한다. 개발도상국 AI 역량 구축을 지원하고, 글로벌 격차 해소에 기여한다. 기술을 독점 않고 인류 전체 발전을 위해 공유한다.

규제와 거버넌스 발전에 기여한다. 합리적 규제·효과적 거버넌스 구축에 협력한다. 업계 전문성 바탕으로 정책 개발에 건설적 제안을 한다. 자율규제와 공동규제로 책임 있는 생태계를 만든다. 규제 수동적 수용자 아닌 능동적 참여자가 된다.

사회적 대화와 소통을 확대한다. 시민사회와 정기적으로 소통하고, 다양한 목소리에 귀 기울인다. 기술 개발 과정에 이해관계자 참여 기회를 제공한다. 사회적 우려와 기대를 파악해 반영한다. 일방적 소통 아닌 쌍방향 대화를 추구한다.

위기 상황에서 사회적 역할을 수행한다. 팬데믹 등 위기 상황에서 AI 기술을 사회를 위해 활용한다. 공공 목적의 데이터 분석, 의료 지원, 정보 제공에 적극 나선다. 평상시 축적한 자원을 위기 극복에 기여한다. 기업 존재 이유를 증명하는 기회로 활용한다.

팬데믹과 같은 국가적 위기 상황에서 AI 기술을 활용해 사회적 역할을 수행한 대표적인 사례는 네이버와 카카오의 코로나19 대응이다. 두 기업은 평상시 축적해 온 기술과 데이터를 활용해 사회 전체의 혼란을 줄이는 데 크게 기여했다.

코로나19 팬데믹 초기, 확진자 동선, 검사소 위치, 마스크 재고 현황 등 국민에게 필요한 정보가 실시간으로 제공되지 않아 큰 혼란이 발생했다. 사람들은 불안감에 휩싸였고, 마스크를 사기 위해 약국 앞에 길게 줄을 서야 했다.

정부가 마스크 재고 데이터를 공개하자, 네이버와 카카오는 이를 받아 AI 기반으로 데이터를 분석하고, 사용자에게 실시간으로 '마스크 재고 현황'을 알려주는 서비스를 빠르게 구축했다. 이 서비스 덕분에 사람들은 마스크가 남아 있는 약국을 찾아다닐 필요가 없어졌다.

차세대 리더 육성에 헌신해야 한다. 자신의 지식과 경험을 다음 세대에 아낌없이 전수하고, 멘토링 교육으로 미래 AI 혁신 리더를 키운다. 기술역량과 함께 윤리적 소양, 책임감도 함께 가르친다. 또한 리더십의 대를 이어가는 것이 다가올 AGI 시대를 준비하는 혁신 리더의 중요한 마지막 책임이다.

[출처_wikipedia.org]

조나단 스위프트
Jonathan Swift (the English satirist)

비전은 눈에 보이지 않는 것을 보는 능력이다

"Vision is the art of seeing what is invisible to others."

EPILOGUE

향후 도래할 AGI 시대를 대비하라!

우리는 지금 인류 역사상 가장 극적인 변화의 한복판에 서 있다. 혁명을 뛰어넘는 문명의 변곡점에 서있다. AI라는 새로운 지능이 등장하면서 모든 것이 재정의되고 있다. 일하는 방식, 노는 방식, 소통하는 방법, 결정하는 과정, 심지어 생각하는 패턴까지 바뀌고 있다.

이런 시대에 리더로 산다는 것은 무엇을 의미하는가? 이 책을 쓰면서 가장 많이 든 생각은 '선택'이었다. AI는 도구일 뿐이다. 그 도구를 어떻게 사용할지는 온전히 우리의 선택에 달려 있다. 더 효율적인 세상을 만들 수도 있고, 더 인간적인 세상을 만들 수도 있다.

소수의 독점을 강화할 수도 있고, 더 많은 사람에게 기회를 줄 수도 있다. 모든 것은 리더의 선택에서 시작된다. 2011년 『소셜리더십』을 썼을 때는 소셜미디어가 가져올 변화에 주목했다. 2023년 『디지털혁신리더십』에서는 디지털 전환의 본질을 탐구했다.

그리고 이제 『AI 뉴리더십』에서는 가히 혁명을 뛰어넘는 문명의 대전환점에서 새로운 리더십을 제시한다. 각각의 기술 혁명마다 리더십의 본질적 요구사항은 달라졌지만, 변하지 않는 것이 있다. 바로 AI를 통해서 다시 한번 인간에 대한 깊은 이해와 사랑이다.

필자는 잠시 눈을 감고 향후 10년, 20년, 또 어떤 세상이 될까 그림을 그려본다. 단순한 기술적 진화를 넘어 사회적, 경제적 시스템의 근본적 변곡점이 될 AGI(범용인공지능) 시대이다. AGI는 인간처럼 다양한 분야의 문제를 스스로 이해하고 해결하는 능력을 갖춘 AI이다.

AGI 시대에는 인간의 지적 노동까지 AI가 상당 부분 대체하거나 보완하고, 인간이 해결하지 못한 난제를 해결하고, 인류의 창의성을 극대화하여 혁신을 가속화 한다. 즉 현재의 AI는 효율적인 도구라면 AGI는 인류의 지능을 확장하는 새로운 형태의 파트너가 될 것이다.

AI 주권 시대의 본격 개막

AI 주권 시대가 열렸다. 이제 AI를 모르면 리더가 될 수 없고, AI를 제대로 활용하지 못하면 조직도 개인도 도태될 수밖에 없다. 미국, 중국 등 세계 각국은 데이터센터 건립 등 AI에 천문학적인 투자를 하는 것은 우연이 아니다. 각국은 이미 AI 세계 전쟁에 돌입했다.

국가 간 AI 패권 경쟁이 치열해지며 '소버린(Sovereign) AI'라는 개념이 부상했다. 자국의 데이터와 기술로 독립적인 AI 생태계를 구축하겠다는 의지의 표현이다. AI 종속국이 될 것인가, AI 주권국이 될 것인가. 선택의 기로에서 더 이상 머뭇거릴 시간은 정말 없다.

하지만 단순히 AI 도구를 '사용'하는 것만으로는 충분하지 않다. 도구를 쓰는 것과 도구와 '협력'하는 것은 차원이 다르다. AI 시대에는 기존 리더십의 연장선이 아닌, 완전히 새로운 패러다임의 리더십이 필요하다. 바로 AI는 협업의 동반자라는 'AI 뉴리더십'이다.

AI는 도구가 아니라 파트너다

많은 사람이 AI를 단순한 도구로 생각한다. 이는 근본적 오해다. AI는 도구가 아니라 파트너다. 도구는 '사용'하는 것이지만, 파트너는 '협력'하는 것이다. 이 차이를 이해하지 못하면 AI 시대에 살아남을 수 없다. AI와 어떻게 효율적으로 협력하는 데 집중해야 한다.

AI 혁신 리더는 AI를 단순 활용의 차원을 넘어, AI와의 협력을 통해 인간 중심의 가치를 극대화해야 한다. AI의 논리와 효율성, 인간의 직관과 창의성이 조화를 이룰 때 진정한 시너지가 창출된다. 1+1이 2가 아닌 3이나 4가 되는 일이 마침내 현실이 된다.

효율성과 인간성, 속도와 깊이, 자동화와 창의성 사이에서 올바른 균형점을 찾아야 한다. AI가 빠르고 정확한 업무를 담당한다면, 인간은 느리더라도 깊이 있는 사고를 맡아야 한다. 서로의 약점을 보완하고 강점을 극대화하는 것이 진정한 의미의 협력이다.

포지티브섬 전략의 AI 시대 적용

포지티브섬(positive-sum) 전략은 AI 시대에도 유효하며, 오히려 그 중요성이 커졌다. 제로섬(Zero-sum)경쟁으로 상대를 소모시키기보다 상생과 협력을 통해 모두가 승자가 될 가능성이 커졌기 때문이다. AI가 '파이' 자체를 기하급수적으로 키워주고 있다.

AI가 인간을 대체한다는 공포에서 과감히 벗어나야 한다. 대체가 아니라 서로 '함께 성장'하는 비파괴적 혁신의 길을 가야 한다. 기존 일자리가 사라지는 만큼 훨씬 더 많은 새로운 일자리가 생겨난다. 중요한 것은 변화에 민첩하게 적응하는 능력이다.

경쟁업체와도 AI 생태계에서는 협력할 수 있다. 플랫폼 경제가 보여주듯, 함께 성장할 때 더 큰 가치가 창출된다. 독점보다 공유, 경쟁보다 협력이 AI 시대의 성공 공식이다. 이것이 제로섬을 넘어서는 고차원의 지속가능한 포지티브섬 사고다.

감성지능의 재발견

AI 시대에 감성지능은 그 어느 때보다 훨씬 더 중요해졌다. 역설적이지만 기술이 발전할수록 인간다움의 가치는 더욱 소중해진다. AI가 논리와 분석을 완벽하게 담당한다면, 인간은 공감과 소통, 더불어 윤리적 판단에 더욱 집중해야 한다.

생성형 AI가 아무리 똑똑해도 진정한 공감을 하거나 복잡한 윤리적 딜레마에서 인간적 판단을 내릴 수는 절대 없다. 이러한 영역이야말로 AI 시대 리더가 갖춰야 할 핵심 역량이다. 기술이 발전할수록 인간다움의 가치는 더욱 결국 빛난다.

팀원들이 AI와 함께 일하며 느낄 수 있는 불안과 혼란을 이해하고 공감해 주는 것도 리더의 중요한 역할이다. 변화에 대한 두려움을 희망으로 바꿔 주는 것, 이것이 AI 시대 감성 리더십의 핵심이다. 아무리 AI가 세상을 바꿔도 인간의 본성까지 바꿀 수는 없다.

퍼스트 무버의 정신으로 변화를 주도하라

변화를 두려워하지 말고 과감하게 주도하라. AI 대전환 시대에 퍼스트 무버(First Mover)로서 AI 전환을 선도하는 리더가 되어야 한다. 패스트 팔로워(Fast Follower)만으로는 더 이상 생존하기 어렵다. AI 시대는 용기 있는 진정한 도전자에게 기회를 준다.

기다리면 기회를 영원히 놓친다. AI 기술 발전 속도는 우리의 상상을 훨씬 더 초월한다. 어제의 상식이 오늘의 비상식이 되고, 오늘의 혁신이 내일의 표준이 된다. 망설이는 순간 경쟁자는 이미 한 발짝 더 앞서간다. 지금이야말로 과감한 결단의 시간이다.

실패를 두려워하지 말라. AI 시대에는 완벽한 계획보다 빠른 실행과 끊임없는 지속적 개선이 중요하다. 애자일(Agile)한 사고로 작게 시작해 크게 키워 나가는 것이 가장 현명한 전략이다. '실패는 성공의 어머니'라는 말이 이 시대에 더욱 절실하게 다가온다.

인간 중심의 AI 활용 철학

AI 뉴리더십의 핵심은 '인간 중심의 AI 활용'이다. 즉 기술에 휘둘리지 않고 오히려 기술을 인간의 행복과 발전을 위해 지속적으로 활용하는 지혜로운 리더십이 가장 필요하다. 이것이 우리가 미래를 위해 추구해야 할 진정한 AI 뉴리더십이다.

AI는 수단이지 목적이 아니다. 우리의 목적은 언제나 인간의 더 나은 삶이어야 한다. 생산성 향상과 업무 효율화도 결국 인간이 더 의미 있는 일에 집중하도록 돕기 위함이다. AI 덕분에 인간이 더 인간답게 일하고 살아갈 수 있다면, 그것이 성공이다.

윤리적 AI 활용은 선택이 아니라 필수다. 다시 말해, 편향성 제거, 투명성 확보, 개인정보 보호 등은 AI 리더가 무조건적으로 지켜야 할 원칙이다. 기술적 우수성과 윤리적 책임이 완벽하게 조화를 이룰 때 진정한 지속가능한 AI 뉴리더십이 가능하다.

AI 시대 리더여, 선택의 시간이 왔다

AI 시대의 리더여, 이제 선택의 시간이다. 변화를 거부하고 과거에 머물 것인가, 아니면 AI와 협력해 미래를 창조할 것인가. 당신의 결단은 개인의 운명뿐 아니라 조직과 사회의 미래까지 좌우할 것이다. 어찌보면 좌고우면하며 머뭇거릴 시간이 없다. 바로 시작이다.

역사는 용기 있는 도전 정신으로 무장한 개척자들이 만들어 왔다. 콜럼버스가 새로운 신대륙을 발견하고, 스티브 잡스가 스마트폰 시대를 선구적으로 연 것처럼, 이제는 AI 뉴리더십으로 완전히 새로운 시대를 개척할 차례다. 당신이 바로 그 위대한 주인공이 될 수 있다.

두려움보다 더 큰 호기심을, 걱정보다 긍정적인 기대를 선택하라. AI는 더 이상 위협이 아니라 새로운 기회다. 올바른 리더십으로 AI를 제대로 이끈다면 AI는 인류에게 축복이 될 것이다. 그 축복을 현실 속에서 만드는 것이 우리 AI 리더들의 가장 중요한 사명이다.

새로운 미래를 여는 AI 뉴리더십 여정

AI 뉴리더십으로 새로운 미래를 과감하게 열어 가자. 인공(人工)지능과 인간(人間) 지능이 서로 조화를 이루는 더 나은 세상을 만들어 가는 의미 있는 여정에 여러분을 초대한다. 이 책이 그 험난하면서도 보람찬 여정의 든든한 동반자가 되기를 간절히 바란다.

"혼자 가면 빠르지만, 함께 가면 멀리 간다"는 아프리카 속담이 있다. AI 뉴리더십도 마찬가지다. 이제는 혼자만의 성공이 아닌 모두의 동반 성장을 이루는 포지티브섬 리더십을 실천하며 실현해 보자. 그것이 AI 시대가 우리에게 주는 가장 큰 선물이다.

지금 바로 AI 뉴리더십의 첫걸음을 내딛자. 망설이지 말고 도전하라. 실패를 두려워하지 말고 실험하라. 완벽함보다 진정성을, 권위보다 겸손을 선택하라. AI와 함께하는 새로운 리더십의 시대가 당신을 기다리고 있다. 여기서 낙오되면 결국 외딴 섬에서 살게 될 수 있다.

AI가 아무리 발전해도 대체할 수 없는 것이 있다. 공감하는 마음, 창조하는 영혼, 선택하는 의지다. 기술이 발전할수록 이런 인간만의 고유한 영역이 더욱 중요해진다. AI 리더는 기술을 잘 다루는 사람이 아니라, 기술을 통해 인간의 가능성을 극대화하는 사람이다.

감사의 말씀

책을 쓰는 동안 수많은 기업과 리더들을 만났다. 어떤 이는 AI를 두려워했고, 어떤 이는 맹신했다. 하지만 가장 인상적이었던 것은 AI를 인간을 위한 도구로 활용하는 겸손한 리더들이었다. 더 나은 미래를 위해 협력했다. 진정한 AI 뉴리더십의 모습이었다.

　독자 여러분에게 간곡히 당부하고 싶다. 이 책의 내용을 맹신하지 마라. 비판적으로 읽고, 자신의 상황에 맞게 응용하며, 끊임없이 질문하라. 책에서 제시한 것은 하나의 관점일 뿐이다. 이 책과 함께 여러분의 경험과 지혜가 더해져야 진정한 AI 뉴리더십이 완성된다.

　마지막으로 이 책이 나올 수 있게 도움을 준 모든 분들께 감사드린다. 인터뷰에 응해준 기업가들, 조언을 아끼지 않은 전문가들, 묵묵히 지지해준 가족과 동료들. 무엇보다 변화하는 시대 속에서도 묵묵히 자신의 자리에서 최선을 다하는 모든 리더들에게 경의를 표한다.

　AI 시대는 이제 시작일 뿐이다. 앞으로 AI와 함께 지금 상상할 수 없는 변화가 일어날 것이다. 바로 시대의 변곡점이 될 AGI, ASI 시대를 주목해야 한다. 변화하는 세상에서 변하지 않는 가치를 지키며, 보다 값진 보람찬 미래를 만들어가는 여러분이 되기를 진심으로 응원한다.

AI랜드에서
AI리스트 강요식 드림

AI 뉴리더십 자가진단 체크리스트

부록1

1. AI 이해도 진단 (20점 만점)

- ☐ AI 기술의 기본 원리를 이해하고 있다 (4점)
- ☐ 머신러닝과 딥러닝의 차이를 설명할 수 있다 (4점)
- ☐ 자연어처리, 컴퓨터비전 등 주요 AI 기술 영역을 안다 (4점)
- ☐ AI의 현재 한계와 미래 가능성을 균형 있게 파악하고 있다 (4점)
- ☐ AI 관련 최신 동향을 정기적으로 학습하고 있다 (4점)

2. 인간 중심적 사고 (20점 만점)

- ☐ AI 도입 시 구성원의 감정과 우려를 충분히 고려한다 (4점)
- ☐ 기술 효율성과 인간적 가치의 균형을 추구한다 (4점)
- ☐ 구성원들의 성장과 발전을 지원하는 시스템을 갖추고 있다 (4점)
- ☐ 다양성과 포용성을 실질적으로 실천하고 있다 (4점)
- ☐ 인간-AI 협업에서 인간의 주체성을 보장한다 (4점)

3. 윤리적 의사결정 (20점 만점)

- ☐ AI 활용 시 윤리적 기준을 명확히 설정하고 있다 (4점)
- ☐ 편향성과 차별 가능성을 사전에 점검한다 (4점)
- ☐ 투명성과 설명가능성을 중시한다 (4점)
- ☐ 프라이버시와 데이터 보호를 철저히 관리한다 (4점)
- ☐ 사회적 책임을 고려한 의사결정을 한다 (4점)

4. 혁신 창조 역량 (20점 만점)

☐ 새로운 아이디어와 실험을 적극 장려한다 (4점)
☐ 실패를 학습 기회로 활용하는 문화를 조성했다 (4점)
☐ 창의적 문제 해결 방법론을 체계적으로 활용한다 (4점)
☐ 외부 아이디어와 기술을 적극 수용한다 (4점)
☐ 혁신 생태계 구축에 지속적으로 투자한다 (4점)

5. 협업 확장 능력 (20점 만점)

☐ 내외부 이해관계자와의 파트너십을 적극 구축한다 (4점)
☐ 크로스펑셔널 팀워크를 효과적으로 이끈다 (4점)
☐ 글로벌 관점에서 협력 기회를 모색한다 (4점)
☐ 지식과 정보를 적극적으로 공유한다 (4점)
☐ 상생과 공동 성장을 추구하는 생태계를 만든다 (4점)

총점: _____ / 100점

평가 기준:

- 90-100점: AI 뉴리더십 우수 (Excellence Level)
- 80-89점: AI 뉴리더십 양호 (Good Level)
- 70-79점: AI 뉴리더십 보통 (Average Level)
- 60-69점: AI 뉴리더십 개선 필요 (Needs Improvement)
- 60점 미만: AI 뉴리더십 집중 개발 필요
  (Intensive Development Required)

📍 AI 뉴리더십 발전 로드맵

1단계: 기초 다지기 (0-6개월)

☐ **목표:** AI 리터러시 확보와 기본 마인드셋 구축

☐ **핵심 활동:**
- AI 기초 교육 수료 (온라인 코스 3-4개)
- AI 윤리 가이드라인 학습 및 내재화
- 조직 내 AI 현황 진단 및 분석
- AI 리더십 멘토 또는 코치 확보
- 개인 학습 계획 수립 및 실행

☐ **성과 지표:**
- AI 기초 지식 테스트 80점 이상
- 조직 AI 현황 리포트 완성
- 월 2회 이상 AI 관련 학습 활동 수행

2단계: 역량 구축 (6-12개월)

☐ **목표:** 핵심 AI 뉴리더십 역량 개발

☐ **핵심 활동:**
- AI 프로젝트 직접 리드 경험 (파일럿 프로젝트)
- 인간-AI 협업 모델 설계 및 실험
- AI 거버넌스 체계 구축 참여
- 외부 AI 커뮤니티 활동 참여
- 크로스펑셔널 AI 팀 운영

☐ **성과 지표:**
- 파일럿 프로젝트 성공적 완료
- 팀원 AI 역량 향상도 측정
- 외부 네트워킹 활동 실적

3단계: 통합 적용 (12-18개월)

- **목표:** AI 뉴리더십 통합적 발휘
- **핵심 활동:**
  - 전사 AI 전략 수립 참여
  - AI 기반 비즈니스 모델 혁신 추진
  - 글로벌 AI 트렌드 분석 및 적용
  - AI 윤리 위원회 활동 참여
  - 조직 문화 변화 관리
- **성과 지표:**
  - 비즈니스 성과 개선 실적
  - 조직 AI 성숙도 향상
  - 이해관계자 만족도 조사 결과

4단계: 리더십 확산 (18-24개월)

- **목표:** AI 뉴리더십 생태계 구축과 확산
- **핵심 활동:**
  - 차세대 AI 리더 육성 프로그램 운영
  - 업계 AI 리더십 표준 수립 참여
  - 사회적 AI 거버넌스 활동 참여
  - 국제적 AI 협력 프로젝트 참여
  - AI 리더십 지식 체계 정립 및 공유
- **성과 지표:**
  - 육성한 차세대 리더 수
  - 업계 리더십 활동 실적
  - 사회적 영향력 지수

5단계: 지속적 발전 (24개월 이후)

- **목표:** 지속가능한 AI 뉴리더십 생태계 조성
- **핵심 활동:**
  - 미래 AI 기술 트렌드 연구
  - 글로벌 AI 거버넌스 참여
  - AI 뉴리더십 개념 정립 및 전파
  - 차세대 기술 융합 리더십 개발
  - 사회적 임팩트 창출 활동
- **성과 지표:**
  - 글로벌 거버넌스·표준 기여 지수
  - AI 뉴리더십·지식 확산 실적
  - 사회적 임팩트·지속가능성 지수

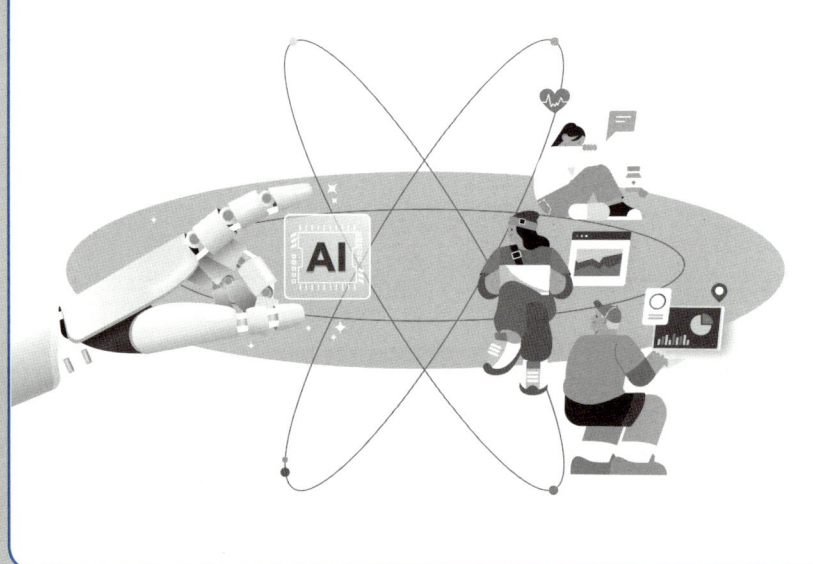

AI 사례 연구 템플릿

사례 분석 프레임워크

1. 상황 분석 (Situation)
- 조직 배경 및 도전 과제
- AI 도입 이전 상황
- 주요 이해관계자 현황

2. 과제 정의 (Task)
- 해결하고자 한 구체적 문제
- 목표 설정 및 성공 기준
- 제약 조건 및 리스크

3. 행동 계획 (Action)
- AI 솔루션 선택 근거
- 실행 전략 및 단계
- 변화 관리 방법

4. 결과 평가 (Result)
- 정량적/정성적 성과
- 예상치 못한 결과
- 교훈 및 시사점

성공 사례 템플릿

1. 개요: [기업명], [산업 분야], [프로젝트 기간], [투자 규모]
2. 도전 과제: [해결하고자 한 비즈니스 문제를 구체적으로 기술]
3. AI 솔루션: [도입한 AI 기술과 시스템을 상세히 설명]
4. 실행 과정: [단계별 실행 과정과 주요 의사결정 내용]
5. 핵심 성공 요인: [첫 번째, 두 번째, 세 번째 성공 요인]
6. 정량적 성과: [매출증대, 운영비 절감, 모델 성능 변화]
7. 정성적 성과: [조직 문화, 구성원 만족도 등의 변화]
8. 교훈 및 시사점: [다른 조직이 참고할 수 있는 핵심 교훈]

⚙ AI 뉴리더십 실천 도구

도구 1: AI 프로젝트 평가 매트릭스

☐ **기술적 요소 (40점)**
- 기술 성숙도 (0-10점)
- 구현 복잡성 (0-10점)
- 데이터 품질/가용성 (0-10점)
- 성능 목표 달성도 (0-10점)

☐ **비즈니스 요소 (30점)**
- ROI/비용 효율성 (0-10점)
- 전략적 적합성 (0-10점)
- 시장 영향도 (0-10점)

☐ **윤리/사회적 요소 (30점)**
- 편향성 위험도 (0-10점)
- 프라이버시 영향 (0-10점)
- 사회적 수용성 (0-10점)

도구 2: 인간-AI 협업 설계 템플릿

☐ **역할 분담 매트릭스**

업무 유형	인간 역할	AI 역할	협업 방식
데이터 분석	해석, 맥락 이해	패턴 인식, 계산	순차 협업
의사결정	최종 판단, 책임	옵션 제시, 예측	인간 주도
창의적 작업	아이디어, 감성	조합, 최적화	반복 협업

도구 3: AI 윤리 체크리스트

☐ **개발 단계:**
- 다양한 이해관계자 의견 수렴
- 편향성 있는 데이터 제거/보정
- 설명가능성 메커니즘 내장
- 프라이버시 보호 장치 구현

☐ **배포 단계:**
- 사용자 동의 절차 확보
- 모니터링 시스템 구축
- 피드백 채널 마련
- 긴급 중단 메커니즘 준비

☐ **운영 단계:**
- 정기적 성능 감사
- 사회적 영향 평가
- 지속적 개선 계획
- 투명성 보고서 작성

AI 미래 시나리오 분석

시나리오 1: 인간-AI 완전 협업 사회 (2030년)

☐ **주요 특징:**
- AI가 인간의 인지 능력을 보완하는 진정한 파트너 역할 수행
- 모든 의사결정 과정에서 인간-AI 협업이 일반화
- AI 윤리와 거버넌스가 글로벌 표준으로 정착
- 일자리 변화에 대한 사회적 적응 완료

☐ **리더십 요구사항:**
- 인간-AI 협업 오케스트레이션 능력
- 글로벌 AI 거버넌스 참여 역량
- 지속가능한 혁신 생태계 조성 능력
- 윤리적 의사결정 및 사회적 책임 의식

☐ **대비 전략:**
- 협업 모델 실험과 최적화
- 윤리 리더십 역량 강화
- 글로벌 네트워크 구축
- 지속적 학습 시스템 구축

시나리오 2: AI 기술 격차 심화 사회 (2030년)

☐ **주요 특징:**
- AI 기술과 데이터에 대한 접근성 격차 확대
- 선진 기업과 후진 기업, 선진국과 개발도상국 간 격차 심화
- AI 기술 독점으로 인한 경제적 불평등 증가
- 디지털 디바이드의 AI 디바이드로 전환

□ **리더십 요구사항:**
- 포용적 AI 생태계 구축 능력
- 기술 접근성 확대 리더십
- 사회적 책임과 공익 추구 의식
- 협력과 상생의 리더십

□ **대비 전략:**
- AI 민주화 이니셔티브 참여
- 개방형 플랫폼 전략 추진
- 사회적 기업 모델 개발
- 국제 협력 네트워크 확산

시나리오 3: AI 규제 강화 사회 (2030년)

□ **주요 특징:**
- AI 안전성과 윤리에 대한 강력한 규제 도입
- AI 개발과 배포에 대한 엄격한 승인 체계
- 국가별로 상이한 AI 규제 정책
- 혁신 속도 둔화와 안전성 확보의 균형

□ **리더십 요구사항:**
- 규제 준수와 혁신의 균형 관리 능력
- 정부 및 규제 기관과의 협력 역량
- 예방적 리스크 관리 능력
- 글로벌 규제 조화 참여 역량

☐ **대비 전략:**
- 선제적 컴플라이언스 체계 구축
- 규제 당국과의 파트너십 강화
- 자율 규제 시스템 개발
- 국제 표준화 활동 참여

공통 대비 전략

☐ **역량 개발 우선순위:**
1. 적응형 리더십과 불확실성 관리
1. 윤리적 의사결정과 사회적 책임
1. 글로벌 협력과 문화적 감수성
1. 지속적 학습과 진화 능력

☐ **조직 준비사항:**
- 다양한 시나리오에 대한 전략적 옵션 보유
- 빠른 의사결정과 실행이 가능한 민첩한 조직 구조
- 외부 변화를 감지하고 대응하는 조기 경보 시스템
- 지속적 학습과 적응을 위한 문화적 토양

AI 핵심 용어집

- **거대언어모델(LLM, Large Language Model)** 대규모 파라미터로 학습해 텍스트 생성·요약·추론 등을 수행하는 모델군. 챗봇·도우미·분석 자동화의 기반이 된다.

- **거버넌스(AI 거버넌스)** AI의 책임·역할·의사결정·감사 절차를 정의하는 체계. 안전·윤리·규제 준수를 운영에 녹이는 관리 프레임워크다.

- **검색 증강 생성(RAG, Retrieval-Augmented Generation)** 외부 지식 검색 결과를 생성 모델에 결합해 답변의 근거성과 정확성을 높이는 기법이다.

- **공정성(Fairness)** 특정 집단에 불리한 편향을 줄이기 위한 원칙과 측정·개선 방법. 결과의 형평성과 접근의 평등을 함께 다룬다.

- **규제 준수(Compliance)** 데이터·알고리즘·제품이 관련 법규와 표준을 충족하도록 설계·운영하는 활동 전반을 말한다.

- **데이터 거버넌스(Data Governance)** 데이터 품질·보안·접근·소유권을 정의하고 관리하는 정책·조직·프로세스의 집합이다.

- **데이터 라인리지(Data Lineage)** 데이터의 출처·변환·사용 흐름을 추적해 책임과 재현성을 보장하는 메타데이터 관리다.

- **데이터 프라이버시(Data Privacy)** 수집 최소화, 목적 제한, 가명화 등으로 개인 정보를 보호하는 원칙과 기술·절차를 의미한다.

- **디지털 트랜스포메이션(Digital Transformation)** 디지털 기술로 비즈니스 모델·프로세스·문화 전반을 근본적으로 바꾸는 변화 관리다.

- **딥러닝(Deep Learning)** 다층 신경망으로 복잡한 패턴을 학습하는 방법. 인식·예측·생성에서 뛰어난 성능을 보인다.

- **멀티모달 AI(Multimodal AI)** 텍스트·이미지·오디오·영상 등 다양한 형태의 데이터를 함께 이해·생성하는 AI를 말한다.

- **모델 카드(Model Card)** 모델의 목적, 학습 데이터 특성, 성능, 한계, 금지용도 등을 표준 양식으로 문서화한 기술 문서다.

- **모델 옵스(MLOps)** 모델 개발·배포·모니터링·재학습 등 전 수명주기를 자동화·표준화하는 운영 실천과 도구 집합이다.

- **머신러닝(Machine Learning)** 데이터로부터 패턴을 학습해 예측·의사결정을 수행하는 분야. 지도·비지도·강화학습을 포함한다.

- **미세조정(파인튜닝, Fine-tuning)** 사전학습 모델을 도메인 데이터로 추가 학습해 특정 과업 성능을 높이는 방법이다.

- **범용 인공지능(AGI, Artificial General Intelligence)** 인간 수준의 지능을 광범위한 영역에서 발휘하는 가상의 AI. 현재는 존재하지 않는다.

- **벤더 락인(잠금효과, Vendor Lock-in)** 특정 공급사 기술에 종속돼 전환 비용이 커지는 현상. 표준·호환성·이식성으로 완화한다.

- **상호운용성(Interoperability)** 서로 다른 시스템·모델·플랫폼이 표준 인터페이스로 원활히 연동되는 능력이다.

- **생성형 AI(Generative AI)** 텍스트·이미지·코드 등을 새로 만들어내는 AI. 창작·개발·설계의 생산성을 크게 높인다.

- **설명가능한 AI(XAI, Explainable AI)** 모델의 판단 근거를 인간이 이해할 수 있게 제공하는 기술·방법. 신뢰와 책임성 제고에 필수다.

- **알고리즘 편향(Algorithm Bias)** 데이터·설계의 편향으로 특정 집단에 불공정한 결과가 발생하는 현상과 그 완화 접근을 뜻한다.

- **엣지 AI(온디바이스 AI)** 클라우드가 아닌 단말·현장 장비에서 모델을 실행해 지연을 줄이고 프라이버시를 강화하는 방식이다.

- **인공지능(AI, Artificial Intelligence)** 인간의 인지 능력을 모방·확장해 학습·추론·지각·언어 이해 등을 수행하는 기술 총칭이다.

- **자연어처리(NLP, Natural Language Processing)** 인간 언어를 컴퓨터가 이해·생성하게 하는 기술. 번역·요약·질의응답 등에 쓰인다.

- **컴퓨터비전(Computer Vision)** 이미지·영상을 분석해 객체 인식·검출·분할·추적 등 의미 있는 정보를 추출하는 기술이다.

- **콘텐츠 모더레이션(Content Moderation)** 유해·불법·저작권 침해 콘텐츠를 탐지·차단·이의 처리하는 정책·프로세스·기술을 말한다.

- **책임 있는 AI(Responsible AI)** 공정성·안전성·투명성·책임성을 갖춘 AI 개발·운영 원칙과 거버넌스 실천 전반이다.

- **프롬프트 엔지니어링(Prompt Engineering)** 생성형 모델이 원하는 결과를 내도록 지시문을 설계·튜닝하고 가드를 적용하는 기법이다.

- **하이브리드 지능(Hybrid Intelligence)** 인간과 AI의 강점을 결합해 상호보완적으로 문제를 해결하는 접근법이다.

- **환각(Hallucination)** 그럴듯하지만 사실이 아닌 출력을 생성하는 현상. 근거 결합(RAG), 제약·검증으로 완화한다.

📖 AI 추천도서 및 참고자료

부록7

□ 추천도서

- 강요식 저, 『디지털 혁신리더십』(서울:미다스북스, 2023)
- 김덕진, 김아람 저, 『AI에이전트』(서울:스마트북스, 2025)
- 김명신 저, 『글로벌 AI 거버넌스와 한국』(서울:커뮤니케이션북스, 2025)
- 김영수 저, 『비즈니스 AI』(서울:이북스미디어, 2022)
- 모가댓 저, 강주헌 역, 『AI 쇼크 다가올 미래』(서울:한국경제신문, 2023)
- 박해선 저, 『혼자 공부하는 머신러닝+딥러닝』(서울:한빛미디어, 2025)
- 박형빈 저, 『질문으로 답을 찾는 인공지능 윤리수업』(서울:한언출판사, 2025)
- 사이토 고키 저, 『밑바닥부터 시작하는 딥러닝 3』(서울:한빛미디어, 2020)
- 윤태성 저, 『AI 매니지먼트』(서울:시크릿하우스, 2025)
- 이경전 저, 『AI는 어떻게 인생의 무기가 되는가』(서울:21세기북스, 2024)
- 하정우, 한상기 저, 『AI 전쟁』(서울:한빛미디어, 2023)
- 맹성현 저, 『AGI 시대와 인간의 미래』(서울:헤이북스, 2025)
- Joy Buolamwini 저, 『Unmasking AI』(미국:Random House, 2023)
- Kate Crawford 저, 『Atlas of AI』(미국:Yale University Press, 2021)
- Thomas H. Davenport, Nitin Mittal 저, 『All-in on AI』(미국 Harvard Business Review Press, 2023)
- Marco Iansiti, Karim R. Lakhani 저, 『Competing in the Age of AI』(미국: Harvard Business Review Press, 2020)
- Valliappa Lakshmanan 외, 『Machine Learning Design Patterns』(미국: O'Reilly, 2021)
- Kevin P. Murphy 저, 『Probabilistic Machine Learning: An Introduction』(미국: MIT Press, 2022)

□ 학술지

- 정보과학회지(한국정보과학회): https://www.dbpia.co.kr/journal/publicationDetail?publicationId=PLCT00000749 DBpia

- 전자통신동향분석(ETRI): https://ettrends.etri.re.kr/ettrends/ ETRI
- Harvard Business Review AI 특집: https://hbr.org/topic/subject/ai-and-machine-learning HBR
- MIT Technology Review: https://www.technologyreview.com/topic/artificial-intelligence/ MIT Technology Review
- Nature Machine Intelligence: https://www.nature.com/natmachintell/ Nature
- Communications of the ACM: https://cacm.acm.org/ ACM

☐ 업계 리포트

- NIA 지능정보사회 이슈리포트/AI Brief(한국지능정보사회진흥원): https://www.nia.or.kr/site/nia_kor/ex/bbs/List.do?cbIdx=82618 NIA
- KISDI 디지털경제 이슈와 진단/KISDI STAT Report(정보통신정책연구원): https://www.kisdi.re.kr/ KISDI
- McKinsey AI Report(연간): https://www.mckinsey.com/capabilities/quantumblack/our-insights/the-state-of-ai McKinsey
- PwC AI Analysis(분기별): https://www.pwc.com/gx/en/issues/artificial-intelligence.html PwC
- Deloitte Tech Trends(연간): https://www.deloitte.com/us/en/insights/topics/technology-management/tech-trends.html Deloitte
- Gartner AI Hype Cycle(연간): https://www.gartner.com/en/articles/hype-cycle-for-artificial-intelligence Gartner

☐ 온라인 학습 플랫폼

- 패스트캠퍼스 구독(올인원 패스): https://fastcampus.co.kr/ 패스트캠퍼스
- 인프런(Inflearn) 프리패스: https://www.inflearn.com/pages/2025-biz-subscription 인프런

- Coursera AI for Leaders Specialization: https://www.coursera.org/specializations/navigating-generative-ai-for-leaders Coursera
- edX MIT Introduction to Machine Learning: https://www.edx.org/learn/machine-learning/massachusetts-institute-of-technology-machine-learning-with-python-from-linear-models-to-deep-learning edX
- Udacity AI for Leaders Nanodegree: https://www.udacity.com/course/ai-for-business-leaders--nd054 Udacity
- LinkedIn Learning AI 리더십 과정: https://www.linkedin.com/learning/paths/ai-for-organizational-leaders-by-microsoft-and-linkedin LinkedIn Learning

□ 커뮤니티 및 네트워크

● 국제 조직
- Partnership on AI: https://partnershiponai.org/ Partnership on AI
- IEEE Standards Association: https://standards.ieee.org/ IEEE SA
- World Economic Forum AI Council: https://initiatives.weforum.org/ai-governance-alliance/home World Economic Forum - AI Governance Alliance
- OECD AI Policy Observatory: https://oecd.ai/ OECD.AI

● 국내 조직
- 한국인공지능학회: https://aiassociation.kr/ 한국인공지능학회.
- AI 윤리 포럼: https://ai.kisdi.re.kr/aieth/main/contents.do?menuNo=400030 AI 윤리정책 포럼(과기정통부·KISDI)
- 한국인공지능산업협회: https://www.k-ai.or.kr/ K-AI Alliance

□ 기타
- AI 활용도구(제미나이, 젠스파크, 챗GPT 등)

👍 추 천 사

한국인공지능·소프트웨어산업협회 회장/ 유라클 대표이사, 조준희

소셜미디어, 빅데이터, 메타버스 시대를 지나 소위 'AI 에이전트 시대'에 이르렀다. 디지털 신기술과 최근 생성형 AI의 등장은 가장 강력한 사회 변화를 주도하고 있다. 이런 변곡점에서『AI 뉴리더십』은 AI와 인간이 협력하는 효율적이고 생산적인 방향성을 제시한다.

한국산업단지경영자협회(KIBA) 회장/ 아쿠아픽 대표이사, 이계우

AI 에이전트 시대에 AI 기술에 대한 이해도 중요하고, 혁신 리더의 실행력이 더욱 필요한 요소이다.『AI 뉴리더십』은 AI 전환이 가속화되는 이 시대에 경영자들이 AI 생태계를 이해하고, 리더로서 어떻게 자신과 조직에 혁신적인 리더십을 발휘해야하는가를 제안한다.

네이버 클라우드 대표이사, 김유원

향후 도래할 AGI 시대에는 단순한 기술적 진화를 넘어 사회적, 경제적 시스템의 근본적 변곡점이 될 것이다. 현재의 AI는 효율적인 도구라면 AGI는 인류의 지능을 확장하는 새로운 형태의 파트너가 될 것이다.『AI 뉴리더십』은 미래를 조망하고 해결책의 방향을 보여주고 있다.

전자신문 대표이사, 강병준

AI 시대에 사람을 크게 2가지로 분류할 수 있다. AI를 잘 활용하는 사람과 AI를 알지 못하는 사람이다. AI를 잘 활용하는 사람은 듀얼 브레인(Dual Brain)을 장착한 것이다. AI와 인간이 협업하는 공존의 시대에『AI 뉴리더십』은 양자의 균형추를 제시하는 바이블이다.

단국대학교 정보융합기술창업대학원 원장, 김태형

산업혁명, 인터넷 혁명 보다도 강력한 혁명이 바로 AI 혁명이고, 혁명을 넘어서 하나의 새로운 문명의 패러다임으로 전환하고 있다. 이런 거센 AI 파도의 위기에서 조직과 국가의 미래가 달려있다. 이러한 점에서 미래를 코칭하는 『AI 뉴리더십』의 일독(一讀)을 권한다.

한국IT서비스학회 회장/ 연세대 정보대학원 교수, 이정훈

AI 시대의 리더는 과거와는 완전히 다른 환경에서 일한다. 정보는 폭발적으로 증가하고, 변화의 속도는 가속화되며, 의사결정은 더욱 복잡해진다. 강요식 박사의 『AI 뉴리더십』에서는 AI 시스템을 효과적으로 조율하는 '오케스트라 지휘자'가 되어야 한다고 강조한다.

한국에너지서비스(주) 대표이사, 김영직

강요식 박사의 16번째 책 출간은 열정의 산물이다. 누구보다도 부지런하고 잠시도 펜을 놓지 않은 그가 또 한번의 큰 일을 해냈다. AI 도구를 잘 활용하는 경영자로서 『AI 뉴리더십』은 개인의 역량강화와 조직의 생산성을 한층 높이는데 큰 도움이 될 것으로 본다.

(재)넥스트챌린지 대표/『미지의 늑대』저자, 김영록

시대마다 리더십의 키워드는 바뀐다. 소셜 미디어 시대에는 소통이, 디지털 전환 시대에는 혁신이 핵심이었다면, AI 에이전트 시대의 핵심은 협업이다. 강요식 교수의 『AI 뉴리더십』은 인간과 AI가 공존하는 창조적인 협업 파트너십을 다각적으로 조명하여 영감을 주고있다.